金融商品
会計の基礎

小宮山 賢

¥ $ € £ ₹

Accounting for Financial Instrument

税務経理協会

はしがき

　1999年に公表された金融商品の会計基準が2000年4月以後適用され，すでに15年が経過しました。金融商品の会計基準は，遠い先のことであろうと思われていた金融商品の時価評価を広範囲に導入するものでしたが，実務にはほぼ定着したかに見えます。もっとも，金融商品会計は，企業結合会計や退職給付会計と並んで，会計基準の中で難解といわれるものの一つです。その解説書は，分厚くなりがちで取り組みにくく，多くの読者は膨大な会計基準や実務指針・適用指針の抜き書きのように感ずることが多いのではないでしょうか。

　筆者は，長年企業会計審議会や企業会計基準委員会等において会計基準の設定にかかわりましたが，設定の過程では，同一分野の海外の諸基準は十分に検討されています。特に，わが国の金融商品の会計基準や実務指針は，設定時に当時の米国会計基準や国際会計基準（現IFRS）の考えを広く取り入れており，背景としてこれらの諸基準を理解の前提として読んだ後に，同一の取扱いとわが国特有の事情を考慮して異なる取扱いをした点を識別していくと，現行基準の理解を容易に深めることができるはずです。基準の適用開始から15年が経過し，国内での法改正や制度変更は反映されているものの，その後のIFRSとのコンバージェンスが進んではいないため，今後の道筋の予想を含めて，金融商品会計を基礎から理解するには，今が絶好の時期と考えられます。

　本書は，金融商品会計の基礎的な部分を，参照した海外の諸基準を紹介しつつ，現行基準の体系に沿って明らかにしようとしたものです。本書の狙いは，次のような点にあります。

　第一に，本書で取り上げたテーマは一般に難解な分野と考えられているため，基準設定・改訂前の会計実務の問題点や金融商品自体の仕組み・制度の説明にも相当の頁数を割いています。また，その後の他の法制度の変更により会計上の取扱いが変更されたものについては，現行の取扱いがよく理解できるように，そのような背景がわかるように解説しました。

第二に，上述のように，日本の現行基準の内容の理解には，その当時の国際的基準の考え方の理解が早道です。このため，米国のFASB基準書や国際会計基準基準の変遷や考え方を，日本基準と併せて説明しました。

　第三に，当初の基準前文において，実務への適用についてはより詳細な実務指針が必要なことが示されており，量的にも大部な実務指針・適用指針の重要点をできるだけ多く盛り込むようにしました。

　最後に，単なる基準の解説書にとどまらず，本書から金融商品会計の基礎理論の一定レベルが理解できるように努めたとともに，時期は未確定なもののやがてわが国の会計基準に影響してくるであろう米国基準やIFRS（国際財務報告基準）の最新の動向を盛り込むようにしました。

　本書では，内容の理解をできるだけ容易にするため，表現はやさしい口語体を用い，各章において，表や図を多く掲げて説明することとしました。本書の一部は，1999年に税務経理協会から出版した「金融商品・年金会計入門」に基づいており，また，本書の中で説明している基準，意見書，報告書等の名称は明示していますが，読みやすさの観点から，参照・引用注で項や頁を詳細に示すことはしていない点をお断りしておきます。なお，本書中の「特別目的事業体と連結」（第2章）及び「金銭等の信託」（第3章）の記述については，平成26年度信託研究奨励金（一般財団法人信託協会）及び早稲田大学特定課題研究助成（基礎助成，課題番号2015K－143）を受けています。

　本書の企画から成立まで，㈱税務経理協会代表取締役社長の大坪嘉春氏，常務取締役の大坪克行氏，第二編集部の板倉誠氏には多大なご尽力をいただきました。ここに記して，厚く御礼申し上げます。

　2015年7月

小宮山　賢

目　　次

はしがき

第1章　金融商品会計の基本問題

1　わが国の基準設定までの背景 …………………………… 1
- ❶　金融商品の会計基準の設定 …………………………… 1
- ❷　実務指針の作成 ………………………………………… 4

2　金融商品会計の論点 ………………………………………… 5
- ❶　個別的基準と包括的基準 ……………………………… 5
- ❷　金融商品の認識と測定 ………………………………… 5
  - (1) 金融商品の認識 …………………………………… 5
  - (2) 金融商品の測定 …………………………………… 7
- ❸　出資と負債の区分 ……………………………………… 7
- ❹　デリバティブ取引とヘッジ会計 ……………………… 8
- ❺　開示の問題 …………………………………………… 10

3　当時の国際的基準の状況 ………………………………… 11
- ❶　米　　　国 …………………………………………… 11
  - (1) FASBの金融商品プロジェクト ………………… 11
  - (2) 開示についての基準書の公表 …………………… 12
  - (3) 会計処理についての基準書の公表 ……………… 13
- ❷　国際会計基準 ………………………………………… 15
  - (1) 国際会計基準作成までの経緯 …………………… 15
  - (2) 暫定基準の作成 …………………………………… 16
- ❸　コンバージェンスの時代 …………………………… 17

4　時価評価の「時価」………………………………………… 19
　　❶　時価の考え方 ……………………………………………… 19
　　❷　現在価値の考え方 ………………………………………… 20
　　❸　実務指針の「時価」 ……………………………………… 23

第2章　金融商品の範囲と認識 ……………………… 27

　1　金融資産と金融負債の範囲 ………………………………… 27
　　❶　会計基準における「範囲」……………………………… 27
　　　①　現　　　金 ………………………………………………… 30
　　　②　売掛金と買掛金 …………………………………………… 31
　　　③　貸付金と借入金 …………………………………………… 31
　　　④　前渡金と前受金 …………………………………………… 31
　　　⑤　他社の株式 ………………………………………………… 31
　　　⑥　有価証券購入のための前渡金 …………………………… 31
　　　⑦　通貨オプション …………………………………………… 31
　　　⑧　債 務 保 証 ………………………………………………… 32
　　　⑨　自社株式の新株予約権 …………………………………… 32
　　　⑩　有形固定資産 ……………………………………………… 32
　　❷　実務指針における「範囲」……………………………… 33
　2　金融資産と金融負債の発生の認識 ………………………… 35
　　❶　発生の認識を規定した背景 ……………………………… 35
　　❷　発生の認識基準 …………………………………………… 37
　　❸　有価証券の売買契約 ……………………………………… 39
　　❹　その他の取引 ……………………………………………… 41
　　　(1)　有価証券の信用取引 …………………………………… 41
　　　(2)　有価証券の空売り ……………………………………… 42
　　　(3)　貸付金及び借入金 ……………………………………… 42

目　次

3　金融資産の消滅の認識 …………………………………… 42
❶　消滅の認識 …………………………………………………… 42
(1) 金融資産の消滅の認識の基準 ……………………………… 42
(2) 手形の割引 …………………………………………………… 43
(3) 金融負債の消滅の認識の基準 ……………………………… 44
(4) 資産・負債のオフバランス化のニーズ …………………… 44
❷　債権流動化の仕組み ………………………………………… 46
(1) 債権流動化のプロセス ……………………………………… 46
(2) 債権流動化の目的 …………………………………………… 49
(3) 債権流動化のための制度整備 ……………………………… 50
❸　消滅の認識の会計基準の考え方 …………………………… 53
(1) リスク経済価値アプローチと財務構成要素アプローチ … 53
(2) FASB基準書の考え方 ……………………………………… 55
(3) その後のFASBの基準改訂 ………………………………… 61
(4) 国際会計基準 ………………………………………………… 63
❹　金融資産の消滅の認識基準 ………………………………… 64
(1) 基準の内容 …………………………………………………… 64
(2) 基準の具体的適用 …………………………………………… 65
(3) 優先劣後構造の債権流動化 ………………………………… 71
❺　ローン・パーティシペーションの会計処理 ……………… 73
❻　デット・エクイティ・スワップ …………………………… 78

4　特別目的事業体と連結 ………………………………… 79
❶　わが国の会計基準の規定 …………………………………… 79
(1) 当初の会計基準等の規定 …………………………………… 79
(2) その後の会計基準等の改訂 ………………………………… 81
❷　特別目的事業体の連結の考え方 …………………………… 82
(1) FASB基準書 ………………………………………………… 83
(2) 国際会計基準 ………………………………………………… 85

5　金融負債の消滅の認識 …………………………………………… 86
　　　❶　金融負債の消滅の認識 ………………………………………… 86
　　　❷　金融資産と金融負債の相殺 …………………………………… 90
　　6　IFRSの動向 ……………………………………………………… 92
　　　❶　IAS第39号による金融資産の認識の中止 ………………… 92
　　　❷　金融資産と金融負債の相殺 …………………………………… 96
　　　❸　連結ルールの改訂 ……………………………………………… 96
　　　　(1)　IFRS第10号 ………………………………………………… 96
　　　　(2)　IFRS第12号 ………………………………………………… 98

第3章　金融資産と金融負債の評価 …………… 101

　　1　金融資産の時価評価の導入まで ………………………………… 101
　　　❶　時価評価導入の理由 …………………………………………… 101
　　　❷　商法との関係 …………………………………………………… 104
　　2　有価証券の評価 …………………………………………………… 110
　　　❶　保有目的による評価基準 ……………………………………… 110
　　　❷　有価証券の時価 ………………………………………………… 112
　　　❸　売買目的有価証券 ……………………………………………… 114
　　　❹　満期保有目的の債券 …………………………………………… 118
　　　　(1)　償却原価法 ………………………………………………… 118
　　　　(2)　満期保有目的債券の要件 ………………………………… 121
　　　　(3)　満期保有目的の変更 ……………………………………… 123
　　　❺　子会社株式及び関連会社株式 ………………………………… 125
　　　❻　その他有価証券 ………………………………………………… 126
　　　　(1)　その他有価証券の評価基準 ……………………………… 126
　　　　(2)　米国基準と国際会計基準 ………………………………… 131
　　　　(3)　税効果会計 ………………………………………………… 133

目　　次

❼　時価を把握することが極めて困難と認められる有価証券 ……… 136
❽　金銭等の信託 …………………………………………………… 138
　(1)　信託の仕組みと会計処理 ………………………………… 138
　(2)　金銭の信託と金融商品の会計基準 ……………………… 142
　(3)　金銭の信託と実務指針 …………………………………… 145
　(4)　実務対応報告第23号 ……………………………………… 147
❾　有価証券の減損処理 …………………………………………… 152
❿　有価証券の表示区分 …………………………………………… 157
⓫　有価証券の保有目的区分の変更 ……………………………… 158
⓬　種類株式の取扱い ……………………………………………… 161
3　債権の評価 …………………………………………………………… 163
❶　債権の評価 ……………………………………………………… 163
　(1)　会計基準の規定 …………………………………………… 163
　(2)　電子記録債権 ……………………………………………… 164
❷　貸倒見積額の算定 ……………………………………………… 167
　(1)　貸倒引当金の算定方法の変遷 …………………………… 167
　(2)　会計基準の内容 …………………………………………… 168
　(3)　金融検査マニュアル ……………………………………… 175
4　金銭債務の評価 ……………………………………………………… 178
❶　会計基準と実務指針 …………………………………………… 178
❷　負債の時価評価 ………………………………………………… 179
❸　コマーシャル・ペーパー ……………………………………… 182
5　外貨建資産・負債の評価 …………………………………………… 184
❶　外貨建金銭債権債務の換算 …………………………………… 184
❷　外貨建有価証券の円換算 ……………………………………… 185
6　IFRSの動向 ………………………………………………………… 187
❶　IFRS第9号公表までの経緯 ………………………………… 187
　(1)　金融危機以前の検討 ……………………………………… 187

5

(2) 金融危機後の展開 ……………………………………… 189
　❷ 金融資産の分類と測定 ………………………………………… 192
　❸ 金融負債の分類と測定 ………………………………………… 195
　❹ 金融資産の減損 ………………………………………………… 196

第4章　デリバティブとヘッジ会計 …………… 201

　1　デリバティブ取引の評価 ………………………………………… 201
　❶ デリバティブ取引とは ………………………………………… 201
　　(1) デリバティブ取引の意義 ……………………………… 201
　　(2) 先物取引の仕組み ……………………………………… 202
　　(3) 先渡取引の仕組み ……………………………………… 205
　　(4) オプション取引の仕組み ……………………………… 207
　　(5) スワップ取引の仕組み ………………………………… 210
　❷ 会計基準上のデリバティブの定義 …………………………… 213
　❸ デリバティブ取引の時価評価 ………………………………… 215
　　(1) 時価評価しないことの弊害 …………………………… 215
　　(2) 国際的な基準の状況 …………………………………… 216
　　(3) 会計基準のデリバティブ評価規定 …………………… 217
　2　ヘッジ会計 ………………………………………………………… 219
　❶ ヘッジ会計とは ………………………………………………… 219
　❷ ヘッジ会計の変遷 ……………………………………………… 221
　　(1) 繰延ヘッジ会計と時価ヘッジ会計 …………………… 221
　　(2) 米国の基準書の変遷 …………………………………… 223
　　　a．FASB基準書第52号 ………………………………… 224
　　　b．FASB基準書第80号 ………………………………… 226
　　　c．FASBのプロジェクトとFASB基準書第133号 ……… 228
　　　d．わが国の諸基準 ……………………………………… 228

(3) 公正価値ヘッジとキャッシュ・フロー・ヘッジ ……………229
　　　　a．FASB基準書第133号アプローチ ………………………229
　　　　b．公正価値ヘッジとキャッシュ・フロー・ヘッジ ………230
　　　　c．IAS第39号の規定 ……………………………………234
　　(4) ヘッジ会計の要件 …………………………………………234
　　(5) ヘッジの会計基準の論点 …………………………………237
 3　金融商品の会計基準によるヘッジ会計 ………………………238
　❶　ヘッジ会計とヘッジ取引 ………………………………………239
　❷　ヘッジ対象 ………………………………………………………241
　❸　ヘッジ会計の要件 ………………………………………………243
　❹　ヘッジ会計の方法 ………………………………………………245
　　(1) 繰延ヘッジ会計 ……………………………………………245
　　(2) ヘッジが有効でない部分の取扱い ………………………246
　　(3) 繰延損益の損益への計上 …………………………………248
　　(4) ヘッジの終了と中止 ………………………………………249
　　(5) 時価ヘッジの採用 …………………………………………251
　❺　金利スワップの取扱い …………………………………………252
　❻　特別な業種のヘッジ会計 ………………………………………255
　❼　公正価値オプション ……………………………………………257
　　(1) IAS第39号の公正価値オプション ………………………257
　　(2) 米国基準の公正価値オプション …………………………259
　❽　外貨建会計基準とデリバティブ ………………………………260
　　(1) 振当処理と独立処理 ………………………………………260
　　(2) 外貨建会計基準の改訂 ……………………………………262
　　(3) 実 務 指 針 …………………………………………………264
　❾　IFRSの動向 ……………………………………………………265
　　(1) 一般ヘッジ規定の改訂 ……………………………………265
　　(2) 動的リスク管理の討議資料 ………………………………268

7

- 4 金融商品に関する開示 … 269
  - ❶ デリバティブ取引のディスクロージャー … 269
  - ❷ IFRSの状況 … 271
  - ❸ 金融商品の開示の基準 … 273

第5章 複合金融商品 … 279

- 1 資本の会計 … 279
  - ❶ 資本と負債の区分 … 279
  - ❷ 自己株式の会計処理 … 280
  - ❸ 新株予約権の会計処理 … 282
- 2 複合金融商品 … 284
- 3 払込資本を増加させる可能性のある部分を含む複合金融商品 … 285
  - ❶ 新株予約権付社債 … 285
    - (1) 転換社債型の仕組み … 286
    - (2) ワラント債型の仕組み … 287
    - (3) 転換社債型とワラント債型の比較 … 287
  - ❷ 会計処理の考え方 … 288
    - (1) APB意見書の会計処理 … 289
    - (2) FASBのディスカッション・メモランダム … 289
    - (3) IAS第32号の会計処理 … 291
    - (4) わが国の会計基準制定前の会計処理 … 292
    - (5) オプションとしての性格 … 294
  - ❸ 金融商品の会計基準による会計処理 … 295
    - (1) ワラント債型の新株予約権付社債の会計処理 … 295
    - (2) 転換社債型の新株予約権付社債の会計処理 … 301

4 その他の複合金融商品 …………………………………………305
- ❶ 基準制定時に想定したその他の複合金融商品 ……………305
  - (1) ゼロコストオプション ………………………………305
  - (2) 通貨オプション付円建ローン ………………………307
- ❷ 金融商品の会計基準と実務指針による会計処理 ……………308
- ❸ 国際会計基準 ……………………………………………………311
- ❹ 企業会計基準適用指針第12号 …………………………………313

索　引 ……………………………………………………………………317

第1章
金融商品会計の基本問題

1 わが国の基準設定までの背景

❶ 金融商品の会計基準の設定

　金融商品の定義については第2章で詳しく述べますが，金融商品という用語はfinancial instrumentという英語の日本語訳です。このfinancial instrumentという用語は，本来は，金融手法あるいは金融手段と訳したほうがその意味を適切にあらわしていると思われますが，わが国では従来「金融商品」と訳することでほとんど定着してしまっているため，会計基準のなかでも金融商品という用語が用いられています。単に「金融商品」というと，いわゆる運用商品のように，資金運用のために金融機関や証券会社等が取り扱っている商品を指すというのが一般的な受け取られ方です。しかし，会計上の金融商品の範囲には，売掛金，貸付金等の金銭債権，買掛金，借入金等の金銭債務等も含まれ，実はその範囲はたいへん広いものとなっていることに注意する必要があります。

　金融商品の最も典型的なものに有価証券があり，その金融商品の時価評価は，会計基準の公表後会計実務に定着しています。取得原価評価から時価評価への大きな転換が図られたような印象がありますが，わが国においても，昭和37（1962）年の商法改正までは，時価以下主義あるいは時価評価といった規定があり，米国においても大恐慌前は，時価評価が行われていました。長い目で見ると，評価基準が昔に戻ったともいえます。ここでは，そのようになった背景

について，最初に振り返ってみます。

　金融商品の会計基準の作成の検討を開始した背景としては，金融商品の種類の多様化，価格変動リスクの増大，企業活動の国際化といった点を挙げることができます。

　第一に，金融商品の種類の多様化という点については，特に，先物取引，オプション取引，あるいはスワップ取引といった，いわゆるデリバティブ取引の多様化が，会計基準作成が要請された背景のうち大きなものでした。

　第二に，企業の価格変動リスクの増大という点については，デリバティブ取引について後の章でも詳しく述べますが，その性質上，価格変動による損益の影響が非常に大きいという特徴があります。また，一時期に企業の資金運用活動によって企業の金融商品の保有量が増加したことや，理由は時代的背景により異なるものの，わが国特有の企業間の持合株式の重要性が依然として高かったことも，価格変動リスクの増大の背景になりました。

　第三に，企業活動の国際化という点については，国際化による外貨建ての資産・負債の増加や，資金調達の国際化，これに伴うデリバティブ取引の増加は，これらに関する会計基準設定の必要性を高める結果となりました。

　金融商品に対する会計処理は，会計基準制定以前は，取得原価基準による資産評価によっていることが多く，その取引の決済時点で損益を認識するという決済基準による損益の認識が一般に行われていました。また，金融商品については，統一性のある会計処理基準がありませんでした。企業会計審議会が1990年5月に公表した「先物・オプション取引等の会計基準に関する意見書について」では，上場先物，上場オプション，市場性ある有価証券についての時価情報の開示を要求しています。また，日本公認会計士協会でも，債券先物の会計処理，通貨オプションの会計処理，通貨スワップの会計処理といった点について個別の指針や研究報告を公表していました。

　しかし，これらの基準は特定の取引について当面の指針を定めたものであり，金融商品全般について，どのような考え方に従って会計処理を行っていくかは示されていませんでした。また，わが国の商法（当時）では，金銭債権の評価，

社債等の評価，株式等の評価といったものについての規定が，その計算規定に含まれていました。ただ，当時の商法の規定に照らして，いわゆるデリバティブのような取引をどのように評価するか，ということは明らかではありませんでした。

このような影響は，投資家の立場からみれば，企業の実態がはっきりせず，リスクとリターンの早期の把握が困難になるという問題を発生させます。企業の側にとっても，会計上の損益が実態と乖離しており，このために的確なリスク管理が阻害される可能性がありました。

1995年5月に公表された金融制度調査会の基本問題検討委員会の報告書「金融仲介機能の新たな展開への対応」では，金融機関の適切なリスク管理体制の確立が必要であるとするとともに，会計基準についても言及していました。すなわち，金融機関がトレーディング目的で売買するデリバティブの時価評価が適当としており，このためには，当時の商法，税法の立場との調整も必要であるとしています。金融機関のトレーディング目的で売買するデリバティブについては，1998年3月期から時価評価が行われることになりました。また，この報告書は債権流動化手法の多様化の必要性も提言しています。この債権流動化手法は，会計処理の面からみれば，金融資産の消滅の認識の問題（これについては，第2章で述べます）と深く関係していました。

このような背景から，企業会計審議会では，1996年7月に金融商品に係る会計基準の検討を開始しました。1年間の検討を経て，1997年6月には「金融商品に係る会計処理基準に関する論点整理」を公表しました。この論点整理では，金融商品の時価評価，デリバティブ取引の認識方法，ヘッジ会計，複合金融商品，金融資産・負債のオフバランス化，貸付金の減損，相殺や流動・固定の区分といった表示の問題についての検討すべき論点の整理が行われています。

1998年6月になり，企業会計審議会から「金融商品に係る会計処理基準の設定に関する意見書（公開草案）」が公表されました。この公開草案に対するコメントを整理し，検討を重ね，さらに直前の1998年12月に確定した国際会計基準の内容をも踏まえ，1999年1月に「金融商品に係る会計処理基準の設定に関す

る意見書」が公表されました。この意見書は，米国の会計基準や国際会計基準の考え方（特に，米国基準の考え方）をかなり取り入れており，さらに，金融商品に関する包括的な会計処理基準を示しています。この意見書は，いわゆるトレーディング目的の金融商品の時価評価のみならず，かなり広範囲にわたる時価評価を要求しているところに特徴があります。

この金融商品に係る会計基準は，2000年4月1日以降開始する事業年度から適用されました。

❷ 実務指針の作成

「金融商品に係る会計基準の設定に関する意見書」（1999年）は，その前文の末尾において，基準を実務に適用する場合の具体的指針等については，日本公認会計士協会が関係者と協議の上，適切に措置していくことが適当であるとしています。これを受けて，日本公認会計士協会では，2000年1月に，会計制度委員会報告第14号「金融商品会計に関する実務指針（中間報告）」を，公表しました（本書では，これを実務指針とよんでいます）。

金融商品の実務指針は，金融商品の範囲，それらの発生及び消滅の認識，評価方法，ヘッジ会計並びに複合金融商品の会計処理を明確にすることを目的に，取りまとめられたものとされています。ただし，金融機関等が業務として行う金融商品に係る取引のうち特殊なもの及びヘッジ手法を用いて行う取引の会計処理は，実務指針では扱われず，日本公認会計士協会の業種別監査委員会が監査上の取扱いのかたちで公表しています。

また，1999年10月に，企業会計審議会から「外貨建取引等会計処理基準の改訂に関する意見書」が公表されました。この改訂は，「金融商品に係る会計基準の設定に関する意見書」において，「本基準の実施に際し，「外貨建取引等会計処理基準」との調整が必要となるため，当審議会において，今後早急に検討する必要がある。」とされていたのを受けたものでした。

2001年7月に，企業会計基準委員会（ASBJ）の活動が開始されました。これにより，会計基準の開発のみならず，適用上の指針（適用指針）や実務上の取

扱い（実務対応報告）の作成作業も，同委員会において行われるようになりました。金融商品に係る会計基準自体も，2006年で様式変更を含む書換えが行われ，企業会計基準第10号「金融商品に関する会計基準」となっています。

2　金融商品会計の論点

金融商品の会計基準については，第2章から第5章までで詳細に述べますので，ここでは金融商品会計の論点の概略のみを述べておきます。

❶ 個別的基準と包括的基準

金融商品の会計基準を作成する場合に二つのアプローチが考えられます。一つは個別的基準であり，もう一つは包括的基準です。

個別的な基準を作成する場合には，個別の金融商品ごとに会計基準が作成されます。このアプローチは，一般に，基準設定の作業が容易という利点があります。しかし，金融商品の開発の速度は非常に速いため，基準設定が金融商品の開発を追いかけるかたちになる可能性があります。また，個別に作成されたそれぞれの基準間において，会計処理の考え方が矛盾する可能性もあります。

もう一つの包括的基準は，金融商品全体について整合性がとれた一定の考え方に基づいて基準を作成するアプローチです。このアプローチは，基準全体の作成作業に多大な時間を要するという問題があります。ただし，基準の考え方のなかに考え方の矛盾が生じないという利点があると考えられます。しかし，このように基準を作成する場合には，基準自体が基本的な部分の基準が主体となることが多くなり，このため，基準を実務に適用するための詳細なガイドラインや実務指針が必要となることになります。

❷ 金融商品の認識と測定

(1) 金融商品の認識

これは，金融商品を含む取引の結果として資産や負債を認識するのかしな

いのか，あるいは認識するとすればどの時点か，という問題です。取引の発生の認識（具体的には，資産又は負債の計上）については，「当初認識（initial recognition）」といわれることもありますが，金融商品の会計基準では，「発生の認識」というよび方をしています。金融商品の発生の認識については，商品の購入や固定資産の購入といった取引との違いがあります。例えば，商品の購入については，相手方から引渡しを受けた時点でその所有権が移転し，これによって商品と買掛金の計上という認識が行われます。固定資産についても，物件の引渡し，あるいは機械等の納入があり，それについて検収を行った時点で固定資産未払金の計上という認識が行われます。一方，金融商品では，将来のキャッシュ・フローのような一定の権利や義務が取引の対象となり，このような「物」を対象とした取引と同列に扱えないという問題があります。

　金融商品の取引においては，取引の成立時に取引総額についてなんらの対価の引渡しも行われない場合があります。そのため，このような場合に，どのように資産又は負債を認識するのかという問題が生じてきます。実は，金融商品の会計処理を考える上で，この認識をどうするかという点が出発点として重要です。後で述べる原価で評価をするのか，あるいは時価で評価をするのか，といった金融商品の評価の問題は，取引が財務諸表上で認識されることになって初めて出てくる問題であるからです。

　上に述べた点は，金融商品の取引を当初に行った時点の問題ですが，それ以外に，すでに資産又は負債として認識されている金融商品がどのような条件を満たしたときに貸借対照表から除去されるのか，という問題もあります。この問題は「認識の中止（derecognition）」とよばれることもありますが，金融商品の会計基準では，これを「消滅の認識」とよんでいます。

　単純な取引，例えば取引所を通じた有価証券の譲渡のような場合には，取引の約定を行った時点で消滅の認識をするのか，あるいは有価証券の現物を受け渡した時点で消滅の認識をするのか，という問題はありますが，会計上の問題は比較的簡単です。

　しかし，債権の流動化のような取引を考えると，この問題はより複雑になっ

てきます。このような取引においては、金融テクノロジーが利用され、一つの金融資産、例えば貸付金を例にとると、それに含まれるさまざまな権利やリスクといったものをばらばらにして取引をすることも可能になります。このような場合には、債権の譲渡人に一定のリスクや価値が残るような場合も生じ、会計処理の方法を決める際に契約上のさまざまな条項が関連してくる場合もあり得ます。この場合に、対象となった債権が譲渡されたものとして会計処理をするのかどうか、そのための要件にはどういうものがあるのか、ということが問題になるわけです。これらの問題については、第2章で述べます。

(2) 金融商品の測定

次は、金融商品を会計上どのように評価するかという問題です。この問題は、測定（measurement）の問題とよばれます。

金融商品を評価する方法としては、会計基準の制定当時には、原価法による場合、低価法（時価と原価のいずれか低い方で評価する方法）による場合と、時価法による場合とが考えられました。わが国では、基本的には原価法に基づく評価が行われてきました。しかし、国際的にみると、投資家からみた企業価値としては、特に金融資産については時価評価がもっとも有用である、という考え方が強まっていました。

また、原価法による金融商品の評価は企業内容の開示を不透明にする、という批判もあります。もっとも、金融商品をすべて時価法によって評価する場合でも、これがその企業の期間利益なのかどうかという問題があります。評価益がある場合には、その企業の純資産が増加することは確かですが、これをその期間の業績利益としてとらえてよいのだろうか、というのはまた別の問題になります。また、そもそも時価とはどのような範囲のものをいうのかという問題もあります。これらの問題については、本章の4と第3章で述べます。

❸ 出資と負債の区分

出資（資本）と負債の両方の性格を有する金融商品をどのように会計処理す

るか，というのが出資と負債の区分の問題です。

　例えば，転換社債とか新株引受権付社債という金融商品がありました。転換社債は，社債に一定価額による株式への転換権を付したものです。新株引受権付社債は，社債の発行時に一定の株価で新株を引き受けることができる権利を付したものです。転換社債の場合は，転換権を行使することによって社債が払込みに当てられ，社債部分は消滅します。新株引受権付社債は，引受権を行使したとしても社債部分はそのまま残ります。その後の商法改正により，新株予約権付社債という一つの金融商品にまとめられましたが，元の2種類の商品性はそのまま残っています。

　この旧転換社債タイプも旧新株引受権付社債タイプも，いずれも，転換権あるいは新株引受権を付することによって，社債の発行金利を低くすることができました。しかし，この転換権や新株引受権は，これを保有する側にとっては一定の経済的価値があるものであり，さらに，これらが潜在的に資本となりうるという性格を有するために，すべてを社債，すなわち負債として会計処理をしてよいのかという問題がありました。

　新株引受権付社債タイプについては，社債部分が権利行使後も残存するため，比較的会計処理は容易です。ただ，転換社債タイプについては，転換権の行使とともに社債が消滅するという点から，これを区分して処理すべきなのかどうか，という点が問題になるわけです。

　第5章の複合金融商品の問題に関連して，この問題について述べます。

❹　デリバティブ取引とヘッジ会計

　デリバティブ取引は，一般に，原資産の市場価格によって相対的にその価額が決定される金融商品，あるいは，資産等の価値変動に伴うリスクを移転させたりヘッジしたりする機能をもつ金融商品と定義されています。近年，金利や為替相場等の変動に対するリスクヘッジ手段の必要性や，金融自由化と国際化の進展を背景として，さまざまな新しい金融手法が急速に発達しました。先物取引，先渡取引，オプション取引，スワップ取引のようなデリバティブ取引は，

その典型的なものということができます。これらの取引は，その取引の総額が企業の貸借対照表に表示されない取引であるために，オフバランス取引とよばれることもあります。

デリバティブ取引の会計処理の問題は，このような価格リスクや信用リスクを移転することを目的とした金融商品や，リスクを移転した対象となっている資産や負債をどのように会計処理するか，という問題です。

金融商品の会計基準によって解決がはかられましたが，先物取引，先渡取引，オプション取引，スワップ取引といったデリバティブ取引については，主たる営業目的や投機的な目的で取引を行った場合の会計処理について，どの時点でその取引の損益の計上を行うべきかという問題もありました。これらの取引は，比較的短期にその損益がキャッシュ・フローとして確定するという特徴があり，取引に係る損益をその確定時に計上するのではなく，価格の変動時に損益として計上するほうが取引の経済的実態を反映しているという見方が，1980年代から後に強くなっていったわけです。

このように，デリバティブ取引については，価格の変動時に損益を認識すべきかどうかという問題，すなわち，時価評価をすべきかどうかという問題と，ヘッジを目的とした取引について特別な会計処理をすべきかどうかという問題，すなわちヘッジ会計が必要かどうかという問題があります。

デリバティブ取引を時価評価することのメリットとしては，利益操作を防止することができることがあります。例えば，決済基準で損益認識する先物取引について，売建てと買建てを同額行って利益の出るほうだけを決済する，というような単純な方法もありますが，さらに複雑な仕組みのデリバティブ取引を用いた益出し目的の金融商品も登場し，金融商品の会計基準の制定前は，実務家を悩ませました。

原価法（決済基準）によるデリバティブ取引の損益認識については，会社内部の採算管理の数値，すなわちトレーダー部門（取引に直接参加している部門）が把握している時価評価的な管理上の数値と，外部報告数値，すなわち外部及び会社の経営管理部門が把握している財務諸表上の数値が元離し，経営判断が

うまく機能しないおそれがある、という問題が指摘されていました。このような問題は、外部報告数値の利用者、すなわち投資家等の判断にとっても同様でした。

　これらのデリバティブ取引は、為替レートの変動や金利の乱高下に対する企業の価格等の変動のエクスポージャーをヘッジする手段としても発達しました。このため、このような手段としてのデリバティブについては、そのデリバティブ取引自体の損益だけでなく、あるエクスポージャー（例えば、価格の下落に伴う資産価値の低下のリスク）の対象となっている項目（この対象には、企業の貸借対照表にすでに計上されている資産や負債もありますし、将来の取引もあります）の損益と合わせて、どのような会計処理を行うのが適切か、という観点も必要とされてきているわけです。ヘッジの手段とエクスポージャーの対象（これは、ヘッジ対象とよばれます）について別々に損益の認識を行うとすると、本来はそれを相殺する意図で行った二つの取引について、異なる時点で損益が認識されてしまうことになる場合が生じてきます。このような場合の特別な会計処理は、ヘッジ会計とよばれています。ヘッジ会計における、ヘッジ手段とヘッジ対象の結び付け（紐付け）は、個別取引だけを考えると容易ですが、金融機関のように、多数の金融資産と金融負債を扱っていると、さらに複雑な会計上の問題が出てきます。

　デリバティブ取引とヘッジ会計の問題については、その仕組みの説明も含め、第4章で述べます。

❺　開示の問題

　これは、貸借対照表に計上されているか又はオフバランスになっているかにかかわらず、金融商品について将来企業に生ずる可能性のある有利又は不利な影響について、どのように財務諸表で開示するのが望ましいか、という問題です。

　わが国の場合でも、市場性ある有価証券や取引所に上場されている先物・オプションの時価情報の開示が要求されたり、また、デリバティブ取引に関する

情報開示が行われました。しかし、開示の問題は、金融商品についてどのような評価基準がとられているのかということとも関係して、開示すべき内容は変わってくるものと考えられます。また、その企業が行っている事業活動の内容によっても、取引の重要度は異なってくるため、開示の内容は違いが出てくると考えられます。重要度が高ければ、相場変動が生じたときにどのような影響を生じうるのかの情報が必要という見方も出てきます。また、金融資産の流動化が進展すると、財務諸表外の取引について、追加開示が必要かといった問題も出てきます。

　これらの問題については、第2章の4及び6と第4章で述べます。

3　当時の国際的基準の状況

　わが国の金融商品の会計基準は、当時の国際的な基準の影響を大きく受けています。これらの国際的な基準の考え方を理解することは、わが国の会計基準を理解する上でも意味があります。そこで、以下では、金融商品の会計基準制定前後までの、米国の会計基準と国際会計基準の規定の概略を説明します。なお、2009年に米国では、会計基準のコード化（Codification）が行われていますが、以下の記述では、公表時の基準書の番号のままの記述となっています。

❶　米　　国

(1)　FASBの金融商品プロジェクト

　1986年5月に、米国の会計基準設定機関であるFASB（財務会計基準審議会）は、金融商品やオフバランス取引をそのプロジェクトのテーマに加えることを決定しました。このプロジェクトでは、さまざまな金融商品や金融取引について、現状の会計処理や開示の問題点や、将来発生してくると考えられる問題点について、広範な基準を作成することが意図されていました。ここでいう金融商品は、金融資産、金融負債及び持分証券からなっています。また、金融資産及び金融負債には、現預金、売掛金、貸付金、買掛金、借入金、社債、オプ

ション取引,スワップ取引,先物取引等の広い範囲のものが含まれています。

FASBでは,1987年11月に,「金融商品の開示」と題する公開草案を公表しました。この公開草案は,金融商品に関する信用リスク,将来の現金の受払い,金利及び時価に関する開示を要求していましたが,内容について開示内容が広範すぎる等の批判もありました。そのため,FASBは,1988年の後半になって,開示面をオフバランスのものとそれ以外のものに分けて検討することを決定しました。

(2) 開示についての基準書の公表

1990年3月に公表されたFASB基準書第105号「オフバランスシート・リスクを伴う金融商品及び信用リスクの集中を伴う金融商品に関する情報開示」では,オフバランス金融商品の元本等と信用リスクの集中(例えば業種別信用供与状況等)に関する開示が定められていました。ただし,この基準書第105号では,時価情報の開示は要求されていませんでした。

また,1991年12月に公表されたFASB基準書第107号「金融商品の公正価値情報の開示」では,資産・負債の両サイドにわたるほとんどの金融商品の「公正価値」(fair value)情報の開示が求められました。ただし,通常の受取債権や支払債務の公正価値の開示は不要とされています。この基準書第107号によれば,金融機関は,バランスシート上のほとんどすべての項目に関して「公正価値」を開示しなければならないことになっていました。ここでいう,公正価値とは,「一般に取引を行うことを望む者同士が金融商品を交換できる金額」とされています。市場価格が存在していれば,それが公正価値となります。

さらに,1994年10月になり,FASB基準書第119号「金融デリバティブ及び金融商品の公正価値の開示」が公表されました。この基準書第119号は,デリバティブの増大に伴う経営者の財務リスクに対する対応方法,デリバティブの利用方法とリスクの管理方法,会計方針,貸借対照日現在のポジションや,これらに固有の信用リスクについての経営者の分析,さらに,デリバティブ取引の範囲についての追加的情報への開示要請に応えたものであるとされていまし

た。

　開示対象とされているデリバティブ（金融派生商品）は，先物，先渡，スワップ，オプション契約又はそれと類似の特徴を有する金融商品と定義されており，トレーディング目的のデリバティブについては，期中の公正価値の平均額及びトレーディング取引による純損益（種類，事業活動，リスク又は管理区分別）の開示が，トレーディング目的以外の場合には，デリバティブ保有（又は発行）する目的やその戦略，会計処理と表示方法，予定取引のヘッジについての説明や繰り延べた損益の額等の開示が求められています。この基準書第119号では，同時に，上で述べた基準書第105号で対象外とされていた買建オプションについても開示を強化するとともに，開示を奨励する事項（ただし，強制ではない）として，デリバティブの金利，為替，コモディティの価格その他の市場リスクに関する数量的情報を挙げています。この基準書は，(3)で述べる基準書第133号により廃止されました。

(3)　会計処理についての基準書の公表

　金融商品プロジェクトが開始される以前に公表された会計処理に関する基準書には，FASB基準書第52号「外貨換算」（1981年12月）やFASB基準書第80号「先物取引の会計」（1984年8月）があります。これらの基準書では，第4章で述べるデリバティブの時価評価の問題やヘッジ会計の問題が扱われています。

　金融商品プロジェクトにおける会計処理（認識測定）の部分については，1990年8月に出資と負債の区分（例えば，ワラントや株式への転換権が出資，負債のいずれに該当するか等）に関するDM（Discussion Memorandum）が，1991年11月に金融商品の認識と測定に関するDMが発表されました。FASBは，1993年5月に，FASB基準書第115号「負債及び持分証券への投資の会計」を公表しました。この基準書第115号は公正価値（fair value）の容易に確定できる持分証券と，すべての負債証券（債券，転換社債，CP，CMO等）について，幅広く時価評価（公正価値評価）を求めています。ここで公正価値が容易に確定できるとは，具体的には，取引所の上場価格，店頭相場，株式投資信託のユニット

基準価格のようなものをいいます。

　この基準書による有価証券の評価の概要は，次のようになっています。
① 公正価値の容易に確定できる持分証券
　(a) トレーディング目的の証券（trading securities）は，公正価値で評価し，その評価損益は，損益の計算に含める。
　(b) 売却可能証券（securities held for sale）は，公正価値で評価し，その評価損益（税効果考慮後）は，資本勘定に区分表示する。
② 負債証券
　(a) 償還期限まで保有する（held to maturity）有価証券は，償却原価法（amortized cost）で評価する。
　(b) トレーディング目的の証券（trading securities）は，公正価値で評価し，その評価損益は，損益の計算に含める。
　(c) 売却可能証券（securities held for sale）は，公正価値で評価し，その評価損益（税効果考慮後）は，資本勘定に区分表示する。
③ 貸借対照表上の分類
　売却目的の証券は，流動資産に分類し，償還期まで保有する証券と売却可能証券は通常の営業循環中に売却（又は償還）されるか否かにより，流動資産又は非流動資産に分類される。

　トレーディング目的の証券とは，近い将来に売却する目的で購入・保有する証券であるとされています。また，トレーディングとは，一般に頻繁に売買を繰り返すことであり，トレーディング目的の証券とは，一般に短期間の価格差から利益を得ようとする目的で利用するものをいうとされています。売却可能証券とは，トレーディング目的又は償還期限まで保有目的以外のものをいいます。この基準書は，1993年12月15日より後に開始する事業年度から適用されました。

　さらに，FASBでは，デリバティブとヘッジについてのプロジェクトを進め，1998年6月にFASB基準書第133号「デリバティブ及びヘッジ活動に関する会

計」を公表しました。この基準書では，デリバティブを資産又は負債として認識し，時価で評価することを明確にするとともに，ヘッジ会計について公正価値ヘッジとキャッシュ・フローヘッジの二つの方法を示していました。

また，1993年5月には，約定どおり回収できない可能性が高くなった減損貸付金の評価について定めたFASB基準書第114号「債権者による貸付金減損の会計」が公表されました。金融資産の譲渡と負債の消滅についても，1996年6月に，FASB基準書第125号「金融資産の譲渡とサービシング及び金融負債の消滅に関する会計処理」を公表しました。この基準書第125号では，第2章で述べる金融資産と金融負債の消滅の認識について，財務構成要素アプローチとよばれる考え方が採用されていました。

❷ 国際会計基準

(1) 国際会計基準作成までの経緯

国際会計基準委員会（IASC）においても，1989年1月にロンドンで金融商品起草委員会の第1回会議が開催され，金融商品プロジェクトが開始されました。

1991年9月に公表された公開草案第40号（E 40）「金融商品」では，個別基準の作成という米国のFASB基準作成のプロセスとは異なり，認識，測定（評価），開示のすべてを一つの草案のなかで取り扱っていました。E 40の測定（評価）に関する規定の部分では，「標準測定処理」基準として，投資目的及び財務目的のものについては取得原価評価，営業・運用目的のもの（投資・財務目的以外のもの）は公正価値（fair value）評価，ヘッジ目的のものはヘッジされるポジションの損益認識に合わせる，という評価基準が定められていました。また，選択可能な「代替測定処理」基準としては，すべての金融商品に関して，公正価値（fair value）による測定ができると規定されていました。

E 40には各国から多数のコメントが寄せられ，これを受けて正式の基準書の原案が作成されました。この原案については，1993年11月に，改訂公開草案第48号（E 48）として再発行されることが決定され，1994年1月にE 48が公表されました。

E48では，金融商品の測定（評価）について，経営者の意図に基づいて金融商品を三つに分類し，長期又は満期まで保有するものについては取得原価評価，ヘッジ目的で保有するものはヘッジされるポジションの公正価値の変動による損益認識に合わせ，その他のものは公正価値で評価するものとされていました。また，代替測定基準ですべての金融資産又は金融負債を公正価値で評価することができるのはE40と同様でしたが，時間とコストという制約のなかで公正価値を十分な信頼性をもって決定することが実務的でないような場合には，その内容と帳簿価額を開示して原価（ただし，減損の評価減は行う）で評価するという緩和規定が付け加えられました。

　しかし，E48に対する各国のコメントも，E40からの変更点よりも，認識，認識の中止，測定，ヘッジ会計に関するものが多く提出されました。特に金融商品の評価に関しては，公正価値にウェートをおくという意見と原価にウェートをおくという意見に分かれ，さらに，経営者の意図に基づいて金融資産と金融負債に分類し，これが評価基準の分類にもなるという考え方も賛否両論に分かれました。その他のコメントを合わせて検討した結果，E48を主に開示基準とそれ以外の部分に分割することが決定されました。1995年3月のIASC理事会の承認を経て，開示と表示部分のIAS（国際会計基準）第32号「金融商品―開示及び表示」が1995年5月に公表されました。IAS第32号により開示すべき事項の主な内容には，次のようなものがあります。

① 金融商品の契約条件及び金融商品に関する企業の会計方針及び処理方法
② 契約上の金利更改日又は満期日のいずれか早いほう及び実効利率などの金利リスクに関する情報
③ 最大信用リスク及び信用リスクの著しい集中度合等の信用リスクに関する情報
④ 公正価値に関する情報
⑤ 公正価値を超える金額で計上されている金融資産の帳簿価額と公正価値及び評価減を行わない理由
⑥ 企業が金融商品を予定取引に関するリスクのヘッジとして利用している

場合には，予定取引の内容，ヘッジしている金融商品の内容，繰り延べた損益の額及び損益計上の予想時期

(2) 暫定基準の作成

　金融商品の認識と測定の会計基準については，金融商品起草委員会が組織され，この検討の成果は，1997年3月に，ディスカッション・ペーパー「金融商品及び金融負債の会計」として公表されました。

　このディスカッション・ペーパーは，企業が契約の当事者となったときに公正価値で金融資産及び負債を認識し，公正価値で継続的に測定するという原則を採用するための十分な論拠があるという考え方にたって作成されています。このため，金融資産及び金融負債の公正価値の変動から生ずるすべての損益は利益であり，発生時に直ちに利益として認識すべきことを提案していました。特に，金融負債についても時価評価の範囲を広げており，この場合，債務者の信用状態の変動も金融負債の時価評価に反映される等の点で，革新的な面がありました。

　このディスカッション・ペーパーの提案は採用されず，米国基準に類似した暫定基準が作成されることとなりました。この暫定基準については，公開草案第62号「金融商品—認識と測定」が1998年6月に公表され，1998年12月に，IAS第39号「金融商品—認識と測定」として承認されました。IAS第39号は，その後多くの適用指針も加えられ，量が多く，かつ複雑な基準となっていきます。

❸ コンバージェンスの時代

　IASC（国際会計基準委員会，IASBの前身）では，1997年にディスカッション・ペーパー「金融資産と金融負債の会計」，2000年12月にJWG (Joint Working Group) の公開草案「金融商品と類似項目」を公表しています。また，他方で米国のFASBも，1991年にディスカッション・メモランダム「金融商品の認識と測定」，1999年12月に予備的見解 (Preliminary Views)「公正価値による金融

商品と特定の関連する資産及び負債の報告」といった文書を公表していました。これらの流れは、将来の金融商品の全面時価評価が意識されるものでしたが、❷で述べたように、IAS第39号では、そこまでの考え方は採用されていませんでした。

　2001年には、IASCに代わってIASB（国際会計基準審議会）が創設され、公認会計士を主体とした基準の設定から、IASBが主要国の基準設定機関と連携して基準設定を進める方式へと変わっていきます。EUでは、IFRSに基づく連結財務諸表を上場会社に強制する方針が示され、これが2005年1月から開始されました。EUは、EU域外の国の企業についても、IFRS又は同等の会計基準による連結財務諸表の作成を求める方針を打ち出しました。わが国も、これに関連して、会計基準の同等評価を受けて、この結果26項目の重要な差異の指摘を受けました。これが会計基準のコンバージェンスの加速化に繋がっていくことになります。

　2002年の10月に、IASBとFASBは、コネチカット州のノーウォークでの合同会議で、両基準の中長期化の統合に向けて覚書（ノーウォーク合意）を交換したことを明らかにしました。さらに、2006年には、両基準の収斂に向けたロードマップに関する覚書（MOU）を公表しました。この覚書では、短期統合化項目と11項目からなる共同プロジェクトに分けて、作業を進めることとしていました。この覚書（MOU）では、金融商品の会計に関して、IAS第39号の置換え、負債の資本の区分、認識の中止の問題が含まれていました。IASBは、2008年3月に、ディスカッション・ペーパー「金融商品の報告における複雑性の低減」を公表しました。このペーパーは、①測定に関する問題点、②測定と関連する問題点の中間的アプローチ、③長期的な解決方法（すべての金融商品について、単一の測定方法（公正価値）を用いることにより簡素化を達成）について論じていました。

　サブプライム・ローンに端を発する問題は、2008年9月にリーマン・ブラザース倒産によるリーマンショックが引き起こされ、高い信用力をもっていた金融機関の国有化や、大幅な世界同時株安が起こり、世界的な金融危機が発生

していきました。その後、金融商品に関する会計基準の開発は、政治的な影響を受ける局面が増加していきました。この後の展開については、第3章で述べています。

4　時価評価の「時価」

❶　時価の考え方

　わが国の平成11年改正前商法第285条ノ5及び第285条ノ6では、取引所の相場のある社債及び取引所の相場のある株式についての規定がおかれていました。また、企業会計原則貸借対照表原則五Bでは、取引所の相場のある有価証券についての規定がおかれています。また、当初の有価証券の時価情報及び先物オプションの時価情報の開示については、市場性のある有価証券や上場先物オプションのみが開示対象とされていました。

　このように、わが国の場合には、時価は、取引所の相場がつく、あるいは新聞等で価格が確認できる、といった考え方が過去には強かったものと思われます。このような考え方は、一つは、時価についての客観性を保証するという側面があったことは否定できないものと思われます。

　会計基準の第6項は、時価について、「時価とは公正な評価額をいい、市場において形成されている取引価格、気配又は指標その他の相場（以下、「市場価格」という。）に基づく価額をいう。市場価格がない場合には合理的に算定された価額を公正な評価額とする。」と定義しています。

　また、注解2では、市場について、「市場には、公設の取引所及びこれに類する市場のほか、随時、売買・換金等を行うことができる取引システム等も含まれる。」と規定しています。ここでいっている時価の考え方は、いわゆるfair value、つまり公正価値とか適正価額と訳される言葉と同義のものと考えられます。

　例えば、米国のFASB基準書第107号では、「公正価値とは、一般に取引を行

うことを望む者同士が金融商品を交換できる金額」とされていました。具体的には，市場価格（quoted market value）が存在していれば，それが公正価値となります。

また，IAS第32号では，「公正価値とは，取引の知識がある自発的な当事者の間で，独立第三者間取引条件で，資産が交換され，もしくは負債が決済される金額をいう。」とされていました。この場合，公正価値は，市場価値（market value）とは異なります。「市場価値とは，活発な市場での金融商品の売却により入手できる金額あるいは取得のために支払う金額をいう。」とされています。わが国の金融商品の会計基準における時価の定義は，このようなものと若干表現は異なりますが，実質的には同様のことをいっているものと考えられます。

❷ 現在価値の考え方

現在価値とは，将来に受け取る又は支払うと見積もられる収入又は支払額（つまり，キャッシュ・フロー）を，市場利子率等の割引率を用いて現在の額に還元した金額をいいます。金融商品の時価評価の算定で，この現在価値という考え方は非常に重要です。

現在価値の考え方は，現在のお金と数年後のお金の価値は違うものであるということを明らかにしたものです。例えば，金利が5％とすると，3年後に100を支払うようにするには幾ら必要かというのが現在価値の考え方です。現在，86.4用意しておけば3年後には100を支払えることになります。具体的な計算過程を示すと，今86.4あると，1年目の利息は86.4×5％で4.3になります。2年目には，86.4と4.3を加えた90.7に5％を掛けた4.5が利息になります。3年目も同様な計算をします。つまり，86.4を複利運用すると，3年後には100ということになります。3年後の100の現時点での価値は86.4ということになり，これが現在価値の考え方になります。

図1-1は，貸付金の現在価値について考えるために示した図です。

貸付金の元本は100億円，金利は10％で，返済期限は4年後です。この貸付金のキャッシュ・フローは，次のグラフに示したように，1年度から3年度ま

第1章　金融商品会計の基本問題

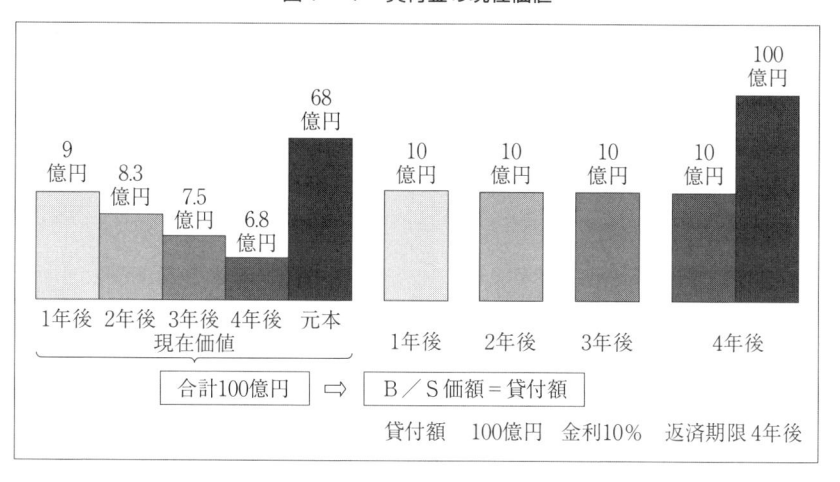

図1-1　貸付金の現在価値

1年後	2年後	3年後	4年後	元本
9億円	8.3億円	7.5億円	6.8億円	68億円

現在価値　合計100億円 ⇒ B／S価額＝貸付額

1年後	2年後	3年後	4年後
10億円	10億円	10億円	10億円＋100億円

貸付額　100億円　金利10%　返済期限4年後

での各年度に10億円の金利，4年度に110億円のキャッシュ・フローがあります。金利が10%ですから，現在価値の計算は，グラフに示したようになります。

つまり，1年後のキャッシュ・フローは，10億円を1.1で割ったもの，すなわち9億円になります。2年目のキャッシュ・フローの現在価値は，10億円を1.1の二乗で割ったもの，すなわち8.3億円になります。3年目以降のキャッシュ・フローも同様な計算になります。これをすべて加えると，合計金額は100億円になります。貸付金の当初の元本が100億円というのは，このように，その貸付金に当初付されている条件金利で割り引いた金額の合計が100億円になるということを示しています。

このことから，逆に，貸付金の市場金利が変動すると，この貸付金の価値が変動するはずであることがわかります。例えば，2年目に市場金利が8%になったとします。この場合，金利の10億円と元本の返済による100億円のキャッシュ・フローは確定しています。これを市場金利の8%で割り引くことになりますと，現在価値の合計は100億円よりも大きくなります。例えば，金利部分だけをみても，

　　金利10%の場合　　10億円÷1.1＝9億円

21

金利8％の場合　　10億円÷1.08＝9.3億円

となり，当初の金利より市場金利が低下すれば，その市場金利で割り引いた現在価値は当初より大きくなることがわかります。

　つまり，固定金利で貸し付けている場合，市場金利が低下すれば，その貸付金の価値は上昇することになります。逆に，市場金利が上昇して12％になったとします。それ以後のキャッシュ・フローを12％で割り引くわけですから，割り引いた結果の現在価値の合計は100億円よりも小さくなります。つまり，金利が上昇すれば，固定金利の貸付金の価値は下落することになります。実は，国債のような債券の市場価格が金利の上下に応じて変動するのは，このような固定金利とその後の市場金利との差を反映しているからです。

　ただし，注意すべき点は，このような価値が変動するという考え方は，その評価時点での新たな投資機会又は売却価値という考え方にたっているという点です。もう一つの考え方は，最終の償還日（満期日）まで保有すれば元本が回収できるため，このような価値の変動の影響は受けないとする考え方です。第2章で述べる，満期保有目的の債券は，償却原価法で評価するという考え方は，このような考え方によっています。

　この現在価値を計算する考え方は，特に金銭債権債務やデリバティブ取引を時価評価する場合に，どのように時価を算定するのかという点で非常に重要です。また，年金会計や固定資産の減損会計など，最近の会計基準には，この現在価値（割引価値）の考え方が，しばしば登場します。ただし，この時価の算定においては，債務者の信用状態がどのように変化するかということは必ずしもすべての場合に考慮されてはいません。理論的には，債務者の信用状態が改善すれば貸出金利は低くなり，悪化すれば高くなるわけです。特に金融負債の原則的な評価において，このような変動要素を時価に反映するかどうか（つまり，自己の信用状態を損益等に反映するかどうか）は，第3章で触れますが，現時点では将来的な課題と考えられています。

❸ 実務指針の「時価」

　日本公認会計士協会の実務指針では,「時価」とは,取引を実行するために必要な知識をもつ自発的な独立第三者の当事者が取引を行うと想定した場合の取引価額であるとされています。また,時価には,そこで成立している価格がある場合の「市場価格に基づく価額」と,当該金融商品に市場価格がない場合の「合理的に算定された価額」とがあるとされています。実務指針では,これらの時価について,具体的には次のようなものであるとしており,金融商品の評価に用いる時価は,かなり広範なものとなっています。

① 市場価格に基づく価額
　(a) 取引所に上場されている金融資産については,取引所における取引価格
　(b) 店頭において取引されている金融資産については,公正な価格を提供するため複数の店頭市場の情報を集計し,提供することを目的として組織化された業界団体が公表する価格（ない場合には,ブローカーの店頭において成立する価格）
　(c) (a)及び(b)に準じて,随時,売買・換金等が可能なシステムにより取引されている金融資産については,そこで成立する取引価格

② 合理的に算定された価額
　以下の方法により算定された価額をいう。
　(a) 取引所等から公表されている類似の金融資産の市場価格に,利子率,満期日,信用リスク及びその他の変動要因等を調整する方法
　(b) 対象金融資産から発生する将来のキャッシュ・フローを割り引いて現在価値を算定する方法
　(c) 一般に広く普及している理論値モデル又はプライシング・モデルを使用する方法

　また,金融資産の取得時における付随費用（支払手数料等）は,その取得価額に含まれますが,金融資産の時価評価を行う場合の時価には,取得又は売却に要する付随費用を含めないものとされています。これは,金融市場で付随費

用自体が縮小する傾向にあること、価格そのものにすでに含まれている場合があること、見積りの困難さが、その理由とされています。

なお、米国のFASBでは、2006年にFASB基準書第157号「公正価値測定」を公表しています。この基準書では、公正価値を出口価値（資産の場合は売却可能価額、負債の場合は決済に要する価額）とし、また、金融商品の公正価値に関する評価技法で用いるインプット（公表価格か、活発な市場での類似価格か、観察できないデータに基づくか等により区分します）を、三つのレベルに階層化していました。この基準書の内容は、やがてIFRS第13号「公正価値測定」（2011年）に繋がっていくことになります。

IFRS第13号では、公正価値とは、測定日において市場参加者間で秩序ある取引が行われた場合に、資産の売却によって受け取るであろう価格又は負債の移転のために支払うであろう価格（出口価格）をいうとされています。また、観察可能性に応じてインプットを三つのレベルに区分しています。このように、測定された公正価値を階層化する枠組みを、公正価値ヒエラルキーといいます。

インプットのレベル区分は次のようになっています。
レベル１のインプット…企業が測定日現在でアクセスできる同一の資産又は負債に関する活発な市場における無調整の相場価格（例えば、上場株式や上場デリバティブの相場価格）
レベル２のインプット…資産又は負債についての直接又は間接に観察可能なインプットのうち、レベル１に含まれる相場価格以外のもの（例えば、活発な市場における類似の資産の相場価格、活発でない市場における同一又はある時の資産の相場価格、直接観察可能な価格以外の市場インプット）
レベル３のインプット…資産又は負債についての観察可能でないインプット（例えば、観察可能な市場データに裏付けられない長期の通貨スワップレート、企業固有のデータに基づく財務予測値、加重平均資本コスト、長期収益成長率、流動性ディスカウント、支配プレミアム等）

企業は観察可能なインプット（レベル1，レベル2）を最大限に利用し，観察可能でないインプット（レベル3）の利用を最小限にする評価技法を用いるものとされています。公正価値の測定は，そのインプットのレベルに応じて三つの区分に階層化されることになります。

第2章
金融商品の範囲と認識

1 金融資産と金融負債の範囲

❶ 会計基準における「範囲」

　企業会計基準第10号「金融商品に関する会計基準」(以下,「会計基準」といいます)第4項と第5項では,金融資産及び金融負債の範囲について,次のように定めています。

> 4．金融資産とは,現金預金,受取手形,売掛金及び貸付金等の金銭債権,株式その他の出資証券及び公社債等の有価証券並びに先物取引,先渡取引,オプション取引,スワップ取引及びこれらに類似する取引(以下,「デリバティブ取引」という。)により生ずる正味の債権等をいう。
> 5．金融負債とは,支払手形,買掛金,借入金及び社債等の金銭債務並びにデリバティブ取引により生じる正味の債務等をいう。

　このように会計基準では,具体的な金融商品を列挙するかたちで定義をしていますが,次の❷で述べるように,この後に日本公認会計士協会から公表された実務指針では,追加的な定義を行っています。また,会計基準の注解1では,金融資産及び金融負債の範囲について,次のように定めています。

> （注1） 金融資産及び金融負債の範囲には，複数種類の金融資産又は金融負債が組み合わされている複合金融商品も含まれる。また，現物商品（コモディティ）に係るデリバティブ取引のうち，通常差金決済により取引されるものから生じる正味の債権又は債務についても，本会計基準に従って処理する。

表2－1に示されているように，金融商品の範囲は，企業の貸借対照表に計上されている資産及び負債のうち，棚卸資産と固定資産以外の部分の大部分を含んでいます。なお，株主資本に計上されている自己の発行済株式（資本金）は金融商品にはなりません。現物商品（コモディティ）に係るデリバティブ取引は，本来は金融商品ではありませんが，性質や利用目的が金融商品のデリバティブと同様であることから，金融商品に関する会計基準に従って会計処理を行うものとされています。

表2－1　金融商品の範囲

連 結 貸 借 対 照 表

現金及び預金	支払手形及び買掛金
受取手形及び売掛金	短期借入金
有価証券	未払金
デリバティブ資産	デリバティブ負債
投資有価証券	社債
長期貸付金	引当金
棚卸資産	株主資本
有形固定資産	その他の包括利益累計額
無形固定資産	新株予約権
繰延資産	少数株主持分

わが国の金融商品の会計基準に定める金融商品の定義と比べて，米国のFASB基準書やIAS（当時，現在はIFRS）は，これとは違った金融商品の定義を行っていました。後で説明する実務指針の規定と関係してきますので，ここで紹介しておきます。

FASB基準書第107号「金融商品の公正価値情報の開示」(1991年)の金融商品の定義は，次のようなものでした。

金融商品とは次のものをいう。
1．現金預金
2．事業体の所有持分を表象するもの
3．次の二つの要件をともに満たす契約
　a．ある事業主（第1の事業体）に対して
　　・第2の事業体に現金又は他の金融商品を引き渡すか，あるいは，
　　・第2の事業体と潜在的に不利な条件で他の金融商品を交換するという契約上の義務を賦課するものであること。
　b．第2の事業体に対して
　　・第1の事業体から現金又は他の金融商品を受け取るか，あるいは，
　　・第1の事業体と潜在的に有利な条件で他の金融商品を交換するという契約上の権利を移転するものであること。

また，IAS第32号「金融商品－開示及び表示」(1995年)の金融商品の定義は，次のようなものでした。

金融商品とは，一方の企業に金融資産を，他の企業に金融負債あるいは持分金融商品の双方を生じさせるあらゆる契約をいう。
　金融資産とは，以下のあらゆる資産をいう。
　(a)　現金
　(b)　他の企業から現金あるいは他の金融資産を受け取ることができる契約上の権利
　(c)　金融商品を潜在的に有利な条件で他の企業と交換できる契約上の権利
　又は
　(d)　他の企業の資本性金融商品
　金融負債とは，以下のような契約上の義務を負うあらゆる負債をいう。
　(a)他の企業に現金もしくは他の金融資産を引き渡す，又は(b)金融商品を，潜在的に不利な条件で他の企業と交換する。
　資本性金融商品とは，企業のすべての負債を控除した後の残余持分を証する契約である。

この中で，現金と他の事業体の所有持分（例えば，会社の株式）については金融商品に該当することは理解しやすいと思われます。わかりにくい部分は次の部分の規定です。つまり，FASB基準書第107号の金融商品の定義では，「一方に権利，一方に義務を生じさせるものを金融商品とよぶ。」という定義になっています。一方，IAS第32号の金融商品では，「一方の企業に金融資産を，他の企業に金融負債あるいは資本性金融商品の双方を生じさせるあらゆる契約をいう。」という規定になっています。実質的にみて，この二つの規定はほとんど同じものと考えられます。

　もう少し説明を加えると，①現金と他の事業体の所有持分（株式や出資証券）を基本的な金融商品として，②これらの基本的な金融商品を受け取る権利と引き渡す義務，③有利な条件で交換できる権利と不利な条件で交換しなければならない義務が金融商品になると理解すればよいということになります。

　なお，IAS第32号の金融商品の定義は，2000年に「企業自身の資本性金融商品で決済されるか，もしくは決済される可能性のある契約」について改訂が加えられましたが，ここではやや難しいため，後の第5章で説明します。

　次に，いくつかの資産や負債について，金融商品の定義が満たされるのかという点について説明します。

① 現　　　金

　これが金融商品に該当することについては，説明を要しないと思われます。「現金」という言葉は，英語では「キャッシュ」という言葉が使われています。したがって，ここには，通貨と当座預金や普通預金のような要求払預金も含まれています。また，自国建ての現金のみならず，外貨建ての現金もこの対象に含まれます。預金は，預金者がその金融機関から現金を引き出し，あるいは，支払手段として利用できる契約上の権利を表すので金融商品の定義を満たします（FASB基準書では「現金預金」，IASでは「現金」となっていますが，実質的な違いはありません）。

② 売掛金と買掛金

売掛金と買掛金は，商品を売却したことに伴う債権債務等から生じます。これらはいずれも，最終的に現金の支払いを受ける権利か，もしくは支払う義務になりますから，これは金融商品の定義を満たします。同じことが，受取手形や支払手形についてもいえます。

③ 貸付金と借入金

これは，直接に現金を受け取るか支払うか，という権利義務を表していますから，これも金融商品の定義を満たします。

④ 前渡金と前受金

原材料や商品の購入に関係して，前渡金や前受金の授受が行われる場合があります。しかし，前渡金は原材料又は商品というたな卸資産（この場合，たな卸資産は金融商品に該当しません）を受け取る権利になりますし，前受金はたな卸資産を引き渡す義務になります。このような点で，前渡金と前受金は金融商品の定義を満たしていません。

⑤ 他社の株式

他社の株式は，これらに示した定義から，事業体の所有持分を表象するもの又は持分金融商品に該当しますから，金融商品になります。株式以外についても，いわゆる出資金あるいはパートナーシップの持分といったものも金融商品になります。

⑥ 有価証券購入のための前渡金

有価証券購入のために金銭を支払い，その後有価証券を引き渡すという権利がある場合を考えると，このような権利は，有価証券が金融商品に該当するため，他の企業から他の金融資産を受け取ることができる契約上の権利ということになり，金融商品に該当します。

⑦ 通貨オプション

通貨オプションの購入は，一定の為替レートにより一定の金額の外国通貨を受け取るか，もしくは引き渡す権利を意味します。この場合，受取りもしくは引渡しの対象になるのは通貨それ自体ですから，これも金融商品を潜在的に有

利な条件で他の企業と交換する契約上の権利ということになり，金融商品の定義を満たします。また，通貨オプションの売却の場合には，金融商品を潜在的に不利な条件で他の企業と交換する契約上の義務ということになり，金融商品の定義を満たします。

⑧ 債務保証

債務保証は借り手が債務不履行となった場合に，貸し手がその債務の保証人から現金を受け取る権利（保証人の側からは現金を支払う義務）であり，将来の条件付であるが金融資産又は金融負債となります。条件付の権利・義務であるため，資産・負債が財務諸表に認識される場合と認識されない場合とがあります。

⑨ 自社株式の新株予約権

自社の株式は金融商品にはなりません。金融商品になるのは，他の企業の株式です。したがって，この場合，自社の株式について新株予約権を発行している場合，例えば新株予約権付社債の新株予約権部分については，発行者の側では金融商品に該当しません（これについては，第５章で詳しく述べます）。

⑩ 有形固定資産

有形固定資産に対する支配は，現金又は金融資産の流入をもたらす機会を創出ことになり，通常，資産の定義は満たします。ただし，現金又はその他の金融資産を受け取る権利を現時点では生じさせていないため，金融資産とはなりません。

上の例で述べたようなFASB基準書やIAS（IFRS）による金融商品の定義は，循環的な定義であるといわれることがあります。あるものが金融商品に該当すれば，それに対する契約上の権利や義務も金融商品になっていく，というかたちで定義がされているからです。例えば，債券先物オプションを例にとってみます。債券先物取引自体（なお，債券自体は金融資産です）は，決済日に差金決済という現金の授受を行うか，もしくは債券の引渡しが行われる性質のものです。これは，現金の授受が行われるにせよ，債券の授受が行われるにせよ，いずれも金融商品ですので，債券先物取引は金融商品になります。そうしますと，

これに対するオプションである債券先物オプションも金融商品になります。

金融商品の会計基準（1999年）では，適用範囲の明確化の観点から，FASB基準書やIASにみられるような抽象的な定義によらず，その具体的な資産負債項目をもって，その範囲を示すこととしたとされています。これはFASB基準書やIASでは，概念として「資産」や「負債」の定義が明らかにされているところから定義を行うことができますが，わが国ではこれらが明らかにされていないという背景の違いを反映したものとも考えられます。この辺の背景の違いは，現在でも変わっていません。しかし，その意味するところは，ほぼ同様であり，金融商品の範囲が広範であることに変わりはありません。

❷ 実務指針における「範囲」

2000年に，日本公認会計士協会から「金融商品会計に関する実務指針」が公表されました。2001年7月に企業会計基準委員会（ASBJ）が活動を開始してからは，会計基準と適用指針等とが同委員会から一体的に作成・公表されるようになりましたが，この当時は企業会計審議会で会計基準を作成し，日本公認会計士協会で実務指針を作成するのが慣行となっていました。この実務指針は，その後数次の改訂を経ていますが，現在でも多くの部分がそのまま使用されています。

実務指針では，契約である金融商品の側からみた「範囲」（実務指針の第3項では，会計基準の「範囲」は取引当事者の一方の企業からみたものとされています）として，金融商品とは，一方の企業に金融資産を生じさせ他の企業に金融負債を生じさせる契約及び一方の企業に持分の請求権を生じさせ他の企業にこれに対する義務を生じさせる契約（株式その他の出資証券に化体表章される契約）であるとしています。さらに，金融資産及び金融負債について，次のように定義しています。

① 金融資産とは，現金，他の企業から現金もしくはその他の金融資産を受け取る契約上の権利，潜在的に有利な条件で他の企業とこれらの金融資産もしくは金融負債を交換する契約上の権利，又は他の企業の株式その他の

出資証券である。
② 金融負債とは，他の企業に現金もしくはその他の金融資産を引き渡す契約上の義務又は潜在的に不利な条件で他の企業と金融資産もしくは金融負債を交換する契約上の義務である。

実は，これらの定義は，①で述べたIAS第32号の金融商品の定義と，ほぼ同じです。この場合の「企業」は，個人，パートナーシップ，法人組織及び政府機関を含むものとされています。「実務指針」では，金融商品の会計基準で例示されているもの以外に，有価証券の消費貸借契約，差入預託保証金，商品ファンド，ゴルフ会員権，債務保証，クレジット・デリバティブ，当座貸越契約等も金融商品の会計基準の対象となるとしています。

典型的な商工業を例に，金融資産と金融負債になるものについて，対応する勘定科目等を例示すれば，表2－2と表2－3のようになります。

表2－2　金融資産の例示

	勘 定 科 目 等
現金	現金（円貨），現金（外貨）
現金を受け取る契約上の権利	預金（当座預金，普通預金，定期預金），受取手形，売掛金，未収入金，貸付金，コマーシャル・ペーパー（購入側），債券，リース債権，商品ファンド，ゴルフ会員権（預託保証金型）
その他の金融資産を受け取る契約上の権利	株式購入契約（株式を受け取る権利），貸付債券
潜在的に有利な条件で他の企業とこれらの金融資産もしくは金融負債を交換する契約上の権利	デリバティブ資産（評価益相当額）
他の企業の株式その他の出資証券	有価証券（株式），出資金

表2-3　金融負債の例示

	勘定科目等
他の企業に現金を引き渡す契約上の義務	支払手形，買掛金，未払金，借入金，コマーシャル・ペーパー（発行側），社債，リース債務 保証債務（注記で開示）
他の企業にその他の金融資産を引き渡す契約上の義務	株式売却契約（株式を引き渡す義務），借入債券
潜在的に不利な条件で他の企業と金融資産もしくは金融負債を交換する契約上の義務	デリバティブ負債（評価損相当額）

2　金融資産と金融負債の発生の認識

❶　発生の認識を規定した背景

　発生の認識とは，金融資産又は金融負債がどの時点で資産又は負債として認識されるのか，という問題です。この問題は当初認識（initial recognition）の問題ともよばれます。財貨やサービスの提供により発生する売掛金や買掛金については，通常，このような問題は生じません。むしろ，商品の受注時に売掛金を計上したり，原材料の発注時に買掛金を計上したりすることはないのが通常です。

　しかし，典型的な金融商品である有価証券については，一般事業会社の場合，有価証券の引渡時に取引を認識することが行われてきました。これは税務上の取扱いと関係する面がありました。すなわち，有価証券の譲渡による収益について，旧法人税基本通達2-1-22では，「有価証券の譲渡による収益の額は，別に定めるものを除き，その引渡しがあった日の属する事業年度の益金の額に算入する。」とされていました。この結果，引渡基準による有価証券の売買損益の認識が一般的な会計慣行となっていました（なお，この後，この基本通達は，「譲渡利益額又は譲渡損失額の計上は，…原則として譲渡に係る契約の成立した日に行うことになる」と改正されています）。

この計上基準は有価証券の購入についても同様に当てはまり，引渡基準により有価証券の購入取引を計上するのが通常でした。その結果，自己の所有でない有価証券が貸借対照表上で「有価証券」含まれて計上されたり，また，その企業の保有するすべての有価証券が貸借対照表に計上されないといったケースがありました。

　金融商品は，発生の認識にかかわる会計上の問題が生じやすい性質を有しています。その理由として，金融商品は一般に価格変動等のリスクの影響を受けやすいということが挙げられます。また，金融商品の種類によっては，取引の当初に対価の受渡しがないこともその理由の一つです。このため，金融商品について取引の全体が資産又は負債として認識されないことがあります。つまり，認識しても，当初は簿記的には借方ゼロ，貸方ゼロになってしまう場合があるわけです。これは主にデリバティブ取引の場合に当てはまりますが，先物取引，オプション取引及びスワップ取引といったデリバティブ取引は，一般に，貸借対照表にその取引の総額が示されないオフバランス取引の典型的なものとされていました。

　しかし，これらの取引がなぜオフバランスになるのかについては，必ずしも明確な説明はされていませんでした。これらがオフバランスとなっていた根拠づけとしては，次のようなものがあったものと考えられます。

① 多くの場合，契約当初の評価額はゼロであるため，その金融契約自体を評価し，貸借対照表に計上する金額はオフバランスになるという考え方。

② 資産と負債の相殺の条件を満たすことによりオフバランスとなるという考え方。

③ 契約が等価の同時履行であるため，いずれか一方が履行する，あるいは双方の契約の価値が等価でなくなるまではオフバランスとなるという考え方。

　しかし，これらのいずれの考え方をとったとしても，デリバティブ取引はいずれかの時点で貸借対照表上なんらかのかたちで資産・負債として認識されることになります。

1995年5月に改訂された外貨建取引等会計処理基準においても，為替予約，通貨スワップ，通貨オプションはデリバティブ取引に該当しますが，これら自体についての会計処理の指針は示されていませんでした。このときの改訂外貨建取引等会計処理基準の前文Ⅱ1(6)において，次のようなことが述べられていました。

「改訂基準では，いわゆるデリバティブ取引自体の会計基準も将来の検討に委ねるという立場から，振当処理で対応できる範囲内で，為替予約その他のデリバティブ取引の処理基準を示すにとどめた。このため，振り当てられないデリバティブ取引の損益は，現行基準と同様に決済基準で認識されることになる。しかし，これらのデリバティブ取引については，現行の会計慣行においても為替相場の変動状況によっては偶発債務の注記が求められる場合もあり，特に，重要な損失が見込まれる場合は，引当金の設定が必要な場合もあり得ることに留意すべきである。」

この「引当金の設定」という考え方は，これらの取引が金融資産又は金融負債として認識されないことを前提とした考え方になっています。資産又は負債として認識されていれば，その評価基準が直接に問題になることになり，引当金の設定という考え方は出てこなかったものと考えられます。

「金融商品に係る会計基準」(1998年) では，取引の契約時から，金融資産・金融負債の時価の変動リスクや信用リスクが生ずることに着目し，発生の認識基準が規定されました。また，IAS第39号でも，当初認識についての規定がありました。

❷ 発生の認識基準

会計基準の第7項では，金融資産と金融負債の発生の認識について，次のように定めています。

> 金融資産の契約上の権利又は金融負債の契約上の義務を生じさせる契約を締結したときは，原則として，当該金融資産又は金融負債の発生を認識しなければならない。

基準制定当時も，商品等の売買又は役務の提供の対価に係る金銭債権債務は，一般に商品等の受渡し又は役務提供の完了（一般的には，所有に伴うリスクの移転時）により，その発生を認識していました。会計基準では，金融資産又は金融負債自体を対象とする取引については，取引の契約時から，金融資産又は金融負債の時価の変動リスクや契約の相手方の財政状態等に基づく信用リスクが契約当事者に生ずるため，契約締結時において，その発生を認識するという考え方がとられています。つまり，発生が認識されないと，その後に，どのような方法によって評価するか，という問題が解決できないためです。また，取引の契約時点での発生の認識は，金融商品の取引について，財務諸表上の認識とトレーディングを行っている現場部門との取引に関する認識のズレを解消するという利点もあります。

　会計基準では，有価証券については原則として約定時に発生を認識し，デリバティブ取引については，契約の決済時ではなく，契約の締結時にその発生を認識することになります。しかし，商品等の売買又は役務の提供の対価に係るものについては，商品等の受注契約時に売掛金ないしは買掛金が生ずる，つまり，金融商品が生ずるという問題が生じます。この問題はIASBの基準設定における収益認識プロジェクトでも類似の議論が出てきたほど興味深い話題ですが，このような混乱を避けるため，会計基準では注解3に，次のような規定をおいています。

> 　商品等の売買又は役務の提供の対価に係る金銭債権債務は，原則として，当該商品等の受渡し又は役務提供の完了によりその発生を認識する。

　発生の認識の基準について，その当時の海外の諸基準をみてみると，例えば米国の会計基準は，証券業の産業別ガイダンスで約定時基準を明示する等，個別の商品についての会計基準を積み上げるかたちで作成されているため，金融商品の発生の認識基準について，包括的な規定はありませんでした。

ただし，1998年6月に公表されたデリバティブとヘッジ活動に関するFASB基準書第133号では，約定時に資産・負債として認識することを明確にしていました。また，1998年12月に公表されたIAS第39号では，「企業は金融商品を含む契約の当事者となった時点で，金融資産又は金融負債を貸借対照表で認識しなければならない。」としており，わが国の金融商品の会計基準と同じ規定になっています。このIAS第39号の当初認識の規定は，その後のIFRS第9号にもそのまま引き継がれています。

❸　有価証券の売買契約

　このように，金融商品をその取引の約定時に発生を認識し貸借対照表に反映させると，実務上，もっとも問題が出てくると考えられるのは有価証券の売買取引です。例えば，金融業や証券業をとった場合に，これらを約定基準で認識をすると，購入についても売却についても債権債務（未収債権と未払債務）が発生し，その結果，貸借対照表に計上される有価証券取引の相手勘定としての債権債務が貸借対照表上で異常に大きく膨らむという可能性があります。もちろん，これが実態であるという考え方もありますが，この有価証券の約定時の認識については，例えば，次のような処理方法が考えられます。
　①　すべての有価証券について原則どおりに約定時基準で購入及び売却を計上し，それに伴う未収又は未払の債権債務を認識する方法。
　②　有価証券の購入・売却自体は引渡しを基準として計上し，引渡し以前の有価証券の購入取引については，保有目的に応じて約定日から引渡日までの間に生ずる価格変動等のみを認識するという方法（つまり，時価評価の対象となる金融商品については，この間の時価評価差額が認識されます）。

　1998年12月に公表されたIAS第39号では，継続適用を前提に，この②の方法も認めています。わが国の場合，会計基準では「原則として約定時に発生を認識する。」とされており，このような場合の実務上の処理については，実務指針等に委ねられていました。
　実務指針では，約定日から受渡日までの期間が市場の規則又は慣行に従った

通常の期間であれば,保有目的ごとに約定日基準に代えて買手は約定日から受渡日までの時価の変動のみを認識し,また,売手は売却損益のみを約定日に認識することができるとしています。実務指針では,これを修正受渡日基準とよんでいますが,有価証券を相手勘定として,時価の変動又は売却損益が認識されます。ただし,第3章で述べる満期保有目的の債券については,もともと時価の変動を認識しないため,このような処理は行われません。

　ここでいう「通常の期間」とは,わが国の上場有価証券については,証券取引所の約定日から受渡日までの日数というように,金融商品の種類ごと,かつ,市場又は取引慣行ごとのものが想定されています。通常の期間より長い場合には,先渡契約になり,原則どおりに,約定日に認識することが必要になります。

　次に,実務指針に掲げられている設例を簡略化して,売買目的有価証券の買手の会計処理を,約定日基準と修正受渡日それぞれについて表2－4に掲げて

表2－4　売買目的有価証券の買手の会計処理

```
設例の条件－有価証券（社債）の売買
　約定日　X1年3月30日　　売買価額　10,000
　決算日　X1年3月31日　　時　　価　10,010
　受渡日　X1年4月2日
```

	約 定 日 基 準	修正受渡日基準
X1年3月30日 　(借) 有 価 証 券 　　(貸) 未　払　金	10,000 　　　　10,000	仕訳なし
X1年3月31日 　(借) 有 価 証 券 　　(貸) 有価証券運用益	10 　　　10	10 　　　10
X1年4月1日　期首振戻し仕訳 　(借) 有価証券運用益 　　(貸) 有 価 証 券	10 　　　10	10 　　　10
X1年4月2日 　(借) 未　払　金 　　　有 価 証 券 　　(貸) 現　　　　金	10,000 － 　　　10,000	－ 10,000 　　　10,000

おきます。

❹ その他の取引

(1) 有価証券の信用取引

　信用取引は，現物取引と異なり，証券会社が取引に必要な資金又は有価証券を顧客に貸し付けて売買する取引です。株式や資金を借り入れて売買を行う際には，委託保証金とよばれる担保を口座に預け入れる必要があり，これにより委託保証金を超えた金額（通常は３倍前後）での売買が可能となります。委託保証金には現金以外に株式や国債などの有価証券を充てることも認められています。

　買付け（買建て）では，保証金を担保に証券会社から買付代金を借りて，株式を買います。また，売付け（売建て）では，保証金を担保証券会社から売付株券を借りて，その株式を売ります。例えば，保証金300万で時価1,000万円の株式を買い付け，その後にその株式が1,200万円に値上がりしたとすると，300万円の資金で，差額の200万円（1,200－1,000＝200万円）の利益が得られるというわけです。逆に売り付けた場合には，その株式がその後に値下がりした場合に，売付価格（例えば1,000万円）と値下がり後の決済額（例えば800万円）との差額が利益となります。もちろん，逆の方向に時価が変動すれば，利益でなく損失となります。このような価格の変動と損益の出方を理解する感覚は，第４章で述べるデリバティブの利用やヘッジ取引とつながりますので，ここで理解しておいてください。

　有価証券の信用取引は，現物の売買取引と同一であり，原則として売買した有価証券に準じて認識し，次のように計上されることになります。

　ａ．信用取引による買付けは，買付有価証券を買入後直ちに担保に差し入れたものとし，その買付代金は証券会社からの債務として処理します。

　ｂ．売付けは，有価証券の借入れと有価証券の売却取引とが同時に行われたものであり，売付代金は証券会社に対する担保差入金（預け金）として処理します。

(2) 有価証券の空売り

空売りは，投資対象である現物を所有せずに，対象物を（将来的に）売る契約を結ぶ行為であり，対象物の価格が下落していく局面でも取引で利益を得られる手法の一つです。現在の株式市場での有価証券の空売りとは証券の保有者から証券を借りて市場で売り，証券の返却期日前に証券を買い戻す行為を主に指します。有価証券の空売りと信用取引での売付けは，いずれも第4章で述べるヘッジ手段としても利用することができます。

有価証券の空売りは，有価証券の売却に認識に準じて処理します。この場合，未収入金と売付有価証券を売却価額（売却時の時価）でそれぞれ借方と貸方に計上します。

(3) 貸付金及び借入金

有価証券以外に，約定日と受渡日の違いが典型的に生ずる取引には，貸付金及び借入金の取引があります。この場合，資金の貸借の時点ではなく，契約を行った時点で，貸付金や借入金を認識しなければならないのかどうかが問題となります。実務指針では，これについて，資金の貸借日にその発生を認識し，その返金日に消滅を認識するものとしています。

3　金融資産の消滅の認識

❶　消滅の認識

(1) 金融資産の消滅の認識の基準

消滅の認識とは，すでに貸借対照表に計上されている金融資産が貸借対照表から取り除かれることを意味しています。消滅の認識とは，認識の中止（derecognition）とよばれることもあります。

会計基準の第8項と第9項では，金融資産の消滅の認識要件について，次のように定めています。

> 8．金融資産の契約上の権利を行使したとき，権利を喪失したとき又は権利に対する支配が他に移転したときは，当該金融資産の消滅を認識しなければならない。
> 9．金融資産の契約上の権利に対する支配が他に移転するのは，次の要件がすべて充たされた場合とする。
>   (1) 譲渡された金融資産に対する譲受人の契約上の権利が譲渡人及びその債権者から法的に保全されていること
>   (2) 譲受人が譲渡された金融資産の契約上の権利を直接又は間接に通常の方法で享受できること
>   (3) 譲渡人が譲渡した金融資産を当該金融資産の満期日前に買い戻す権利及び義務を実質的に有していないこと

このように，金融資産については，当該金融資産の契約上の権利を行使したとき，契約上の権利を喪失したとき又は契約上の権利に対する支配が他に移転したときに，その消滅が認識されることとされています。

これらのうち，最初の二つのケースは，理解が容易と思われます。例えば，債権者が売掛金や貸付金等の債権について資金を回収したときや，保有者がオプション権を行使しないままでオプション取引の行使期限が到来したとき又は保有者が取引所等を通じて有価証券等を譲渡したときには，通常，それらの金融資産の消滅を認識することになります。

(2) 手形の割引

わが国で実務上よくみられた取引の一つに，手形の割引があります。手形の割引は，手形の満期日到来前に金融機関などに買い取ってもらい換金することをいいます。これも手形債権の譲渡であり，手形債務者が支払いを拒絶した（手形の不渡り）場合には，手形代金の償還請求（遡及）を受けることになります。手形の割引時には，手形の割引料を手形金額から控除したものが支払われます。例えば，満期日までの期間が3か月の手形10,000,000円を割引き，金利が2.4％であったとすると，60,000円（10,000,000×2.4％×3／12＝60,000）が控除されて支払われます。金融商品の会計基準が制定される前には，この60,000

円を利息費用と考えて期間配分することが通常行われていました。

　実務指針では，受取手形は，その割引又は裏書譲渡時に消滅を認識するとされています。この場合に，手形に対する支配は割引時に移転したものと考え，手形金額と受取額との差額（上の例では60,000円）は，手形売却損として損益計算書に計上されることになります。

　また，企業が輸出取引に係る代金の取立てのための為替手形を為替銀行へ取り組むと，当該銀行は当該手形を買い取り，輸出先の取引銀行に取立てに出して代金を回収することになります。この場合，企業は，為替手形を為替銀行に取り組んだ時点で手形債権の発生と消滅の認識を同時に行い，手形金額と買取額との差額を売却損として計上することになります。

(3)　金融負債の消滅の認識の基準

　会計基準の第10項では，金融負債の消滅の認識要件について，次のように定めています。

> 金融負債の契約上の義務を履行したとき，義務が消滅したとき又は第一次債務者の地位から免責されたときは，当該金融負債の消滅を認識しなければならない。

　このように，金融負債については，その金融負債の契約上の義務を履行したとき，契約上の義務が消滅したとき，又は契約上の第一次債務者の地位から免責されたときに，その消滅を認識することとされています。したがって，債務者は，債務を弁済したとき又は債務が免除されたときに，それらの金融負債の消滅を認識することになります。

(4)　資産・負債のオフバランス化のニーズ

　単純な権利の譲渡，債権の回収，債務の返済のようなケースについては，金融資産や金融負債の「消滅の認識」について会計上の問題が生ずることはあまりありません。図2−1に示されたようなケースが具体的に問題が生じうる

ケースです。図2−1は「資産・負債のオフバランス化」というタイトルがつけてありますが、これらには、貸借対照表の資産、例えば債権を流動化する場合と、負債について、後で述べるようなデット・アサンプションという仕組みを使ってこれをオフバランス化する場合があります。

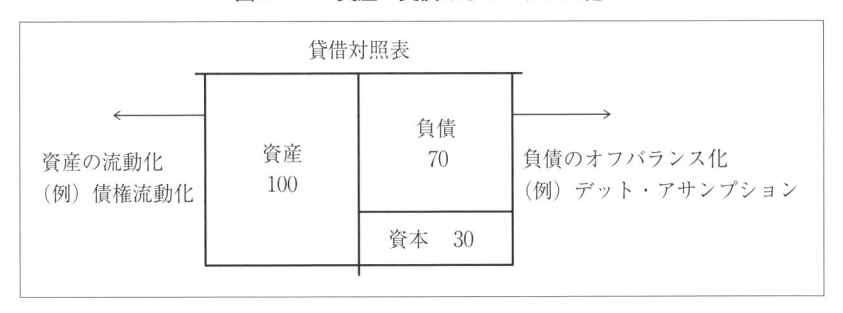

図2−1　資産・負債のオフバランス化

```
                    貸借対照表
    ←──────┬──────────┬──────→
            │  資産      │  負債      │
資産の流動化 │  100       │   70       │ 負債のオフバランス化
（例）債権流動化│          │            │（例）デット・アサンプション
            │            ├──────────│
            │            │ 資本  30   │
            └──────────┴──────────┘
```

企業のサイドでは、資金調達手段の多様化や金利負担の軽減といった目的以外に、一部の資産・負債をオフバランスにすることによって、財務比率の改善や貸借対照表のスリム化を図ろうとすることがあります。図2−1の貸借対照表で自己資本比率は30％（30／100＝30％）です。そこで、例えば資産サイドにある債権のうちの10を譲渡し、その譲渡代金で負債（借入金）を返済すると、これらの債権と借入金が両方とも貸借対照表からなくなれば、自己資本比率は33％（30／90＝33％）になります。

このようなケースが会計上問題となるのは、このような取引に関係して、取引の完了後もなんらかのリスクが譲渡人もしくは、もともとの債務者に残存する場合です。また、これとは逆に、この取引に関連して、将来、譲渡人になんらかの利益が残存するケースも考えられます。

このような資産の譲渡の取引でもっとも一般的なものとしては、手形の割引や現先取引があります。すでに(2)で説明したように、手形を銀行に持ち込み、これを割り引いた場合、将来、この手形が不渡りになると遡求権が行使され、その分の代金を手形を割り引いた者が支払うという事態が生じます。また、現先取引では、契約上、CD（譲渡性預金）や有価証券等の売買という形式をとっ

ているものの，将来，あらかじめ決まった日にこれを買い戻すことになっています。

　これは比較的単純な取引の例ですが，後で述べる債権の流動化のようなケースでは，譲渡した企業が債権の貸倒れリスク（信用リスク）を譲受人より多く負担していたり，債権の回収残高になんらかの権利を有するといった場合があり，会計上の問題点がより複雑になってくることがあります。このような場合に，どのような要件を満たしたものについて資産，負債を貸借対照表から取り除くことができるか（すなわち，オフバランスにできる）という点が，会計処理上の大きな問題になることがあります。

❷　債権流動化の仕組み

(1)　債権流動化のプロセス

　❶で説明した手形の割引のような取引で金融資産の消滅の認識を考える場合には，「一つの債権を一人の譲受人に譲渡する」ことで理解は容易です。債権流動化では，通常，多数の債権と多数の譲受人が想定されることになります。そこで，会計基準の内容について述べる前に，債権流動化がどのようなものかを理解しておく必要があります。そこで，以下では，債権流動化取引の概略について説明します。

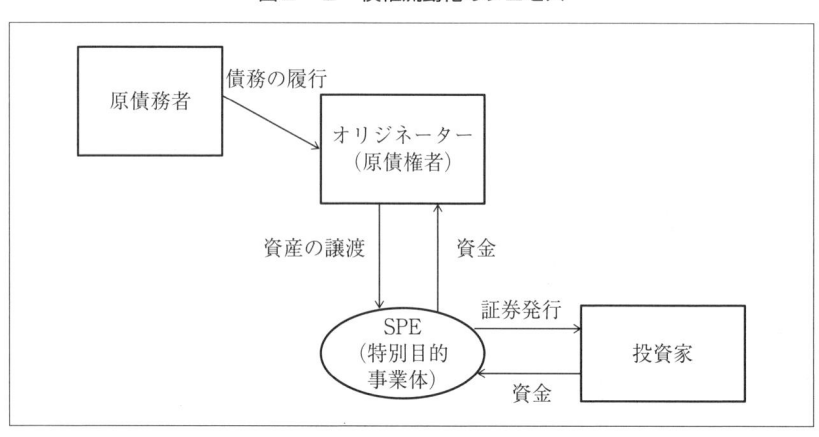

図2-2　債権流動化のプロセス

図2－2に，流動化のプロセスが示されています。これらの取引に関係する者としては，もともとの債務者（原債務者）と原債権者（オリジネーター），SPE（特別目的事業体）と投資家の4者があります。

図2－2で示した流動化のプロセスは，次のようになります。

① 原債権者が資産をSPE（特別目的事業体）に譲渡する。
② このSPEが証券を発行して投資家に売却する。
③ 投資家がその代金をSPEに支払う。
④ SPEが資産の購入代金を原債権者（オリジネーター）に支払う。
⑤ これらの取引の結果，原債権者の資産が現金化あるいは流動化される。
⑥ SPEは，購入した資産から得られるキャッシュ・フロー（原債権者から受け取ることが多い）から，投資家への元利，配当等の支払いを行う。

このSPEして利用される形態には，会社，信託，パートナーシップ，組合等があり，発行される証券も，CP，社債，信託受益権証書，出資証券など，多くの種類があります。

次に，これらの関係者についての会計上の問題点について整理してみます。

(a) 原債務者

原債務者については，通常は，もともとの契約どおり元利を支払えばよく，また，流動化の仕組みいかんによっては，債権債務関係が流動化されていること自体も原債務者にはわからない場合も多くあります。原債務者サイドの開示についての若干の問題は考えられますが，会計処理上の問題はほとんど起こりません。

(b) 原債権者（オリジネーター）

原債権者では，債権流動化の会計処理における議論の中心であるオフバランス化に関連した問題があります。つまり，どういう取引の形態のとき，あるいは，どういう要件を満たしたときオフバランスになるのか，また，この場合に，売却価額と譲渡価額との差額を損益として計上されるのか，という点について判断するための基準が問題になります。

また，原債権者が将来的なリスクを負担している場合には，これに関するリ

スクの会計処理や開示の問題も生じてきます。これらの点については、「❸消滅の認識の会計基準の考え方」のところで詳しく述べます。

(c) SPE（特別目的事業体）

SPE（SPC, 特別目的会社とよばれることもあります）はさまざまな形態をとることがあり、その形態として、会社、信託、パートナーシップ、組合等が考えられることはすでに述べました。ここでの問題は、このSPEという事業体は誰のものなのかという点です。投資家のものであるという見方もありますし、SPEで生ずるリスクを原債権者がある程度負担しているときには、原債権者である企業のものであるという見方もあります。そこで、SPEを、この取引に関連する企業のうち、どの企業の財務諸表に連結させるのかという問題が生じてきます。

日本の連結会計では、当初は子会社が「会社であること」を前提として連結財務諸表のルールが作られてきました。しかし、1997年6月に改訂された改訂連結財務諸表原則では、「会社に準ずる事業体」として、会社以外のものも子会社として連結の範囲に含めることを明らかにしました。この改訂連結財務諸表原則では、支配力をもっているかどうかによって連結の範囲を決めることとされています。この場合、例えば、原債権者である企業とSPEの関係が支配力に該当するか、ということが問題になります。連結財務諸表原則は、2008年に企業会計基準委員会（ASBJ）により、書換えと記述様式の変更が行われ、企業会計基準第22号「連結財務諸表に関する会計基準」となっています。会社に準ずる事業体を含めるべきことや支配力基準の考え方には変更は行われていません。

(d) 投　資　家

投資家の場合には、一般に、原債権者から譲渡された債権や、担保となる債権から生ずるキャッシュ・フローは、そのまま投資家への元利支払いに充当されます。通常、投資家に対して十分な支払いができるような仕組みになっていますが、残余のキャッシュ・フローが発生し、それが保有・投資の対象となるような場合もあります。このような残余のキャッシュ・フローは、受け取る金

額が非常に大きく変動する場合があります。

　例えば，金利だけをもらう権利のIO（Interest Only）や，元本部分だけをもらう権利のPO（Principal Only）という商品もあります。例えば，もとの債権について期限前返済が行われると元本がなくなり，金利だけをもらう権利に投資した人は将来の金利がもらえず，元本をもらう権利に投資した人は，その償還が早くなることになります。このような事態は将来の金利水準の変動により生じますが，このために投機性の高い商品設計になっている場合もあります。

　このような流動化商品の仕組みいかんによっては，将来のキャッシュ・フローが不安定あるいは不確実になるため，投資家サイドで，これを見積もってどのように会計処理をするかという問題が生じます。例えば，国債のような固定金利の債券とは異なり，その会計処理が複雑になる場合も出てきます。

　ただし，わが国の債権の流動化商品の場合には，リスクの高い部分をもとの原債権者が保有し，低い部分を投資家が保有するという優先劣後構造のものが多いといわれています。これについては，会計処理の説明のところで述べます。

(2) 債権流動化の目的

　このような流動化が行われる目的にはさまざまなものがありますが，その代表的なものには，次のようなものがあります。

　第1は，すでに述べましたが，バランスシート自体をスリム化することです。このスリム化には，もっとも単純な形態として，資産が100，負債が80であったとして，資産を流動化して受け取った資金によって借入金を返済する取引を考えてみます。この場合，資産を20減らすと負債も20減ります。つまり，分母・分子から同額が減るわけですから，自己資本比率はスリム化の前と比べて改善（20%から25%へ）するというわけです。

　第2は，債権の流動化により，流動化した資産が良質なものであれば，より低利の資金調達が図れる可能性があるという点です。

　第3は，流動化した資産に係る含み損益を実現させる意味で，オフバランス化の手法が用いられる場合です。例えば，貸付金の場合について考えてみます。

例えば，現在の金利水準が4％で，固定金利6％のローン債権があるとします。現在の4％という金利水準からすれば，額面以上の市場価値をもっているわけです（これについては，第1章の4で説明しました。このローン債権は，貸借対照表に計上したままだと，なんらかの損益も計上されませんが，これをオフバランス化して売却する処理ができると，このようなローン債権に含まれる含み益を，損益計算書で計上・実現することができます）。

第4の目的は，ALM（Asset and Liability Management）としての利用です。特に，資産の流動化によって負債とのミスマッチをなくす点にもメリットがあります。

(3) 債権流動化のための制度整備

多数の債権を多数の投資家に譲渡して保有させるためには，その中間に介在させるビークルとしての特別事業体が必要です。図2−2に示したような仕組みが成立するためには，それに対応した法整備も必要になります。これには，

表2−5　流動化のための制度整備の流れ

年	制　度　の　整　備　内　容	
1988	・住宅ローン債権信託の見直し	
1990	・一般貸付債権の流動化 ・売掛金の海外SPEへの譲渡の登場	
1993	・特定債権法の施行（リース・クレジット債権が対象）	2004年廃止
1995	・不動産特定共同事業法の施行 ・ローン・パーティシペーションの解禁	
1998	・債権譲渡特例法の施行 ・資産流動化法の施行	
2002	・中間法人法施行（SPEとして有限責任中間法人を活用）	2008年廃止
2006	・会社法の施行 ・合同会社の導入 ・電子記録債権法（電債法）の施行	
2007	・新信託法の施行 ・金融商品取引法の施行	

譲渡対象の資産（債権）に関する法制，資産の譲渡に関する法制，特別事業体自体に関する法制，有価証券等の発行に関する法制といったものがあります。特に譲受人の立場を安全なものにするためには，譲渡対象となった資産（債権）が対抗要件を備えたものでなければならないということになります。この対抗要件の問題は，後述するように，譲渡として扱うための会計上の要件ともなってきます。金融商品の会計基準の検討が行われた時期には，流動化商品の市場も未整備で，このような制度の整備は必ずしも十分ではありませんでした。表2－5には，わが国における「流動化」のための制度整備の流れが要約してあります。

以下で，これらの流れについて簡単に説明しておきます。

1988年には，住宅ローン債権の債権信託の見直しが行われました。この方式では，個人向け住宅ローン債権を信託し，その受益権が投資家に販売されます。1990年には，民法上の指名債権譲渡方式による一般貸付債権の流動化が認められ，1991年には，サイレント方式（債権譲渡時に債務者への通知承諾を省略する）が取り入れられています。

1990年代に入って，売掛金を海外のSPCへ譲渡し，これを担保にCPあるいは社債を発行するという資金調達の方法が出てきました。1993年には，リースやクレジット債権などを証券化する手法として，特定債権法（「特定債権等に係る事業の規制に関する法律」）が施行されました。特定債権法では，債権譲渡の際の第三者対抗要件を公告で足りるとしていることが大きな特徴です。特定債権法による債権流動化の方式には，譲渡方式，信託方式，組合方式の三つの仕組みが認められていました。1995年には，不動産小口化商品に関する投資家保護を図るため，不動産特定共同事業法が施行されました。

1995年には，ローン・パーティシペーションが正式に解禁されました。これは通常の債権譲渡と異なり，ある債権の元利金を受け取る利益（参加利益）を譲渡する仕組みです。ローン・パーティシペーションについては，日本公認会計士協会から会計処理の指針が出されており，また，金融商品の会計基準とも

関係しますので，後で詳しく述べます。

　また，1998年には，債権譲渡特例法（「債権譲渡の対抗要件に関する民法の特例等に関する法律」）が施行されました。この法律は，債権譲渡を円滑にするため，債権譲渡の第三者対抗要件に関する民法の特例として，金銭債権の譲渡等につき，法務局に債権譲渡登記をすることによる新たな対抗要件制度を創設しています。この特例法は，企業の資金調達の多様化，資金調達コストの低減，資産のオフバランス化による財務体質の改善といった目的のために，債権流動化を促進するために定められたものです。

　同じような趣旨から，1998年に資産流動化法（「特定目的会社による特定資産の流動化に関する法律」）も施行されています。この特定目的会社は，その事業内容が資産の流動化に関する業務及びその付帯業務に限定されており，事業内容の変更が制限されています。この場合の流動化の対象になる特定資産には指名金銭債権，不動産及びこれらを信託する信託の受益権とされており，資産対応証券として，優先出資証券，特定社債券又は特定約束手形を発行できることになっています。図2－3は，資産流動化法に沿って特定目的会社を利用して債

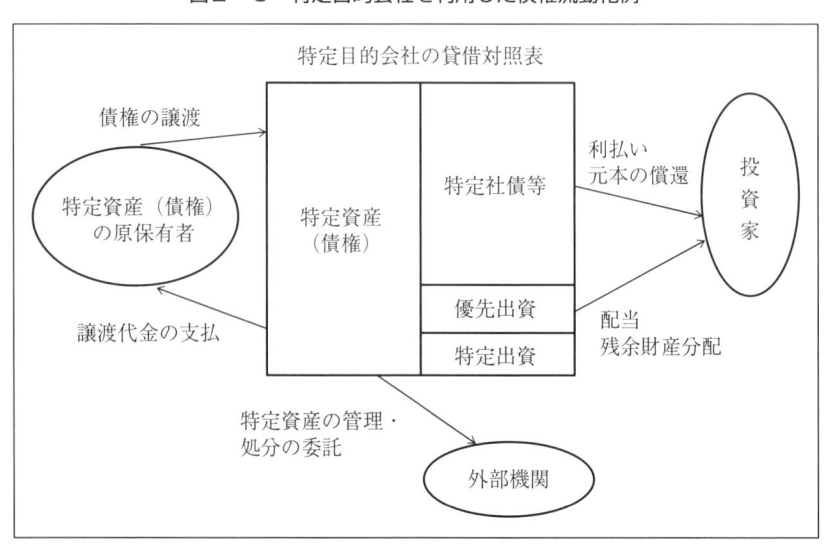

図2－3　特定目的会社を利用した債権流動化例

権を流動化した場合のイメージを，特定目的会社の貸借対照表を中心にして示したものです。

さらに，2000年代に入ると，会社法の施行，新信託法の施行，金融商品取引法の施行と大きな制度の改正もあり，これらにも資産（債権）の流動化の仕組みに関連するものが多くあります。

2007年頃から欧米を中心に発生したサブプライム問題は，格付けの低い住宅ローン担保証券（つまり流動化されたローン債権）に主に関連したものでした。わが国の金融機関ではこれに関連した問題は少なかったのですが，リーマンショックを経て金融危機・経済危機につながっていきました。債権の流動化に関する規制には，これに関する反省に基づいているものもあります。

❸ 消滅の認識の会計基準の考え方

(1) リスク経済価値アプローチと財務構成要素アプローチ

金融資産をオフバランス化する場合の要件の考え方で対立するものとして，リスク経済価値アプローチという考え方と，財務構成要素アプローチという二つの考え方があります。

リスク経済価値アプローチという考え方は，金融資産のリスクと経済価値のほとんどすべてが他のものへ移転した時点で金融資産を貸借対照表から除くという考え方です。

財務構成要素アプローチは，金融資産に含まれる財務構成要素についての支配が移転した時点で，それぞれの財務構成要素を貸借対照表から除き，譲渡人の手元に残される財務構成要素は引き続き貸借対照表に認識する方法です。

これらの考え方が図2－4と図2－5に示されています。図2－4は，リスク経済価値アプローチの考え方を示したものであり，図2－5は財務構成要素アプローチの考え方を示したものです。この図は，企業会計審議会から1997年6月に公表された「金融商品に係る会計基準の論点整理」参考資料3に示された図をそのまま使用しています。

これらの考え方を理解するために，例として，貸付金を考えてみます。貸付

図2-4 リスク経済価値アプローチの考え方

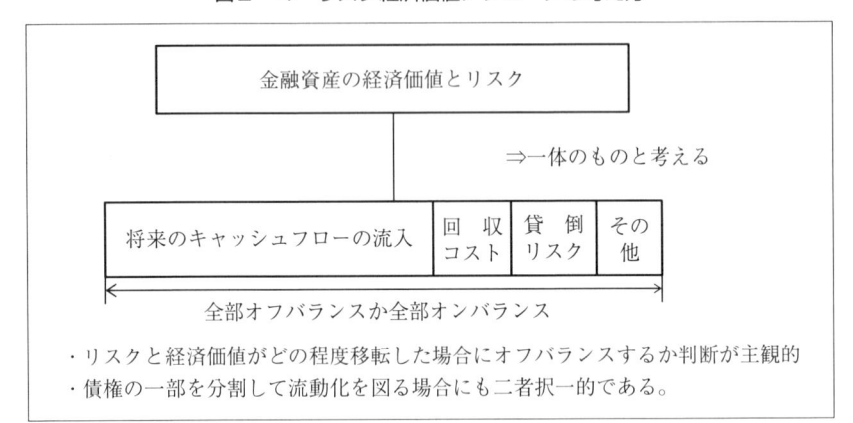

```
┌─────────────────────────────────────────────────────────┐
│          ┌──────────────────────────┐                   │
│          │  金融資産の経済価値とリスク  │                   │
│          └──────────────────────────┘                   │
│                      │                                   │
│                      │      ⇒一体のものと考える            │
│      ┌───────────────┼──────┬──────┬──────┐             │
│      │ 将来のキャッシュフローの流入│回収 │貸倒 │その│             │
│      │                       │コスト│リスク│他  │             │
│      └───────────────────────┴──────┴──────┴──────┘     │
│      ←──────── 全部オフバランスか全部オンバランス ────────→ │
│                                                         │
│ ・リスクと経済価値がどの程度移転した場合にオフバランスするか判断が主観的 │
│ ・債権の一部を分割して流動化を図る場合にも二者択一的である。         │
└─────────────────────────────────────────────────────────┘
```

出所：企業会計審議会「論点整理」の参考資料3（1997年6月）

図2-5 財務構成要素アプローチの考え方

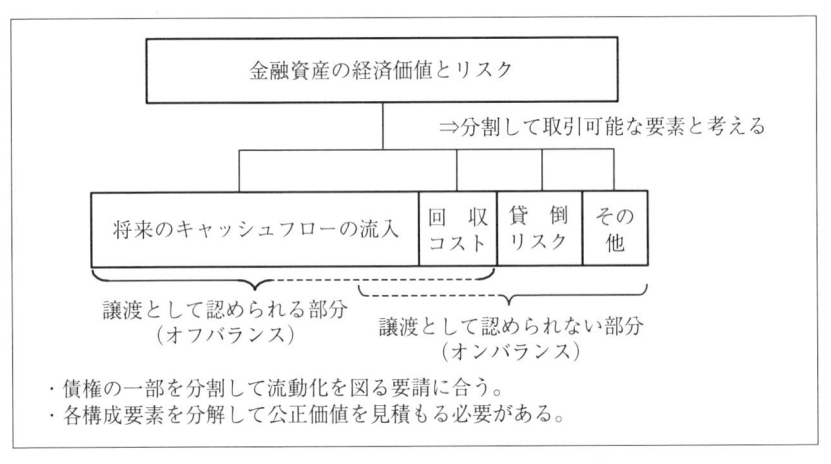

```
┌─────────────────────────────────────────────────────────┐
│          ┌──────────────────────────┐                   │
│          │  金融資産の経済価値とリスク  │                   │
│          └──────────────────────────┘                   │
│                      │   ⇒分割して取引可能な要素と考える     │
│      ┌───────────────┬──────┬──────┬──────┐             │
│      │ 将来のキャッシュフローの流入│回収 │貸倒 │その│             │
│      │                       │コスト│リスク│他  │             │
│      └───────────────────────┴──────┴──────┴──────┘     │
│       └─── 譲渡として認められる部分 ──┘ └譲渡として認められない部分┘│
│             （オフバランス）               （オンバランス）       │
│                                                         │
│ ・債権の一部を分割して流動化を図る要請に合う。                   │
│ ・各構成要素を分解して公正価値を見積もる必要がある。             │
└─────────────────────────────────────────────────────────┘
```

出所：企業会計審議会「論点整理」の参考資料3（1997年6月）

金に含まれる権利にはさまざまなものがあります。一つは元金の回収という権利であり，もう一つは金利の回収という権利です。これらを総称すると，図に示した「将来のキャッシュフローの流入」ということになります。

　また，貸付金の回収に伴うコストが発生するという将来の負担や，債務者が

倒産するという貸倒れのリスクもあります。この図には示されていませんが，それ以外に，早期に繰上償還されることに伴うリスクといったものも考えられます。ここでいう貸倒れリスクは，一般的に信用リスクといわれるものと同じです。このように，貸付金には，さまざまな権利あるいは将来負担，リスクといった要素が複合して一つの金融商品を構成しているわけです。

　リスク経済価値アプローチの考え方は，これらがすべて実質的に譲受人に移転する，このような要件を満たしたときに，金融資産を貸借対照表から取り除くという考え方です。

　これに対して，財務構成要素アプローチの考え方は，それぞれの権利，将来の負担，リスクといったものをばらばらにして，それぞれの要素が譲渡されたものと認められるのかどうかを基準にして，金融資産のオフバランス化の基準を考える考え方です。

　リスク経済価値アプローチの考え方のほうが，会計処理の考え方としては古い考え方になります。しかし，金融商品の開発過程において，債権の流動化や証券化といった仕組みの開発が進むと，実は，金融資産に含まれるさまざまな権利やリスク（ここで権利というのは，一般に，経済価値と考えていいと思います）を意図的に分解して取引をする（つまり，それぞれをニーズのある投資家が保有する）ことが出てきます。リスク経済価値アプローチでは，すべてが（つまり，その全体を不可分の単位として）実質的に移転することを重視しているため，このような債権流動化の仕組みに対応できなくなるという問題があります。財務構成要素アプローチの考え方は，特に，米国における債権流動化に伴う金融商品の開発，特に金融テクノロジーの発展といったものに対応して，流動化取引の会計処理を行うために考えられてきたアプローチといえます。後で述べるように，わが国の金融商品の会計基準では，財務構成要素アプローチという後者の考え方を採用しています。

(2) FASB基準書の考え方

　日本の金融資産の消滅の認識の基準は，その当時の米国のFASB基準書の考

え方を大きな部分で取り入れて作成されています。そこで，以下ではFASBの二つの基準の概要を紹介します。

表2-6　FASBの二つの基準書の比較

	基準書第77号（1983年12月）	基準書第125号（1996年6月）
対象となる取引	売却を意図したリコース付の債権譲渡	金融資産の譲渡とサービシング及び負債の償還
採用するアプローチ	リスク経済価値アプローチ （risk and rewards approach）	財務構成要素アプローチ （financial components approach）
売却処理の条件	(1) 売手はその債権に関する将来の経済的利益の支配を放棄していること（買戻オプションの存在は不可） (2) リコース条項に従った売手の義務を合理的に見積もることができること (3) 買手は，リコース条項に従った場合を除き，売手に対して債権の買戻しを要求できないこと （参考）　リコースの内容 　　a．債務者の債務不履行 　　b．期限前返済 　　c．譲渡債権の適格性の瑕疵	(1) 譲渡資産が譲渡者から分離されていること（破産等の場合にも，譲渡者及び債権者から手の届かない状況にあること） (2) 次のいずれかに該当すること 　　a．譲受者は，その利用が制約されない条件で，譲渡資産を担保又は交換する権利を有すること 　　b．譲受者は，一定の要件を満たす特別目的事業体（注）であり，その事業体の受益持分の所有者は，その利用が制約されない条件で，受益持分を担保又は交換する権利を有すること (3) 譲渡者は，次のような手段で譲渡資産への有効な支配を維持しないこと 　　a．譲渡者が満期前に譲渡資産を買戻し又は償還する権利を与えるか義務を課す契約 　　b．譲渡者が容易に獲得できない譲渡資産を買戻し又は償還する権利を与える契約

（注）　基準書第125号の一定要件を満たす特別目的事業体（適格SPE，QSPE）
　a．営業目的が，その事業体設立のための法的文書で，譲渡された金融資産の所有権の保持，受益持分の発行，現金収入の回収，分配前の再投資，保有資産のサービシング，収入の受益持分の所有者への分配に限定される。
　b．譲渡者は区分された法的地位を有する。

FASBでは，1983年12月にFASB基準書第77号「償還請求権付きの債権の譲渡に関する譲渡人の会計報告」を公表しました。また，1996年6月には，この基準書第77号を改訂したFASB基準書第125号「金融資産の譲渡とサービシング及び負債の消滅についての会計」を公表しました。このFASBの二つの基準書の規定の比較は表2－6に示されています。

　実は，「リスク経済価値アプローチ」という名称は，後でつけられたものですが，基準書第77号は，基本的にリスク経済価値アプローチの考え方をとっています。一方，基準書第125号は，一つの金融資産が多数の構成要素に分けられることを前提として，それぞれで売却処理の要件を考えていく財務構成要素アプローチの考え方をとっています。

　売却処理となる要件を満たした場合の会計処理は，基準書第77号の場合，次のようになるとされていました。

① 履行する義務について，FASB基準書第5号（偶発事象の会計基準）に従って引当金を計上します（つまり，貸倒引当金の見積りをするわけです）。

② 債権の売却価額（これは，①の引当金を控除した後の金額です）と債権額との差額を損益に計上します。

③ 売却をした場合についても，その後の債権の回収業務や管理業務を譲渡人が担当する場合があります。このような活動をサービシングとよびますが，実は，このサービシングの報酬をどのように設定するかによって，売却価額を変えることができます（例えば，サービシングの報酬を高く決定すれば，譲受人の受け取るキャッシュ・フローは少なくなることになり，売却価額は小さくなります）。このサービシングに係る報酬が通常考えられるサービシングの報酬を上回る場合には，売却価額を修正して売却損益を計算することが求められていました。

　また，基準書第125号において，売却処理の要件を満たした場合の会計処理は次のようになるとされていました。

① 売却した全資産について，貸借対照表での消滅を認識します。

② 売却の対価として獲得した資産と，それに伴い発生した負債をすべて認

識します（これらの資産や負債には，現金や自己の持分として留保する部分もありますし，貸倒れのリスクもあります。また，基準書第77号の会計処理の③で述べたサービシングにかかわる資産は自己の留保分に含まれます）。

③ このように獲得した資産又は発生した負債は公正価値，すなわち時価で測定されます。

④ 上記の結果，売却に伴う損益を認識します。自己に留保する持分がある場合には，公正価値の比率で簿価を配分して，自己に留保する部分と売却した部分に対応する原価を算出します。

⑤ ③で，資産・負債は公正価値で評価されますが，その見積りができない部分がある場合については，代替的手法をとるものとされています。この場合，具体的には資産はゼロで計上し，負債については，売却益が計上されないように，公正価値で評価した資産・負債の合計額が譲渡資産の帳簿価額を超える額（これが，計算可能な範囲の売却益です）又は基準書第5号による引当額の，いずれか大きいほうになるような額で計上します（これについては，後の表2－8の説明で，具体的に述べています）。

FASB基準書第125号の会計処理は，それを取り入れたわが国の金融商品の会計基準による会計処理を理解する上でも有用です。表2－7は，FASB基準書第125号に示されている会計処理の設例です（ただし，数字や条件について若干修正を加えてあります）。

表2－7の最初の欄は，この取引により発生した資産及び負債の公正価値を示しています。「??」と示されているのは，公正価値の見積りができないことを意味しています。

純手取額は，現金による手取額と新たに発生した資産又は負債の金額を示しています。ケース1では，現金手取額に新たに発生したコールオプション（資産）を加え，リコース義務（負債）を差し引いた金額になります。なお，注2に示されているクリーンナップ・コール（cleanup call）とは，未回収の資産の金額がこれらの資産のサービシング（回収の代行，管理等）のコストが負担する

第2章 金融商品の範囲と認識

表2-7 FASB基準書第125号の設例

公正価値（注1）	ケース1	ケース2
現金入金	1,050	1,050
サービシング資産	??	40
コールオプション（注2）	70	70
リコース義務	60	??
譲渡ローン	1,100	1,120
純手取額		
ケース1	\multicolumn{2}{l}{1,050＋70－60＝1,060}
ケース2	\multicolumn{2}{l}{1,050＋70＝1,120}

帳簿価額の配分（ローンの帳簿価額は1,000）

ケース1
- 売却ローン　　　　　$1,000 \times \dfrac{1,060}{1,060} = 1,000$
- サービシング資産　　$1,000 \times \dfrac{0}{1,060} = 0$

ケース2
- 売却ローン　　　　　$1,000 \times \dfrac{1,120}{1,160} = 970$
- サービシング資産　　$1,000 \times \dfrac{40}{1,160} = 30$

（注1） 表中の??は見積りができないことを意味しています。
（注2） コールオプションはクリーンナップ・コールを意味しています。

ことになるようなレベル（つまり，回収等が進み，引き続きコストを負担するにはあまりに少額の水準）に低下した場合に，譲渡した資産を買い取るためにサービサー（譲渡人の場合もあります）が保有するオプションを意味しています。

　譲渡資産の帳簿価額は，譲渡された部分（譲渡ローン）と自己で保有する部分（サービシング資産）とに公正価値の比率で配分します（「??」と示されているサービシング資産の取扱いについては，次の表2-8のところで説明します）。

　この設例を用いて，基準書第125号の場合と，基準書第77号の場合の会計処理を比較したものが表2-8に示されています（なお，この基準書第77号による会計処理は，基準書第125号では示されておらず，ここでの説明のために著者が追加したものです）。

59

表２−８　FASB基準書の会計処理の比較

基準書第125号の場合の会計処理				
ケース１	資　産	負　債		損　益
現金入金	1,050			
サービシング資産	0			
コールオプション	70			
リコース義務		(60)		
譲渡ローン	(1,000)			
売却損益				(60)
ケース２				
現金入金	1,050			
サービシング資産	30			
コールオプション	70			
リコース義務		(150)		
譲渡ローン	(1,000)			
売却損益				0

（注）　仕訳は借方（貸方）として示されている。

基準書第77号の場合の会計処理			
ケース１			
現金入金	1,050		
リコース義務		(60)	
譲渡ローン	(1,000)		
売却損益			10
ケース２			
現金入金	1,050		
借　入　金		1,050	

（注）　仕訳は借方（貸方）として示されている。

　まず，基準書第125号の会計処理について説明します。ケース１では，サービシング資産の見積りができないという想定であり，資産はゼロで評価されることになります。なお，基準書第125号では，クリーンナップ・コールは，売却としての処理ができない買戻しの権利にあたらないものとされています。このコールオプションとリコース義務は公正価値で計上され，ローンの帳簿の

1,000はすべて譲渡ローンの譲渡原価として配分されることになります。この結果，売却益は60となります。

ケース2では，リコース義務の見積りができないという想定になっています。ローンの帳簿価額は公正価値の比率によって，譲渡ローンとサービシング資産（自己で留保する部分）に配分されます。また，リコース義務（負債）は，売却益がゼロになるように，金額が算定できる資産と負債の差額（この場合は150）で計上されることになります。

基準書第77号においても，クリーンナップ・コールは買戻オプションに該当しないものとして扱われています。ケース1では，基準書第77号においてこのコールオプションの評価が明確には求められていないため，ゼロ評価になるものと考えられます。この結果，売却損が10計上されることになります（ただし，これについては，異なる考え方もあると思われます）。ケース2では，リコース義務が見積もれない場合には，売却処理の要件を満たさない（表2－6の(2)を参照）ため，借入金として会計処理が行われることになります。

このようにこの二つの基準書による会計処理を比較してみると，基準書第125号では，一つの金融資産が多くの構成要素に分けられることを前提としているのに対して，基準書第77号では，リコース義務を除き全体が一括して売却されることが前提とされています。また，売却処理の要件の面からみると，譲渡資産の譲渡人からの分離を明確に要求している点では基準書第125号のほうが厳しい反面，資産をゼロとするか売却益を計上しないように負債を計上することによって売却処理を認めている点では，基準書第125号のほうが緩やかな規定となっています。

(3) その後のFASBの基準改訂

わが国の金融商品会計基準が公表されたのは1999年1月でしたが，米国ではいくつかの実務的な課題について検討が必要ということになり，2000年9月に，FASB基準書第140号「金融商品の譲渡及びサービス業務並びに負債の消滅の会計処理―SFAS125号の差し替え」が公表されました。もっとも，財務構成

要素アプローチに変更があったわけではなく，表2－6に示されているような，①譲渡資産の倒産隔離，②譲受人の譲受資産を利用する権利に制約がないこと，③譲渡人の譲渡資産に対する支配の継続がないことといった基本的なオフバランスの要件には変更がありません。主な改訂点は，表2－6の（注）にある流動化のための適格SPE，譲渡人の有する取戻権の取扱い，開示規定の明確化といったものでした。

さらに，2009年6月には，FASB基準書第166号「金融資産の譲渡に関する会計処理―FAS 140の改訂」（会計基準コード化後は，Topic 860）が公表されました。この基準書でも，財務構成要素のアプローチが採用されていますが，金融資産の一部の構成要素の譲渡について売却（すなわちオフバランスの処理）ができるのは，金融資産全体に関する参加型持分と認められ場合のみとすることが明確にされました。この取扱いは，IAS第39号と同じですが，この考え方については，後のIFRSの動向のところでまた触れます。

基準書第166号でも，譲渡資産に対する支配の有無に関する三つの要件を満たされてない限り，オフバランス化はできないとされています。以下に，基準書第166号の三つの要件を示しておきます。

1．譲渡資産の譲渡人からの倒産隔離がなされていること。
2．譲受人による担保差入れ又は交換する権利が，制約条件なしに又は譲渡人にごくわずかな便益だけで取得されていること。（譲渡人が証券化又は資産担保の資金調達のための事業体の場合には，受益権の所有者が担保差入れ又は交換する権利が，そのように取得されていること。）
3．次のような条件によって譲渡人が譲渡資産を実質的に支配し続けていることがないこと。
  (1) 譲渡人の期限前買戻し，償還の権利・義務を定めた契約
  (2) 譲渡人に一方的に特定の資産を取り戻す権利やごくわずかとはいえないものをもたらす契約（クリーンナップ・コールを除く）
  (3) 譲受人に，譲渡人に買戻し請求することが認められており，買戻価格が譲受人にとって有利であるために，その可能性が高いこと

なお，米国の会計基準は，わが国の会計基準・指針と異なり，詳細な規定や適用のガイダンスを含んでいます。実際の事例の適用の判断にあたっては，これらを十分に参照した上で，判断しなければならないことを知っておく必要もあります。

(4) 国際会計基準

国際会計基準（当時）をみると，1994年1月に公表された公開草案第48号（E48）では，リスクと経済価値をセットとして考え，ほとんどすべてのリスクと経済価値が移転したときにオフバランスとする，という規定になっていました。しかし，このE48の規定については，「リスクと経済価値を認識の中止の基準として採用することは実務的ではなく，また，ほとんどすべての意味及びその測定の仕方につき明確にされていないため，解釈に幅が出てくる。したがって，E48では実態と異なる会計処理の結果をもたらすかもしれない」というコメントが多く提出されました。

国際会計基準の作成作業の変更の結果，1998年12月に公表されたIAS第39号「金融商品－認識と測定」では，米国のFASB基準書第125号と同様な財務構成要素アプローチの考え方がとられていました。ただし，細部の規定については，譲渡資産についての譲渡人からの法的な隔離の要求がない等，FASB基準書第125号とIAS第39号では若干の規定の相違がありました。

IAS第39号では，企業が契約上の権利に対する支配を失った場合に，金融資産又はその一部の認識が中止される（すなわちオフバランスとなる）とされていました。さらに，譲渡人が支配を失っておらずオフバランス化できない場合の例示として，①譲渡人の譲渡資産に対する買戻権（買戻価格が時価の場合を除く），②買戻権による買戻しの条件が資産全体の利息相当額を譲受人に与えるものである場合，③譲渡資産が市場で容易に入手できない資産で，トータル・リターン・スワップや資産の売建てプットオプションにより譲渡人が保有によるリスクを保持している場合が挙げられていました。また，支配を失い譲受人が譲受資産の便益を獲得する場合の例示として，①自由に再譲渡又は担保差入れが可

能，②譲受人が特別目的事業体（SPE）の場合には，その受益権保有者が譲受資産の便益のほとんどすべてを獲得できるという点が挙げられていました。

その後，これらの例示は，財務構成要素アプローチによる判定と考えられるものと，リスク経済価値アプローチによる判定と考えられるものが混在しており，判定基準として明確でないという批判が出て来ました。IASBは，2003年12月にIAS第39号の改訂を行い，①契約上のキャッシュ・フローの消滅・移転，②実質的なリスク経済価値の譲渡，③譲渡人の継続的関与といった，リスク経済価値アプローチに近い判定基準に変更されています。この具体的内容は，かなり複雑であるため，「6　IFRSの動向」で詳しく述べることにします。

❹　金融資産の消滅の認識基準

(1)　基準の内容

会計基準の第9項では，金融資産の消滅を認識する「契約上の権利に対する支配が他に移転する場合」の要件について次のように定めています。

---
(1)　譲渡された金融資産に対する譲受人の契約上の権利が譲渡人及びその債権者から法的に保全されていること
(2)　譲受人が譲受された金融資産の契約上の権利を直接又は間接に通常の方法で享受できること
(3)　譲渡人が譲渡した金融資産を当該金融資産の満期前に買い戻す権利及び義務を実質的に有していないこと

このように，支配の移転の要件という点について，会計基準では，要約すれば，「譲渡人及びその債権者からの法的な保全」，「契約上の権利の直接又は間接に通常の方法での享受」，「買戻しの権利及び義務を実質的に有していないこと」の三つが求められています。

以下では，会計基準の3要件について，さらに説明します。

第1に，「譲渡人及びその債権者からの法的な保全」については，譲渡人に倒産等の事態が生じても，譲渡人やその債権者等が譲渡された金融資産に対し

て請求権等のいかなる権利も存在しないこと等，譲渡された金融資産が譲渡人の倒産等のリスクから確実に引き離されていることが必要とされています。したがって，譲渡人が実質的に譲渡を行わなかったこととなるような買戻権がある場合や譲渡人が倒産したときには譲渡が無効になると推定される場合は，その金融資産の支配が移転するとは認められないことになります。この場合，譲渡された金融資産が譲渡人及びその債権者の請求権の対象となる状態にあるかどうかについては，法的観点から判断されることになります。

　第2に，「契約上の権利の直接又は間接に通常の方法での享受」については，譲受人が譲渡された金融資産を実質的に利用し，元本の返済，利息又は配当等により投下した資金等のほとんどすべてを回収できる等，譲渡された金融資産の契約上の権利を譲渡又は直接又は間接に通常の方法で享受できることが必要とされています。譲渡制限があっても支配の移転は認められますが，譲渡制限又は実質的な譲渡制限となる買戻条件の存在により，譲受人が譲渡された金融資産の契約上の権利を直接又は間接に通常の方法で享受することが制約されるような場合には，その金融資産の支配が移転しているとは認められないことになります。

　第3に，「買戻しの権利及び義務を実質的に有していないこと」という点については，譲渡人が譲渡した金融資産を満期前に買い戻す権利及び義務を実質的に有していることにより，金融資産を担保とした金銭貸借と実質的に同様の取引を前提においています。現先取引や債券レポ取引といわれる取引のように，買い戻すことにより当該取引を完結することがあらかじめ合意されている取引については，その約定が売買契約であっても支配が移転しているとは認められないと考えられます。このような取引については，売買取引ではなく金融取引として処理することが必要であることになります。

(2) 基準の具体的適用

　わが国の金融商品の会計基準における金融資産の消滅の認識基準は，FASB基準書第125号や当初のIAS第39号と類似しています。❸に述べたFASB基準

書第125号では,譲渡人の金融資産に対する支配の放棄という点について,表2−6に示されたことを要約すると,次のような要件が定められています。
　① 譲渡人及びその債権者からの資産の分離
　② 資産を担保に供する,あるいは交換する譲受人の権利
　③ 譲渡資産を満期前に買戻し又は償還する譲渡人の権利及び義務がないこと
　④ 容易に入手できないような譲渡資産を買戻し又は償還する譲渡人の権利がないこと

a．法的な保全

　FASB基準書第125号では「譲渡人及びその債権者からの資産の分離」と表現し,わが国の会計基準では「譲渡人及びその債権者からの法的な保全」と表現されているわけですが,この具体的意味はほとんど同じと考えられます。つまり,この要件については法的な観点からの判断が必要となってきます。しかし,IAS第39号ではこのような要件は定められていません。これは,設定当時にIAS適用を受ける各国の法制度（特に倒産法制）の違いに配慮して外したものとされています。

　法的な保全が図られているかどうかという点には,取引の形態によりさまざまなものが考えられます。一つは,第三者に対する対抗要件を整えていることが考えられます。❷で述べたように,基準設定当時整備された資産の流動化に関する法律には,次のように,これに関連した規定を含んでいるものがありました。
　① リースやクレジット債権などを証券化する手法として,1993年に施行された特定債権法（「特定債権等に係る事業の規制に関する法律」）では,債権譲渡の際の第三者対抗要件を公告で足りるとしていたこと。
　② 1998年に施行された債権譲渡特例法（「債権譲渡の対抗要件に関する民法の特例等に関する法律」）では,債権譲渡を円滑にするため,債権譲渡の第三者対抗要件に関する民法の特例として,金銭債権の譲渡等につき,法務局に債権譲渡登記をすることによる新たな対抗要件制度を創設したこと。

すでに述べたように，譲渡された金融資産が譲渡人及びその債権者の請求権の対象となる状態にあるかどうかについては，法的観点から判断されることになります。

この「法的な保全」という点について，実務指針では，次の点を考慮して判定するものとされています。

① 契約又は状況が譲渡人に譲渡を取り消すことができるか否か
② 譲渡人が破産，会社更生法，民事再生法等の下におかれた場合，管財人が当該譲渡金融資産に対し返還請求権を行使できるか否か

実務指針では，この②に関して現行法制の下においては，第三者対抗要件を満たす場合に譲渡金融資産は「法的に保全」されているものとして取り扱うとされています。法的な保全という点では，第三者対抗要件と債務者対抗要件の双方を備えなければならないのかという点（例えば，譲渡債権の債務者が譲渡人に債権を有する場合の相殺の可否といった点）が問題となります。実務指針では，譲渡とされた金融資産が譲渡人及びその債権者の返還請求権の対象となるかどうかは，法的観点から判断されることになるが，個々の状況において法的に有効かどうか判断することであり，高度な法律上の解釈を要する場合には，弁護士等法律の専門家の意見を聴取する必要があるとされています。

b．譲渡制限

FASB基準書第125号の②と④の要件はセットとして考えるとわかりやすいと思われます。すなわち，②は，資産を担保に供する，あるいは交換する譲受人の権利ということです。④では「容易に入手できないような譲渡資産を買戻し又は償還する譲渡人の権利」と表現していますが，容易には入手できないような譲渡資産を買い戻す権利を譲渡人に与えると，結果的に②の資産を担保に供する，あるいは交換する譲受人の権利が満たされないことになるという考え方をとっています。

わが国の会計基準では，「契約上の権利の直接又は間接に通常の方法での享受」と表現していますが，譲渡制限があっても支配の移転が認められる場合がある等，この規定の意味が当時のFASB基準書第125号とは少し異なっている

と考えられます。これは，わが国では，取引関連者のプライバシーの保護等の観点から，譲渡が制約される場合があることに配慮したものとされています。ただし，譲渡制限又は実質的な譲渡制限となる買戻条件の存在によりこの享受が制約される場合には支配が移転しているとは認められない，とされています。

実務指針では，譲渡制限があっても支配の移転が認められる場合として，次の三つを挙げています。

① 譲受人にもっとも有利な第三者からの購入の申込みと同一条件による譲受人の優先的買戻権の存在

② 譲受人が売却又は担保差入れをする場合の譲渡人の承認（譲渡人の利益のために不合理に留保する場合を除く）

③ 譲受人が譲り受けた資産を多数の第三者に売却することができる場合における，譲渡人の競争相手への売却禁止（当該競争相手が唯一の潜在的な買手である場合を除きます）

また，譲渡人に買戻権があっても支配が移転している場合として，次のものを挙げています。

① 譲渡資産が市場でいつでも取得することができるとき

② 買戻価格が買戻時の時価であるとき

③ クリーンナップ・コールのとき

c．譲受人が特別目的会社の場合

譲受人が特別目的会社の場合には，その発行する証券の保有者が譲渡された金融資産の契約上の権利を直接又は間接に通常の方法で享受できることが必要です。会計基準の注解4では，次のように規定しています。

> 金融資産の譲受人が次の要件を満たす会社，信託又は組合等の特別目的会社の場合には，当該特別目的会社が発行する証券の保有者を当該金融資産の譲受人とみなして第9項(2)の要件を適用する。
> (1) 特別目的会社が，適正な価額で譲り受けた金融資産から生じる収益を当該特別目的会社が発行する証券の保有者に享受させることを目的として設立されていること
> (2) 特別目的会社の事業が，(1)の目的に従って適正に遂行されていると認められること

また，上の(2)に関連して，実務指針では，付随して発生する次のような取引を行った場合には事業目的に従って適正に遂行されていると考えられるとしています。

① 資産処分により収益を上げ，証券の保有者へこれを享受させる場合
② 証券の保有者への配当，利払い及び償還等の時期まで余資を運用して収益を高める場合
③ 事業目的を遂行する上でデリバティブによりキャッシュ・フローを調整する場合
④ 事業目的を遂行する上でキャッシュ・フローを調整するための借入れ（例えば，証券を完売するまでの借入れ，又は証券の保有者への配当，利払い及び償還等のための借入れ）を行う場合
⑤ 事業目的に従い，一部の金融資産の回収に伴い譲渡人から新たな金融資産を譲り受けることを繰り返す場合，又は当初譲り受けた金融資産をすべて回収した後，譲渡人から再度新たな金融資産を譲り受ける場合

d．買　戻　権

　FASB基準書第125号の③の要件である「譲渡資産を満期前に買戻し又は償還する譲渡人の権利及び義務」という点は，わが国の金融商品の会計基準で「買い戻す権利及び義務」といっているのと同様の規定と考えられます。米国の規定における③の規定は，基本的に米国における債券レポ取引等を対象とすることが目的とされており，会計基準（1999年）の前文（現行基準の第55項）に示された内容も，これとほぼ同様のものと考えられます。つまり，このような場合には，売買取引としてではなく，金融取引として処理されます。

　わが国でこの基準に当てはまる一般的な取引は，現先取引とすでに述べた手形割引がありました。現先取引は，一定の期間後に売却した債権を買い戻すものであり，これは会計基準の第3の要件「買い戻す権利及び義務を実質的に有していないこと」に抵触し，金融取引で処理することになります。

　手形割引については，わが国では手形の割引時にこれをオフバランスとし，これを偶発債務として注記をするという会計慣行が成立していました。問題と

なるのは，この場合の割引料部分の処理です。割引料は，発生主義の会計のもとでは利息の期間配分という考え方が妥当なものとも考えられます。しかし，オフバランス化ということは売買とみることですから，基本的に，割引料は割引時に費用として全額計上することが適切な処理と考えられます。1997年6月に企業会計審議会から公表された「金融商品に係る会計処理基準に関する論点整理」において，「手形割引の処理については，損益計算書と貸借対照表の間で整合性を欠く処理（金融処理と売買処理）がみられるため，取引の実態に応じて整合性を図ることが適当であると考えられる。」とされていたのは，このようなことを示していたものと考えられます。すでに述べたように実務指針でも，割引手形は手形の消滅として認識するとしており，オフバランスの処理を継続しつつ，割引料は手形売却損として費用に全額計上することになりました。もっとも，現金主義によって手形割引料を会計処理してきた企業においては，このことによる実質的な影響は，ほとんどありませんでした。

　また，実務指針では，同一の金融資産が売却の直後に購入された場合又は購入の直後に売却された場合で，譲渡人が譲受人から譲渡した金融資産を再購入又は回収する同時の契約がある場合には，金融資産の消滅の認識要件を満たしていないので，売却として処理しない（つまり，金融取引として取り扱う）ものとされています。また，譲渡価格と購入価格が同一の場合，又は譲渡の決済日と購入の決済日に間があり当該期間に係る金利調整が行われた価格である場合には，譲渡人が再購入又は回収する同時の契約があると推定されるとしています。この考え方は，それまで単純な売却として会計処理されることが多かった有価証券のいわゆるクロス取引について，売却処理にかなりの制約を加えることになりました。

　金融資産の譲渡において，その一部のみが消滅の認識の要件を満たす場合もあります。この場合の取扱いが，会計基準の第12項と第13項に定められています。

> 金融資産又は金融負債の一部がその消滅の認識要件を満たした場合には，当該部分

第2章　金融商品の範囲と認識

> の消滅を認識するとともに，消滅部分の帳簿価額とその対価としての受払額との差額を当期の損益として処理する。消滅部分の帳簿価額は，当該金融資産又は金融負債全体の時価に対する消滅部分と残存部分の時価の比率により，当該金融資産又は金融負債全体の帳簿価額を按分して計算する。
> 　金融資産又は金融負債の消滅に伴って新たな金融資産又は金融負債が発生した場合には，当該金融資産又は金融負債は時価により計上する。

　実務指針では，さらに，次のような追加的なガイドラインを定めています。
① 　金融資産の消滅時に，譲渡人になんらかの権利・義務が存在する場合，それが，消滅した金融資産と実質的に同様な資産又はその構成要素（例えば，特別目的会社の発行する証券等の金融資産又は回収サービス権）であれば「残存部分」であり，異種の資産であれば「新たな資産」の取得となり，なんらかの義務であれば「新たな負債」となり，デリバティブであるときは，「新たな資産又は負債」の発生となる。
② 　譲渡金額（対価）は，譲渡に伴う入金額に新たに発生した資産の時価を加え，新たに発生した負債の時価を控除したものである。
③ 　金融資産の消滅時に残存部分又は新たに生じた資産（デリバティブ）について時価が入手できない場合，その時価と当初帳簿価額はゼロとして譲渡損益を計算する。
④ 　新たに生じた負債について時価を入手できない場合，その当初帳簿価額は，当該譲渡から利益が生じないような金額とする。
⑤ 　金融資産の消滅時に，それに伴って損失の発生する可能性の高い場合には，当該損失を引き当てる必要がある。

このような考え方は，❸においてFASB基準書第125号で説明した事項と同様と考えられます（これについては，表2－7と表2－8の説明を参照ください）。

(3) 優先劣後構造の債権流動化

　債権の流動化を行う場合に，裏付け資産からのキャッシュ・フローを，優先的にその支払いが受けられる部分（優先部分）と，その優先部分に支払いが劣

後する部分（劣後部分）とに分け，優先部分の信用力を高めるような仕組み（優先劣後構造）が用いられる場合があります。このような仕組みの例が，図2－6に示されています。

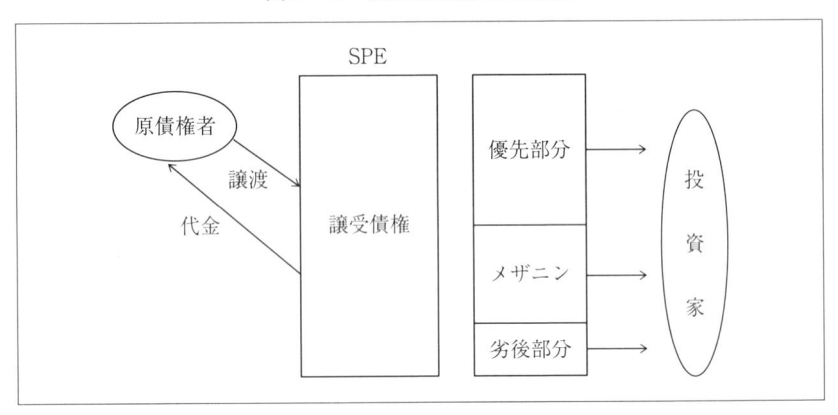

図2－6　優先劣後構造の流動化

```
         SPE
  ┌─────┐  ┌──────┐  ┌──────┐
  │原債権者│  │      │  │優先部分│──→
  └─────┘  │      │  ├──────┤  ┌──┐
    譲渡 →  │譲受債権│  │メザニン│──→│投│
    代金 ←  │      │  ├──────┤  │資│
          │      │  │劣後部分│──→│家│
          └──────┘  └──────┘  └──┘
```

　複雑な流動化の仕組みでは，右側の権利内容をさらに返済の優先順位等により細分化する場合もありますが，単純な流動化の仕組みでは，優先部分と劣後部分の2区分だけとする場合も特に日本企業が行う流動化では多くみられます。優先部分も劣後部分も，ともに投資家に保有させるのが完全な流動化（あるいは証券化）です。ところが，わが国の国内で企業が行う債権の流動化では，この企業（つまり，原債権者，オリジネーター）が，この劣後部分を保有する場合が一般的です。

　次の表2－9は，実務指針の設例14の債権譲渡の会計処理の部分を，抜粋したものです。この例では，債権のうち優先部分を譲渡し，劣後部分を原債権者が保有しています。

　なお，このような優先劣後構造の債権流動化（譲渡）を売却処理することは，わが国の会計基準では認められていますが，最近の国際的な会計基準の動向としては認められない方向にあります。これについては，後の「6　IFRSの動向」で説明します。

表2-9 優先劣後構造の会計処理

	帳簿価額	時　価
原貸付債権額	1,000,000	970,000
うち譲渡債権額	900,000	900,000
うち保有債権額	100,000	70,000
上記の保有債権額は，債権の回収は譲渡分に劣後する旨の特約付き譲渡時の会計処理		
現　　金	900,000	貸付債権　　1,000,000
貸付債権（劣後）	72,165（注1）	
債権売却損	27,835（注2）	

（注1）　$1,000,000 \times \dfrac{70,000}{970,000} = 72,165$

（注2）　優先部分の譲渡原価　$1,000,000 \times \dfrac{900,000}{970,000} = 927,835$

　　　　債権売却損　$900,000 - 927,835 = \triangle 27,835$

❺　ローン・パーティシペーションの会計処理

　ローン・パーティシペーションの仕組みは，図2-7に示されています。ローン・パーティシペーションの取引の関係者には，原債務者，原債権者，参加者の3者があります。ローン・パーティシペーションの一般的な仕組みは，次のようなものです。

① 　原債権者と参加者の二者間の契約により，原債権者が保有する原債務者に対する貸出債権の一定割合（参加割合）について，元利金として支払われた金銭等を受け取る利益（参加利益）を参加者が原債権者から取得し，参加者は原債権者に対して，その対価として一定の金銭を支払う。

② 　原債権者から参加者への元利金の支払いは，原債権者が原債務者から元利金等を受領した場合にのみ行うという条件を付することによって，原貸出債権に付随するリスクを参加者に移転させる。

③ 　参加者は，原債務者に対して直接的な請求権を有せず，原債務者への権利行使は原債権者が権利者として行う権利行使の結果に依存している。

　このようなローン・パーティシペーションの会計処理については，二つの会

図2-7 ローン・パーティシペーションの仕組み

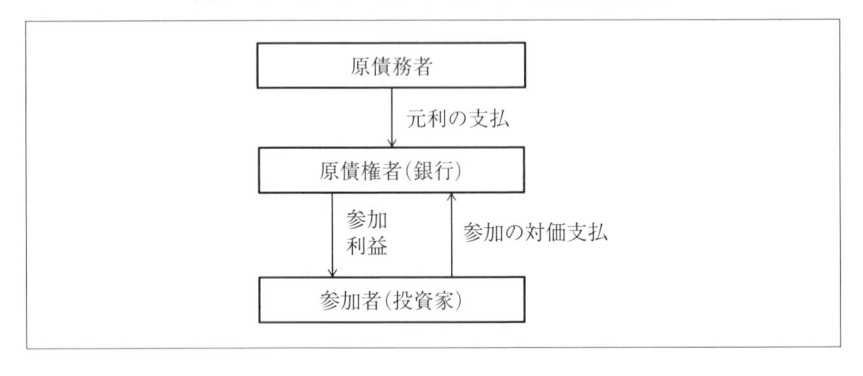

計処理の考え方が考えられます。一つは，図2-7に示された原債権者と参加者の関係を借入れあるいは貸付けと考える考え方です。もう一つの考え方は，原貸出債権に付随するリスクが参加者に移転しているため，これは原貸出債権の売却であるとして会計処理をする考え方です。これについては，金融商品の会計基準が制定される以前ですが，このような仕組みの開始時の1995年6月に日本公認会計士協会から公表された会計制度委員会報告第3号「ローン・パーティシペーションの会計処理及び表示」があります。

ローン・パーティシペーションの取引について，日本公認会計士協会の報告書において売却処理を認める要件が表2-10に示されています。

表2-10 ローン・パーティシペーションの売却処理の要件

- 原債権が契約上個別に特定されており，参加割合について，原債権の貸出条件と同一の条件が適用されること
- 原債権者は，原債権に包含されている将来の経済的利益を放棄しており，かつ，原債権から生じるいかなる理由による損失についてもリスクを負わないこと
- 原債権者は，参加利益の買戻義務を負わず，かつ，再購入選択権が付与されていないこと

第1に，原債権が契約上個別に特定されており，参加割合について，原債権の貸出条件と同一の条件が適用されること，という要件があります。例えば，原貸出債権の金利が5%とすると，参加利益の内容も5%という条件でなされ

なければならない，ということを意味しています。もちろん，この5％という数字は，取引時点の市場金利と一致するとは限りませんから，市場での貸出債権に付随する金利との差額は，譲渡の対価に上乗せもしくは控除するかたちで調整がされることになります。

　第2は，原債権者は，原債権に包含されている将来の経済的利益を放棄しており，かつ，原債権から生じるいかなる理由による損失についてもリスクを負わないこと，という要件があります。これは具体的には，原債務者の債務不履行又は経営破綻，売却後にその資産の市場価値の下落等があったとしても，原債務者が貸出債権の元本及び利息の支払いについての義務を負わないことを意味しています。

　第3に，原債権者は，参加利益の買戻義務を負わず，かつ，再購入選択権が付与されていないこと，という要件があります。これらがある場合には，経済的利益の放棄とリスクを負わないといえなくなるため，第3の要件は第2の要件を補完する要件となっています。

　ローン・パーティシペーションは，形式自体が売却というかたちをとっていません。そのため，売却処理をさせるためには厳しい条件を付け加えています。この要件の二番目と三番目をよく読むと，これはすでに説明したリスク経済価値アプローチを厳格に適用して，売却に該当するかどうかを判定していることがわかります。

　ローン・パーティシペーションの会計処理についての説例が表2－11に示されています。これは，日本公認会計士協会の会計制度委員会報告第3号に示されている設例を，そのまま掲げたものです。

表2-11 ローン・パーティシペーションの会計処理

〔設　例〕
(1) 7月1日に年利8％の貸出金元本10,000百万円の50％（参加元本5,000百万円）について，ローン・パーティシペーション契約を締結した。
　　ケースⅠ　参加元本＝参加利益の売却価額（参加元本：5,000百万円，参加利益の売却価額：5,000百万円）
　　ケースⅡ　参加元本＞参加利益の売却価額（参加元本：5,000百万円，参加利益の売却価額：4,800百万円）
　　ケースⅢ　参加元本＜参加利益の売却価額（参加元本：5,000百万円，参加利益の売却価額：5,200百万円）
(2) 元利の回収は年2回（6月末及び12月末）であり，元本は各回1,000百万円の均等返済である。
(3) 参加に係る事務手数料は，半年間で4百万円であり，元利金の回収時に支払われる。
(4) 原債権者，参加者ともに，決算日は3月31日である。
(5) このローン・パーティシペーション契約は，本報告第4項の要件をすべて満たしている。（筆者注）

（単位：百万円）

	原債権者の会計処理	参加者の会計処理
1．参加利益の対価受取（支払）時（7月1日） (1) ケースⅠ 　（参加元本＝参加利益の売却価額の場合）	（預　　　金）5,000 　（貸　出　金）5,000	（貸　出　金）5,000 　（預　　　金）5,000
(2) ケースⅡ 　（参加元本＞参加利益の売却価額の場合）	（預　　　金）4,800 （その他の業務費用）200 　（貸　出　金）5,000	（貸　出　金）5,000 　（預　　　金）4,800 　（その他負債）200
(3) ケースⅢ 　（参加元本＜参加利益の売却価額の場合）	（預　　　金）5,200 　（貸　出　金）5,000 　（その他の業務収益）200	（貸　出　金）5,000 （その他の資産）200 　（預　　　金）5,200
2．元利金回収時（12月31日） （回収元本1,000，回収利息400）	（預　　　金）1,400 　（貸　出　金）500 　（貸出金利息）200	（預　　　金）696 （その他の役務費用）4 　（貸　出　金）500

	（その他の負債）　696 　（その他の役務収益）　4 （その他の負債）696 　（預　　　金）　696	（貸出金利息）　200
3．決算時（3月31日） 　(1)　貸出金利息・事務手数料の決算修正	（未収収益）　92 〔注1〕（貸出金利息）90 〔注2〕（その他の役務利益）2	（未収収益）　90 （その他の役務費用）　2 　（貸出金利息）　90 　（未払費用）　2
(2)　参加元本と参加利益の売却価額との差額の期間配分 　＜ケースⅠ＞ 　　（参加元本＝参加利益の売却価額の場合）	（仕訳なし）	（仕訳なし）
＜ケースⅡ＞ 　　（参加元本＞参加利益の売却価額の場合（ディスカウント額の期間配分)）	（仕訳なし）	（その他の負債）　55 〔注3〕（貸出金利息）55
＜ケースⅢ＞ 　　（参加元本＜参加利益の売却価額の場合（プレミアム額の期間配分)）	（仕訳なし）	（貸出金利息）　55 　（その他の資産）　55

〔注1〕　$9,000百万円 \times 50\% \times 8\% \times \frac{3}{12} = 90百万円$

〔注2〕　$4百万円 \times \frac{3}{6} = 2百万円$

〔注3〕　利息法により配分するのが原則であるが，ここでは便宜上，月数に基づく級数法により9か月分（7月1日から3月31日まで）の期間配分額を計算している。

$$200百万円 \times \frac{(60 \times 61 - 51 \times 52)}{(60 \times 61)} = 55百万円$$

（著者注）　本報告第4項の要件とは，表2－10に示した要件のことを意味している。

金融商品の会計基準を適用すると，このローン・パーティシペーションは，財務構成要素アプローチによる法的な保全という要件を満たしていないため，消滅の認識要件を満たさないことになると考えられます。また，リスク経済価値アプローチに依っている点も，会計基準の定めとは異なります。ただし，これについては，会計基準（1999年）の前文（現行基準の第42項）で，次のような経過措置が定められました。

> 　ローン・パーティシペーションは，我が国の商慣行上，債権譲渡に際して債務者の承諾を得ることが困難な場合，債権譲渡に代わる債権流動化の手法として広く利用されている。このような実情を考慮し，債権に係るリスクと経済的利益のほとんどすべてが譲渡人から譲受人に移転している場合等一定の要件を充たすものに限り，当該債権の消滅を認識することを認めることとする。

　実務指針でも，日本公認会計士協会の会計制度委員会報告第3号の要件を満たせば，ローン・パーティシペーションについてはオフバランス化が認められるとされています。ただし，特別目的会社を参加者とするローン・パーティシペーションの場合は，原債権者は債権の消滅を認識することはできないとされています。

❻　デット・エクイティ・スワップ

　デット・エクイティ・スワップ（Debt Equity Swap）は，債権者と債務者の事後の合意に基づき，債権者側からみて債権を株式とする取引であり，債務者が財務的に困難な場合に，債権者の合意を得た再建計画等の一環として行われる場合が多いとされています。通常，再建計画等に基づき債権者がその債権を債務者に現物出資することによって行われます。

　債権者の側からみると，債権の消滅の認識と，株式の取得（発生の認識）が同時に生ずることになります。このデット・エクイティ・スワップの債権者側の会計処理について，企業会計基準委員会から2002年10月に実務対応報告第6号が公表されています。この第6号によると，債権者がその債権を債務者に現

物出資した場合、債権と債務が同一の債務者に帰属し債権は混同により消滅する（民法520条）ため、支配が他に移転したかどうかを検討するまでもなく金融資産の消滅の認識要件を満たすものと考えられるとされています。したがって、債権者は当該債権の消滅を認識するとともに、消滅した債権の帳簿価額とその対価としての受取額との差額を、当期の損益として処理することとなります。

取得した株式については、債権者が取得する株式の取得時の時価が対価としての受取額（譲渡金額）となり、消滅した債権の帳簿価額と取得した株式の時価の差額を当期の損益として処理し、当該株式は時価で計上されることとなるとされています。

4　特別目的事業体と連結

❶　わが国の会計基準の規定

(1)　当初の会計基準等の規定

すでに3❷で述べたように、債権の流動化等については、SPE（特別目的事業体、SPCや特別目的会社とよばれることもある）という形態が利用されます。金融商品の会計基準注解4では、特別目的会社とよんでいますが、支配の移転に関してこの特別目的会社を利用した場合、どのように扱うかが示されています。

> 金融資産の譲受人が次の要件を充たす会社、信託又は組合等の特別目的会社の場合には、当該特別目的会社が発行する証券の保有者を当該金融資産の譲受人とみなして第9項(2)の要件を適用する。
> 1　特別目的会社が、適正な価額で譲り受けた金融資産から生じる収益を当該特別目的会社が発行する証券の保有者に享受させることを目的として設立されていること
> 2　特別目的会社の事業が、1の目的に従って適正に遂行されていると認められること

特別目的事業体を利用した流動化とは、具体的には図2－8に示されている

ような場合です。注解4は，この会社の個別貸借対照表のレベルで，これをオフバランス化できるかどうかについて定めています。

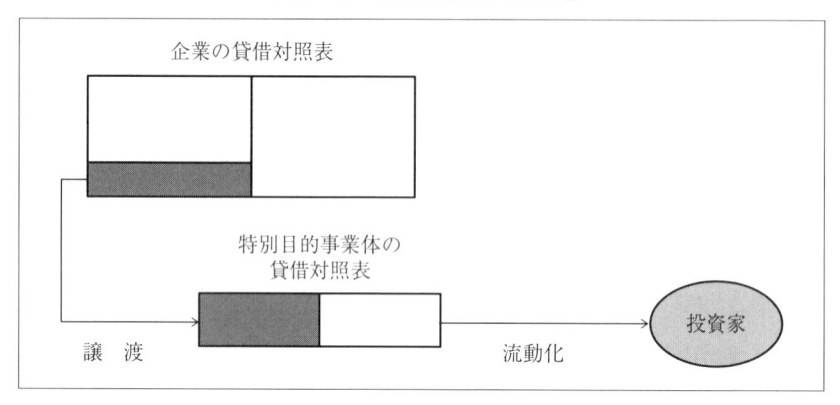

図2－8　特別目的事業体と連結

　1997年に改訂された連結財務諸表原則（2008年12月に書換えにより，企業会計基準第22号「連結財務諸表に関する会計基準」）では，実質支配力基準によって子会社の範囲を決めています。この場合，この下にある特別目的事業体（特別目的会社）に実質支配力が及んで子会社になるという定義に当てはまるとすると，これが再び連結に含まれることになります。つまり，一度売却として会計処理したとしても，売却先の特別目的会社が連結の対象となると，結局，連結財務諸表の上ではもとの企業の資産に戻ってしまうことになります。

　これについて，1998年10月に企業会計審議会から出された「連結財務諸表制度における子会社及び関連会社の範囲の見直しに関する具体的取扱い」と1998年11月の省令では，次のような一定の要件を満たした特別目的会社については，当該特別目的会社に対する出資者及び当該特別目的会社に資産を譲渡した会社（「出資者等」）から独立しているものと認め，出資者等の子会社に該当しないものと推定することとされました。これは，基本的には，特別目的会社を連結せずに個別財務諸表での処理の結果を連結上もそのまま引き継ぐ考え方になり，その後も連結会計基準の7－2項に書き加えられています。

　①　特別目的会社に対して，適正な価額により資産が譲渡されていること。

② 特別目的会社が，譲り受けた資産から生ずる収益を当該特別目的会社が発行する証券（資産対応証券）の所有者に享受させることを目的として設立されており，その事業が当該目的に従って適切に遂行されていること。
③ 事業内容の変更が制限されていること。

1998年12月に公表された日本公認会計士協会の監査委員会報告第60号「連結財務諸表における子会社及び関連会社の範囲の決定に関する監査上の取扱い」においても，子会社又は関連会社の範囲に含められる「会社に準ずる事業体」として，特定目的会社（「特定目的会社による特定資産の流動化に関する法律」（現在では「資産の流動化に関する法律」）に基づく特定目的会社），海外における同様の事業を営む事業体，パートナーシップその他これに準ずる事業体で営利を目的とする事業体が考えられるとしていました。また，特別目的会社等に関する支配の判定については，①から③までの要件の判定にあたって，特に譲渡資産の価額が適正に決定されていること及び事業の内容が当該事業体の目的から逸脱しないことに留意する必要があるとしていました。

また，金融商品会計の実務指針では，注解4に示された「目的に従って適正に遂行されている」という点に関連して，資産処分，余資の運用，デリバティブによりキャッシュ・フローの調整，キャッシュ・フローの調整のための借入れ，事業目的に従った譲渡人からの新たな金融資産の譲受けといった，その目的に付随して行われる取引を例示しています。これについても，すでに3❷で述べました。

(2) その後の会計基準等の改訂

この監査委員会報告第60号のうち会計上の取扱いに関する部分ついては，基本的にその内容を引き継いだ上で，取扱いのさらなる明確化が必要な部分を追加し，2008年5月に企業会計基準適用指針第22号「連結財務諸表における子会社及び関連会社の範囲の決定に関する適用指針」として公表されました。

ところが，SPEの連結については，上で述べたように，「<u>当該特別目的会社に対する出資者及び当該特別目的会社に資産を譲渡した会社（「出資者等」）</u>か

ら独立しているものと認め，出資者等の子会社に該当しないものと推定する。」とされていた点について注意する必要があります。特にこの下線部の文章をみていただくと，出資者及び資産を譲渡した会社の2種類の会社が子会社に該当しないとする推定規定の適用を受けられるようにみえます。実務的にも，そのように解釈され，特に不動産の開発事業等において，自己が譲渡したものではない資産を保有する特別目的事業体が開発の主体である企業の連結の対象に入らないという事例が目立つようになりました。

このようなことから，企業会計基準委員会では，子会社に該当しないものと推定された特別目的会社（「開示対象特別目的会社」）に対する開示に関する指針を検討し，2007年3月に，企業会計基準適用指針第15号「一定の特別目的会社に係る開示に関する適用指針」が公表されています。この適用指針では，開示対象目的会社について，次のような事項の注記を含むものとされています。

① 開示対象特別目的会社の概要
② 開示対象特別目的会社を利用した取引の概要
③ 開示対象特別目的会社との取引金額等

さらに，2011年3月には，連結会計基準の7-2項が改訂され，「当該特別目的会社に資産を譲渡した企業から独立しているものと認め，当該特別目的会社に資産を譲渡した企業の子会社に該当しないものと推定する。」と改められました。これにより，その企業が譲渡したものではない資産を保有する特別目的事業体が連結の対象から簡単に除外されるという余地は，会計基準の規定上はなくなっています。

❷ 特別目的事業体の連結の考え方

上に述べたように，わが国の特別目的事業体の連結に関する規定は，特に金融資産である債権の流動化のような事例を考えると，一定の要件を満たした特別目的事業体については最初から連結の対象から外して，個別での譲渡の会計処理と連結財務諸表での処理を整合させるという観点で基準設定が行われているように思われます。それでは，他の国際的基準では，どのように規定されて

(1) FASB基準書

すでに3❸(2)でも簡単に触れましたが，FASB基準書第125号（1996年）では，適格SPE（Qualified SPE, QSPE）という概念が定められており，この適格SPEの要件を満たした場合には，この適格SPEは譲渡人（企業）に連結されないという取扱いが行われていました。この取扱いは，FASB基準書第140号（2000年）でも引き継がれましたが，適格SPEの要件についての改訂（厳格化）が行われています。表2-12は，この適格SPEの要件の概要を要約したものです。

表2-12 FASB基準書の適格SPEの要件の比較

FASB基準書第125号（1996年）	FASB基準書第140号（2000年）
a．営業目的が，その事業体設立のための法的文書で，譲渡された金融資産の所有権の保持，受益持分の発行，現金収入の回収・分配前の再投資・保有資産のサービシング，収入の受益持分の所有者への分配に限定されること。 b．譲渡者は区分された法的地位を有すること。	a．譲渡人から明確に分離されていること。（譲渡人等が一方的に解散できない，受益権持分の10％超が第三者により保有） b．SPEの業務内容が限定されていること。（活動が相当に制限，法的文書で認められる活動を規定，認められる活動に重要な変更を加えるには最低過半数の承認） c．保有資産が制限されていること。（受動的性格を有する金融資産，受益持分に関連する受動的金融デリバティブ，サービシングが不履行等の場合等に支払いを受ける保証・担保等の金融資産，サービス権，回収の過程で一時的に保有される非金融資産，一時的余資運用の投資） d．現金以外の金融資産を第三者へ売却・処分する処分方法が，特定の事象に自動的に対応するものに限定されていること。（発行時の法的文書で特定，譲渡人等以外の保有者による売戻権行使，法的文書により譲渡人に付与されたコールオプションや取戻条項の行使，SPEの清算や受益証券の期限到来）

金融資産の譲渡に関する会計基準とは別に，2001年に起きた米国のエンロン社の破綻事件では，SPEが会計上悪用とされていたことが問題となりました。このため，米国ではSPEに対する連結範囲の基準の見直しが開始され，議決権の過半数を所有していない場合であっても，連結の対象とすることが検討されました。2003年1月に，FASBは，FASB解釈指針（FIN）第46号「変動持分事業体の連結」を公表しました。その後，2003年12月には，実務上の適用方法が不明確であった点を補充したFIN第46号の改訂版（FIN 46R）が公表されました。このFIN 46Rは，特殊な会計ルールが定められているようないくつかの事業体を除くすべての事業体に適用されることとされていました。FIN 46Rは，債権の流動化のような取引ばかりでなく，広範囲にSPEの連結の範囲の問題を詳細に取り扱っているため，ここでも詳細には触れません。FIN 46Rは2006年以降から適用されていますが，概要についてだけ述べると，次のようなステップによって，連結の範囲に含めるのかどうかを判断することとされています。

① その事業体が，変動持分事業体（Variable Interest Entities, VIE）に該当するか。
② 変動持分を保有しているかどうか。
③ 変動持分の過半を保有しているか（主たる受益者か）。

　変動持分は，その事業体の有するリスク（信用リスク，金利リスク，為替リスク，コモディティ価格リスク，株価リスク，業務リスク）が，どのように持分を保有する者に移転するかを分析することにより判定されます。このようなステップを通じて，対象の事業体が支配されているかどうかの判定基準として議決権の保有が適切でない場合には，その事業体の経済的リスクと便益の主たる負担者（事業体の期待損失又は期待残存利益の過半を負担する者）が，その事業体を支配しているものとして連結させようとする考え方がとられています。

　適格SPEについては，FIN 46Rの対象外とされているため，FASB基準書第140号により連結の対象範囲からは除かれることになります。また，本章で扱っている債権の流動化のSPEで適格SPEの要件を満たさないものは，

FIN 46Rにより連結すべきかどうかを判断することになります。

なお，2009年6月には，FASB基準書第166号「金融資産の譲渡に関する会計処理―FAS 140の改訂」（会計基準コード化後は，Topic 860）が公表されましたが，この基準では，適格SPEの概念自体がなくなり，適格SPEを連結の範囲から除くという規定も廃止されています。

(2) 国際会計基準

IAS第39号では，FASB基準書にみられるような適格SPEの規定はありません。IAS第27号により，支配を「企業活動からの便益を得るために，その企業の財務及び経営方針を左右する力」と定義した上で，子会社を「（親会社といわれる）他の企業により支配されている企業」と定義しています。また，支配の例として，議決権の過半数，法令又は契約，取締役会又は同等の経営機関の構成員の選任・解任権といったものを挙げており，日本の実質支配の考え方とも類似していました。

IASC（国際会計基準委員会）では，1998年12月に，SIC解釈指針第12号「連結－特別目的事業体」を公表しています。この解釈指針では，限定されたかつ十分に明確にされた目的（例えば，リース，研究開発活動又は金融資産の証券化）を達成するために事業体が創設されることがあり，この特別目的事業体は，会社，信託，パートナーシップ又は法人格のない事業体のかたちをとることがあるとしており，本章で扱っている債権の流動化も当然に対象範囲に含まれます。SIC解釈指針第12号では，SPEを連結しなければならない関係を示している状況として，次のようなものを挙げていました。

① 実質的に，SPEの事業活動が，企業の特定の事業上の必要に従ってその企業のために行われ，それにより企業はSPEの事業運営から便益を得ている。

② 実質的に，企業はSPEの事業活動の便益の大半を獲得するための意思決定の権限を保有し，又は「自動操縦」の仕組みを設定することによって企業はこの意思決定の権限を委託している。

③ 実質的に，企業はSPEの便益の大半を獲得する権利をもつゆえにSPEの事業活動に伴うリスクにさらされている。
④ 実質的に，企業はSPEの事業活動からの便益を得るために，SPE又はその資産に関連した残存価額又は所有者リスクの大半を負っている。

IAS第39号の当初の消滅の認識の基準は，その後改訂されており，連結の範囲に関する規定も2011年に大幅に改訂されていますが，これらについては，「6 IFRSの動向」で触れることにします。

5 金融負債の消滅の認識

❶ 金融負債の消滅の認識

金融負債の消滅の認識要件について，会計基準の第10項では，次のように定めています。

> 金融負債の契約上の義務を履行したとき，義務が消滅したとき又は第一次債務者の地位から免責されたときは，当該金融負債の消滅を認識しなければならない。

金融負債の消滅の認識については，金融負債の契約上の義務を履行したときや，契約上の義務が消滅したときの扱いは容易です。会計処理が問題となるのは，なんらかの義務が残るようなケースです。このもっとも具体的なケースがデット・アサンプションとよばれる取引です。デット・アサンプションの典型的な仕組みは図2-9に示されています。

デット・アサンプションとは，企業が有する外貨債務の元利支払いについて，銀行等との間で債務履行引受契約を締結し，企業が有する外貨建債務を銀行等が引き受けるのと同時に，企業は銀行等に対して見返りの円債務を一時に履行し，原債務の履行を免れる取引をいいます。

第2章　金融商品の範囲と認識

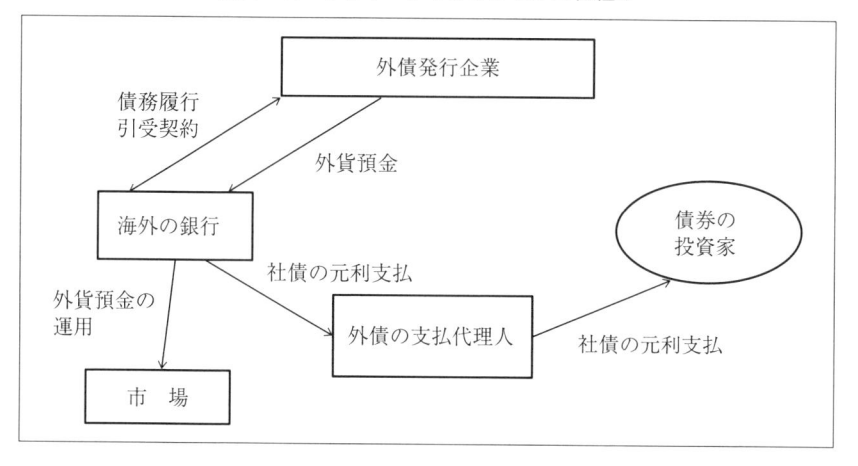

図2-9　デット・アサンプションの仕組み

```
                    外債発行企業
         ┌──────────→┌──────────┐
債務履行  │           └──────────┘
引受契約  │              │  外貨預金
         │              ↓
    ┌─────────┐                        ┌──────┐
    │海外の銀行│   社債の元利支払       │債券の│
    └─────────┘──────→┌──────────┐    │投資家│
         │              │外債の支払│───→└──────┘
外貨預金の│              │代理人    │ 社債の元利支払
運用      │              └──────────┘
         ↓
    ┌─────────┐
    │  市　場 │
    └─────────┘
```

　わが国の外貨建会計処理基準では，かつて長期の外貨建金銭債権債務は取得時又は発生時レートで換算されることになっていました。例えば1ドル144円のときにドル建て社債を発行し，これがその後1ドル120円になったとしても，これにかかわる為替差益部分は，短期外貨建金銭債務に該当する1年以内になった時点（この時点で期末時レートで換算される）まで認識されなかったわけです。

　デット・アサンプションという手法は，現金を預託する等の方法によって，この社債を貸借対照表から除去し，このような為替差益を確保・認識する方法として，その当時登場してきました。デット・アサンプションの実質は，第4章で述べる通貨スワップ取引（外貨と円貨の交換取引）に類似している点がありました。

　1987年7月に日本公認会計士協会から公表された会計制度委員会研究報告第3号「通貨スワップの会計処理」では，通貨スワップの会計処理について，原債務（例えば，外貨建ての社債）がスワップ債務に実質的に振り替わるという考え方が採用されていました。この場合，デット・アサンプションをスワップの類似取引とみると，スワップ債務の対価（外貨）はすでにすべて支払われてしまっているため，その時点で，原債務の社債も消滅するという考え方になりま

87

す。すなわち、この研究報告第3号では、原債務はオフバランス化され、円貨による決済額と元本の帳簿価額との差額は、為替差益等として利益に計上されることになります。また、デット・アサンプション後の原債務は、契約先の銀行が履行しなかった場合、社債発行企業に支払の責任があることになりますので、偶発債務として財務諸表に注記をすることになっていました。

この取引は外貨建ての長期金銭債権債務である社債を前提にしていますが、それ以外に、円建ての社債や繰上償還のできない長期借入金等についても、類似した取引が実務では出てきました。

米国の会計基準では、1983年11月に公表されたFASB基準書第76号「負債の消滅」で、①債務を貸借対照表から取り除くことができる要件として、当初の預託資産が信託されていること、②信託される資産は貨幣性の資産で、元利の支払いにリスクがまったくないこと（例えば国債）、が要求されていました。しかし、「金融資産の消滅の認識」のところで述べたFASB基準書第125号では、これを変更し、原債務者としての法的責任を免れる場合のみその認識が終了する、すなわち貸借対照表から取り除くことができる、と規定されています。

国際会計基準でも、E48号の段階では、リスクと経済価値が実質的に移転するという要件によって金融負債の消滅の認識がされることとされていましたが、IAS第39号では、「義務からの免除、義務の取消、義務の失効の場合」について金融負債を貸借対照表から除外するとされており、FASB基準書第125号の規定と同じような考え方がとられていました。

つまり、金融資産の消滅の認識において、資産の支配の移転が定められているわけですが、負債の支配の移転（むしろ負債の負担といったほうがよいかもしれません）の場合には原債務者（第一次的な債務者）の地位を外れる、ということが要求されるようになったものと考えられます。

わが国の金融商品の会計基準でも、この点について「第一次債務者の地位から免責されたとき」に金融負債の消滅を認識するとしており、FASB基準書第125号やIAS第39号と同様な考え方がとられていました。

もっとも、第三者が第一次債務を引き受けた場合（債務引受）で、その第三

者が倒産した場合には，原債務者が二次的に保証人の立場で責任を負う場合も考えられます。実務指針では，このような場合でも，金融負債の消滅を認識する一方で，原債務者は二次的な責任を時価評価し，新たな金融負債として認識するものとしています。この二次的な責任の時価評価が入手できない場合には，当該取引から利益が生じない金額又はゼロとして計算するものとしています。また，ゼロとした場合には，当該二次的な責任を保証債務として取り扱うものとしています。なお，二次的責任に係る金融負債の計上価額は，前受保証料に準じて各期の損益に合理的に配分するものとされています。

ただし，デット・アサンプションについては，会計基準（1999年）の前文（現行基準では第42項）で，次のような経過措置が定められました。

> デット・アサンプションは，我が国では社債の買入償還を行うための実務手続きが煩雑であることから，法的には債務が存在している状態のまま，社債の買入償還と同等の財務上の効果を得るための手法として広く利用されている。したがって，改めて，オフバランスした債務の履行を求められることもあり得るが，このような手続上の実情を考慮し，取消不能の信託契約等により，社債の元利金の支払いに充てることのみを目的として，当該元利金の金額が保全される資産を預け入れた場合等，社債の発行者に対し遡及請求が行われる可能性が極めて低い場合に限り，当該社債の消滅を認識することを認めることとする。

このような経過措置の内容は，先に述べたFASB基準書第76号と同様な規定です。つまり，預け入れる資産の種類については，ある程度の制約が加えられると考えられますが，基本的にデット・アサンプションをオフバランス化することは引き続き認められたということになります。この経過措置は，社債の買入償還の実務的な手続きが煩雑であるという事情も考慮されたものでした。しかし，どのような資産を預け入れたら社債の消滅を認識できるか等については，実務指針に委ねられました。

実務指針では，デット・アサンプションに係る消滅の認識要件は，取消不能，かつ社債の元利の支払いに当てることを目的とした他益信託等を設定し，当該

元利金が保全される高い信用格付けの資産（例えば，償還日がおおむね同一の国債又は優良格付けの公社債）を拠出することであるとしています。また，この場合，社債の発行体又はデット・アサンプションの受託機関に倒産の事実が発生しても，当該発行体の当該社債権者以外の債権者等が，信託した金融資産に対していかなる権利も有しないことが必要であるとされています。なお，デット・アサンプションの受託機関が倒産した場合には，発行体に支払債務が生ずることもあり得ますから，偶発債務としての注記は必要になります。

❷ 金融資産と金融負債の相殺

金融資産と金融負債の相殺は，本来は，金融資産と金融負債の消滅の認識の問題ではありませんが，一定の要件を満たした場合についてだけ，総額表示の原則の例外を認めるべきかどうかという問題があります。実務指針の第140項では，金融資産と金融負債は貸借対照表において総額で表示することを原則とするが，以下のすべての要件を満たす場合には相殺して表示できるとされています。

① 同一の相手先に対する金銭債権と金銭債務であること
② 相殺が法的に有効で，企業が相殺する能力を有すること
③ 企業が相殺して決済する意思を有すること

同一相手先とのデリバティブ取引の時価評価による金融資産と金融負債については，法的に有効なマスター・ネッティング契約（一つの契約について債務不履行等の一括清算事由が生じた場合に，契約の対象となるすべての取引について，単一通貨の純額で決済することとする契約）を有する場合には，その適用範囲で相殺可能とする。また，「相殺して表示できる」とされているように，企業の選択に委ねられているため，相殺表示に関する方針は，毎期継続して適用するものとされています。

金融資産と金融負債は総額で貸借対照表に表示することが原則ですが，同一相手先と多数の取引があり，契約ごとの金銭債権と金銭債務を総額で表示すると，いたずらに総資産及び総負債が大きく表示されることとなる場合があるた

め，3要件をすべて満たした場合に，相殺表示を認めることとされたものです。この3要件の内容については，実務指針の「結論の背景」で，次のような解説があります。

① 相殺が法的に有効で，会社が相殺する能力を有することとは，当事者の債務不履行等がない場合であっても，金銭債権の相殺によって，会社の有する金銭債務の一部又は全部を決済することが法律上問題ないことを指す。
② 会社が相殺して決済する意思を有することとは，実際に金銭債務の決済時に，金銭債権と相殺して純額決済する意思を有することを指す。

このような考え方は当時のIAS第32号においても，次の二つの要件を満たしている場合には，相殺した純額で貸借対照表に計上されなければならないとされていたことも参考としたと考えられます。ただし，実務指針とIAS第32号では，「相殺して表示できる」と「純額で計上しなければならない」の違いがみられます。これは，当時の米国のFASB解釈指針（FIN）第39号（1992年）が，相殺を認めるという規定となっていたことの影響と考えられます。

① 認識された金額を相殺する法的に強制力のある権利を有しており，かつ
② 純額で決済するか，資産の回収と債務の決済を同時に実行するかの意図を有している。

また，実務指針の「結論の背景」では，デリバティブ取引の時価評価による金融資産と金融負債については，債権・債務として確定しておらず，相手先の債務不履行等がない限り相殺して決済する意思がない場合であっても，法的に有効なマスターネッティング契約を有する場合には，その適用範囲で相殺可能としたとされています。これに対してIAS第32号では，現時点で相殺する権利を有することが求められており，わが国の金融資産と金融負債の相殺の要件よりも，厳しい基準となっています。この部分も，やはり米国基準とIFRSの間の差異となっています。

6 IFRSの動向

❶ IAS第39号による金融資産の認識の中止

すでに3❸(4)で述べたように,IASBは,2003年12月に,IAS第39号の金融資産の認識の中止に関する規定の改訂を行っています。この結果,わが国の会計基準で参考とした考え方とは異なるものとなっているため,以下でその解説をすることにします。このIAS第39号の認識の中止の規定は,図2－10に示されていますが,支配の移転の前に,リスクと経済価値の移転の判定を行う点に特徴があります。

以下では,このフローチャートをもとに,主としてわが国の基準との相違について説明をしていきます。

① 子会社であるかの判断

最初のステップの記述から明らかなように,まず,すべての子会社を連結することからスタートします。この場合に子会社に該当するかどうかは,4❷(2)で述べたIAS第27号やSIC第12号により判定されます。わが国の会計基準やFASB基準書にみられた適格SPEのように,一定の要件を満たした事業体が最初から連結されないで判定がスタートする規定はありません。

② 認識の中止の適用対象の決定

認識の中止の検討は金融資産の全体に対して行われるのが原則ですが,次のいずれかに該当する場合には,譲渡の対象となった一部について認識の中止の検討が行われます。

　　a．その部分が,ある金融資産(又は類似した金融資産のグループ全体)からの具体的に特定されたキャッシュ・フローのみ(例えば,元本部分のみ,利息部分のみ等)で構成されている。

　　b．その部分が,ある金融資産(又は類似した金融資産のグループ全体)からのキャッシュ・フローの完全に比例的な持分のみ(例えば,全キャッシュ・フ

第2章 金融商品の範囲と認識

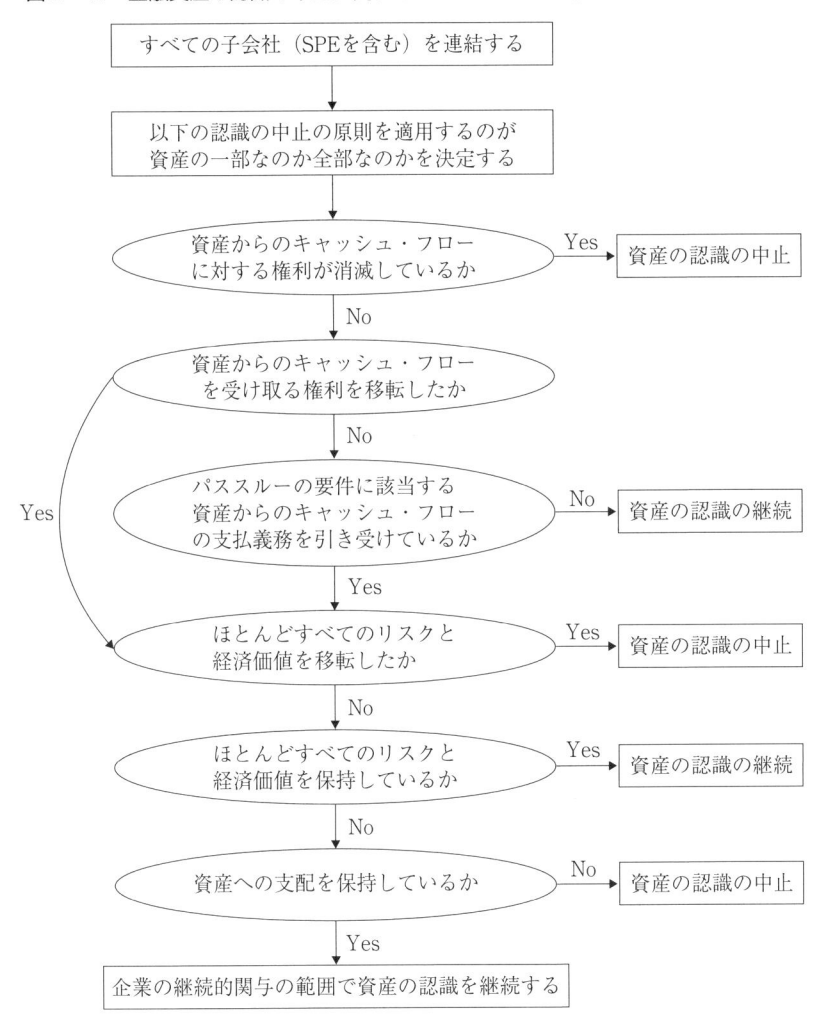

図2-10 金融資産の認識の中止に関するフローチャート（IAS第39号AG36項）

```
          ┌─────────────────────────────────┐
          │ すべての子会社（SPEを含む）を連結する │
          └─────────────────────────────────┘
                          │
          ┌─────────────────────────────────┐
          │ 以下の認識の中止の原則を適用するのが │
          │ 資産の一部なのか全部なのかを決定する │
          └─────────────────────────────────┘
                          │
              ╱資産からのキャッシュ・フロー╲  Yes   ┌─────────────┐
             （ に対する権利が消滅しているか ）─────▶│資産の認識の中止│
              ╲                          ╱       └─────────────┘
                          │ No
              ╱資産からのキャッシュ・フロー╲
             （ を受け取る権利を移転したか  ）
              ╲                          ╱
                          │ No
              ╱パスルーの要件に該当する  ╲  No    ┌─────────────┐
             （ 資産からのキャッシュ・フロー）─────▶│資産の認識の継続│
              ╲の支払義務を引き受けているか╱       └─────────────┘
                          │ Yes
   Yes    ╱ほとんどすべてのリスクと╲  Yes   ┌─────────────┐
         （ 経済価値を移転したか    ）─────▶│資産の認識の中止│
          ╲                        ╱       └─────────────┘
                          │ No
          ╱ほとんどすべてのリスクと╲  Yes   ┌─────────────┐
         （ 経済価値を保持しているか ）─────▶│資産の認識の継続│
          ╲                        ╱       └─────────────┘
                          │ No
          ╱資産への支配を保持しているか╲  No    ┌─────────────┐
         （                          ）─────▶│資産の認識の中止│
          ╲                          ╱       └─────────────┘
                          │ Yes
          ┌─────────────────────────────────┐
          │企業の継続的関与の範囲で資産の認識を継続する│
          └─────────────────────────────────┘
```

　　ローの90%）で構成されている。
　c．その部分が，ある金融資産（又は類似した金融資産のグループ全体）からの具体的に特定された完全に比例的な持分のみ（例えば，金利部分の90%）で構成されている。

93

3❹(3)で述べたように，わが国の債権流動化では優先劣後構造が多く用いられます。ところが，この場合には，上のa．からc．までのいずれにも該当しません。優先劣後構造では，特定のキャッシュ・フローでもキャッシュ・フローの完全に比例的な持分が譲渡されることにならないからです。

③　譲渡と認められる要件

　わが国や米国の会計基準と異なり，あまり法的保全（あるいは倒産隔離）という要件は前面に出ていません。企業は，次のいずれかの場合には（かつ，その場合にのみ），金融資産又はその一部分を譲渡しているとされています。

　a．金融資産のキャッシュ・フローを受け取る契約上の権利を譲渡する場合（フローチャートでの「受け取る権利の移転」）

　b．金融資産のキャッシュ・フローを受け取る契約上の権利を保持しているが，パススルー要件を満たし，当該キャッシュ・フローを支払う契約上の義務を引き受けている場合（フローチャートでの「パススルー要件に該当」）

④　パススルー要件

　企業が，ある金融資産（「原資産」）のキャッシュ・フローを受け取る契約上の権利を保持しているが，一つ以上の企業（最終受取人）に当該キャッシュ・フローを支払う契約上の義務を引き受けている場合，次の三つの条件のすべてに該当するときは（かつ，そのときにのみ），当該企業はその取引を金融資産の譲渡として扱うとされており，これがパススルー要件とよばれます。

　a．企業が原資産からの対応金額を回収しない限り，最終受取人への支払義務がないこと

　b．譲渡契約により，原資産の売却あるいは担保差入（最終受取人にキャッシュ・フローを支払う義務に関する担保としての差入れは除く）が禁止されていること

　c．最終受取人に代わって回収したキャッシュ・フローを，重要な遅滞なしに送金する義務を有していること

　このパススルーの考え方は，譲渡や法的な保全を伴わないため，わが国の会計基準とは異なる考え方になります。

⑤ リスクと経済価値の移転

　譲渡する場合，当該金融資産の所有に係るリスクと経済価値をどの程度保持しているかを，次のようにして評価しなければならないとされています。

　　a．企業が，当該金融資産の所有に係るリスクと経済価値のほとんどすべてを移転している場合には，当該金融資産の認識の中止を行い，当該譲渡において創出又は保持された権利及び義務をすべて資産又は負債として別個に認識します。

　　b．企業が，当該金融資産の所有に係るリスクと経済価値のほとんどすべてを保持している場合には，当該金融資産の認識を継続します。

　わが国の会計基準では，手形の割引は手形の売却（譲渡）として会計処理されています。しかし，手形が不渡りとなった場合は，割引依頼人（手形譲渡人）は遡及義務を履行することになります。つまり，信用リスクは手形譲渡人に留保されているため，IAS第39号では，リスクと経済価値のほとんどすべてを保持しており，金融資産の認識が継続されることになります。

⑥ 支配の保持

　企業が，当該金融資産の所有に係るリスクと経済価値のほとんどすべてを移転したわけでも，ほとんどすべてを保持しているわけでもない場合には，当該金融資産に対する支配を保持しているかどうかを，判定しなければなりません。この場合に，

　(i) 企業が支配を保持していない場合には，企業は当該金融資産の認識の中止を行い，当該譲渡において創出又は保持された権利及び義務をすべて資産又は負債として別個に認識します。

　(ii) 企業が支配を保持している場合には，当該金融資産に対して継続的関与を有している範囲において，当該金融資産の認識を継続しなければなりません。

　ここでいう継続的関与にあたるものとしては，譲渡資産に対する保証，譲渡資産に対する買建て又は売建てのオプションといったものが挙げられています。

このIAS第39号の認識中止に関する規定は，IASBと米国FASBの間のいわゆるMOUプロジェクトの一つとして再検討が進められた時期もありました。ただし，その後IASBとFASBの間でのMOUプロジェクト全体の優先順位の見直しにより，2010年6月に，認識中止の会計処理の米国基準とのコンバージェンス（ここまでで説明したように，両者には差異がありました）を当面進めないことが決定されました。上で説明したIAS第39号の金融資産の認識の中止の規定は，2010年10月に，IFRS第9号に移行され，2014年7月に公表されたIFRS第9号「金融商品」でもそのまま有効とされています。

❷　金融資産と金融負債の相殺

　5❷で述べたように，金融資産と金融負債の相殺の要件については，米国基準とIAS第32号で相違がありました。日本基準の規定も，米国基準と類似しています。この差異については，FASBとIASBの間で共通の相殺モデルの作成が検討されましたが，合意に達せずに，2011年12月にIASBはIAS第32号の適用指針の改訂のみを行いました。IAS第32号では，相殺のためには「企業が法的に強制可能な相殺の権利を現在有していなければならない」としています。この2011年の改訂では，相殺権は，将来の事象を条件としていない，かつ，通常の営業の過程，相手方の不履行の発生，相手方の倒産又は破産の発生のすべての状況において法的強制力のあるという用語の意味を明確にしています。

　また，米国基準とは依然として差異が残存するため，マスター・ネッティング契約の対象であるデリバティブ等について，米国基準との比較可能性を確保するための，開示規定の追加が行われました。

❸　連結ルールの改訂

(1)　IFRS第10号

　2011年5月に，IASBは，IFRS第10号「連結財務諸表」を公表しました。このIFRS第10号は，IAS第27号「連結及び個別財務諸表」の連結の部分とSIC解釈指針第12号「連結－特別目的事業体」を差し替えるものでした。IAS第27

号は支配概念に基づくルールであり、SIC第12号は、リスク・経済価値に基づくルールと捉えられていましたが、IFRS第10号は、これらに対して単一の支配モデルを提供するものとされています。

IFRS第10号では、支配は、パワー（power）、リターンの変動性に対するエクスポージャー、パワーとリターンのリンクの三つの要素で構成されるとしています。この結果、以下の要件を満たす場合に、相手先（被投資企業）を支配していることになります。

① 被投資企業への関与から生ずるリターンの変動性にさらされている（又は変動するリターンに対する権利を有する）こと
② 被投資企業に対するパワーを通じてそのようなリターンに影響を与える能力を有していること

IFRS第10号では、企業が、すべての事実及び状況を分析し、支配の有無に関する判断（実質判断）を行うことが求められています。この分析の流れは、次のようなものとなっています。

① 被投資企業の識別
② 被投資企業の関連する活動（変動リターンに重要な影響を与える活動）を識別
③ 関連する活動についての決定がどのように行われているかを識別
④ 投資企業がそれらの活動に対するパワーを有するかを評価
⑤ 投資企業がリターンの変動にさらされているかを評価
⑥ パワーとリターンのリンクを判断

このような判断の流れで注意すべき点に、次のようなものがあります。

a．投資企業と他の当事者が有する実体的な権利のみ（権利が行使可能、行使する実際の能力）を考慮する。
b．事実上のパワー（活動を指示する実際の能力）を識別する（IAS第27号では、法律や契約のみ）。
c．パワーとリターンのリンクを考慮する（代理人関係の場合は入らない）。

本章で扱っている流動化のためのSPEは、SIC第12号の適用面からみると、

議決権以外の権利がパワーの有無と関係するように設計されていると考えられます（議決権があれば支配として連結対象となります）。これを，事実上のパワーまで広げた判断を求めているため，通常は，支配している事業体の範囲はこの基準により広がったものと考えられます。

(2) IFRS第12号

なお，IFRS第10号と同時にIFRS第12号「他の企業への関与の開示」が公表されています。IFRS第12号では，非連結のストラクチャード・エンティティ（structured entity）についての開示規定が設けられています。ここで，ストラクチャード・エンティティとは，誰が企業を支配しているのかの決定に際して，議決権又は類似の権利が決定的な要因とならないように設計された企業（例えば，あらゆる議決権が管理業務のみに関係しており，その関連性のある活動が契約上の取決めによって指図される場合など）をいうとされています。この典型例として，証券化ビークル（つまり，証券化・流動化のための特別目的事業体），資産担保証券の発行体，一部の投資ファンドが挙げられています。

この新しい基準では，財務諸表の利用者が，①非連結のストラクチャード・エンティティへの関与の内容及び程度の理解，②非連結のストラクチャード・エンティティへの関与に関連したリスクの内容及び変動の評価ができるような情報の開示を求めています。なお，前に説明したSIC第12号では，特別目的事業体を限定されたかつ十分に明確化された目的を達成するために創設された事業体としていました。このストラクチャード・エンティティでは，「議決権又は類似の権利が決定的要因とならない。」という部分が付け加わっているため，やや定義が異なっています。

具体的なリスクの内容としては，次のような事項の要約を表形式（原則）で開示することが要求されています。

　a．非連結の組成された企業の関与に関して財務諸表に認識した資産及び負債の帳簿価額

　b．当該資産及び負債が認識されている財政状態計算書（わが国では貸借対照

表のこと）の表示科目
c．非連結の組成された企業への関与から生ずる損失に対する企業の最大エクスポージャーをもっともよく表す金額
d．非連結の組成された企業の関与に関係する資産及び負債の帳簿価額と，当該企業からの損失に対する企業の最大エクスポージャーとの比較
e．財政的支援又は他の支援を実施した場合の，支援の種類及び金額，支援を提供した理由

第3章
金融資産と金融負債の評価

1 金融資産の時価評価導入まで

❶ 時価評価導入の理由

　有価証券を中心とした金融資産の時価評価の導入は，1999年1月に公表された「金融商品に係る会計基準の設定に関する意見書」(2006年に企業会計基準第10号「金融商品に関する基準」に書換え）により，2000年4月1日以降開始する事業年度から適用が開始されました。それから，すでに15年以上が経過し，金融資産の時価評価は，会計実務では，ごく当たり前のものになっています。この意見書の作成のための検討作業を開始した頃は，わが国の制度会計では，有価証券の評価は原価法と低価法のいずれかであり，時価評価はあり得ないといった見方を示す実務家も多かったわけですが，国際的な動向や受入れのための国内の制度の整備があり，導入が決定されました。

　この1999年の意見書では，「金融資産については，一般的には，市場が存在すること等により客観的な価額として時価を把握できるとともに，当該価額により換金・決済等を行うことが可能である。」という前提にたっています。その前提にたって，このような金融資産について時価評価を求める理由を次のように述べていました。

　① 金融資産の多様化，価格変動リスクの増大，取引の国際化等の状況の下で，投資家が自己責任に基づいて投資判断を行うためには，金融資産の時

価評価を導入して，企業の財務活動の実態を財務諸表に適切に反映することが必要であること。
② 金融資産に係る取引の実態を反映させる会計処理は，企業の側においても，取引内容の十分な把握とリスク管理の徹底及び財務活動の成果の的確な把握のために必要であること。
③ わが国企業の国際的な事業活動の進展，国際市場での資金調達及び海外投資家のわが国証券市場での投資の活発化という状況の下で，財務諸表の企業情報は国際的視野からの同質性や比較可能性を求められていること。
④ デリバティブ取引等の金融取引の国際的レベルでの活性化を促すためにも，金融商品に係るわが国の会計基準の国際的調和が重要な課題となっていること。

この意見書では，1990年から行われてきた上場有価証券と上場先物・オプションの時価情報の開示のように，金融資産の時価情報の開示は単なる注記によって満足されるものではなく，それをそのまま企業の財務認識として財務諸表に適切に反映することが必要である，という考え方にたっていました。ただし，金融資産の属性及び保有目的に鑑み，実質的に価格変動リスクを認める必要がない場合や，企業が直ちに売買・換金を行うことに事業遂行上の制約がある場合が考えられるとしています。このため，保有目的等をまったく考慮せずに時価評価を行うという考え方をとらず，時価評価を基本としつつ保有目的に応じた処理方法を定める，という考え方がとられました。

その当時の国際的な動向をみると，金融商品に対する時価評価の導入については，1997年3月に公表された国際会計基準委員会（IASC）のディスカッション・ペーパー「金融資産及び金融負債の会計処理」の中でも詳しく述べられています。このディスカッション・ペーパーでは，発達した金融市場がある場合には，次のようなことが満たされているはずであると想定しています。
① 事実上すべての金融商品取引が同じリスクに対する現在の市場価格を参考に価格づけされている。
② 企業が公正価値の変化を利用するために市場にアクセスすることができ

る。
　③　信頼のできる公正価値が大多数の金融商品に対して容易に決定できる。

このディスカッション・ペーパーでは，その当時の金融商品はこの段階まで到達しているものと考え，時価評価の考え方を展開していました。このディスカッション・ペーパーでは，公正価値による測定の長所として，次のようなものを挙げていました。

① 金融資産又は金融負債の公正価値は，その他の測定に基づくよりも，将来のキャッシュ・フローの予測のために，より優れた基礎を表している（予測可能性）。

② すべての金融資産及び金融負債の公正価値は，同じ市場で決定された期待将来キャッシュ・フローの現在価値を反映しているため，いかなる時点においても十分に比較可能である（比較可能性）（また，これに関連して，公正価値による測定は，原価に基づく簿価と公正価値の差を認識するか，あるいは認識を避けるために特定の商品を売却・保有するかどうかを決定することによって金融資産の報告金額を操作する余地を与えない，ということも挙げられていました）。

③ 例えば，金利及び為替のリスクポジションのような財務的な価格リスクのエクスポージャーは，企業の経営者によって継続的にモニターされており，状況が変化すれば，経営者のリスク許容度と将来の状況に関する種々の見方に応じてポジションが限度内で保たれ，調整されている。このようなことは，外部投資家への報告にも同様に適切である（積極的な財務リスク管理との整合性）。

また，ディスカッション・ペーパーでは，公正価値による測定への批判として，次のようなものがあると述べていました。

① 公正価値が大きく変動しやすく，つまり，ボラティリティが問題になる。

② 公正価値による測定は，金融資産を財務報告の時点で売却したり，あるいは金融負債を決済したような仮定の数値を報告している。

③ 公正価値による測定システムを実施することは，原価主義会計を継続するよりもコストがかかる。

また，ディスカッション・ペーパーでは，これまで採用されてきた取得原価に基づく測定についての長所も，次のように述べていました。
① 企業が行った実際の取引，発生した実際のコストを反映している。
② 金融商品の取得原価は，ほとんどの場合，十分に客観的検証可能な金額であり，事実に基づくものである。
③ 取得原価によるほうが価値及び収益がスムーズで，予測可能なものになる点。
④ 取得原価によるほうが，財務諸表のほとんどの作成者と利用者がその内容について精通している。

　ここに述べたような公正価値による測定への批判や，取得原価による測定の長所は，しばしば議論されたところでしたが，1999年公表のわが国の金融商品の会計基準では，国際的な調和化を進める観点から，時価評価を広く求める会計基準が作成されました。

❷ 商法との関係

　金融商品の会計基準が適用される以前は，わが国では，原価法による評価を原則とし，取引所の相場のある有価証券（子会社株式を除く）については低価法（個別銘柄の低価法）の適用を認めていました。また，原価法を採用した場合であっても，時価や実質価額の著しい下落のある場合には，評価減が必要とされていました。この当時は商法（現在では，「会社法」）の計算規定の中に，資産の評価の規定があり，この部分について商法の計算規定と企業会計原則の規定も整合していました。

　金融商品を時価評価するという問題は，それまでは，しばしばこの商法の評価規定との関係が議論されてきた問題でした。例えば，1989年5月に当時の企業会計審議会から公表された「先物・オプション取引等の会計基準に関する意見書等について」においても，先物取引について，値洗基準（現在でいう，デリバティブの時価評価）を導入することについて，「値洗基準により認識される先物損益は，当該先物取引が決済されるまでは未確定なものであり，したがって，

これを商法上の配当可能利益及び税務上の課税所得に算入することの可否については、商法及び税法との関連問題として、なお検討する必要がある。」とされており、最終的に、先物取引を時価評価するという考え方は採用されませんでした。

また、1997年4月1日以降は、銀行業及び証券業を営む企業については、トレーディング目的の取引について時価評価を導入することになりました。この時価評価の導入は、銀行法及び証券取引法という特別法で商法の計算規定の例外を手当をするという考え方によっており、直接商法の規定を修正するという考え方はとられてはいませんでした。

しかし、1997年6月に企業会計審議会から公表された「金融商品に係る会計処理基準に関する論点整理」では、「金融商品については、時価の変動を財務諸表において認識することによって、財務活動の実態をより的確に反映した情報を投資家に提供することが必要である。」という基本的考え方にたって、「金融商品についての時価評価導入のあり方を検討する。」とされていました。さらに、この論点整理の中では、「金融商品の時価評価は、時価の変動を適時に認識して、拡大し多様化した金融取引の状況を企業の業績に適正に反映させようとするものであり、有用な投資情報の提供という立場からは適切な会計処理方法であると考えられる。このような会計処理方法を導入する場合には、現行の商法計算規定との間に不一致が生ずることから、商法との調整を行うことが必要になると考えられる。」とされました。

このような提言に応えて、1997年7月から、法務省と大蔵省（当時）が共同で「商法と企業会計の調整に関する研究会」を開催し、この問題についての検討が進められました。この研究会の成果は、1998年6月に「商法と企業会計の調整に関する研究会報告書」として公表されました。この報告書の中では、時価評価の必要性、時価評価を行う会社の範囲、時価評価の対象となる範囲、及び時価評価差額と配当規制といった問題が取り上げられています。

第1に、時価評価の必要性については、「（時価評価）の必要性は単に企業会計上の要請に止まるものではない。例えば、評価損益が企業の収益力や負債の

返済能力に影響することも考えられ，」とされており，「時価の変動を適時に顕在化させていくことは，商法における債権者保護の観点からも重要な要請ではないかと考えられる。したがって，商法においても金融商品の時価評価が導入されることが望ましいと考えられる。」とされていました。

　第2に，金融商品の時価評価を行う会社の範囲については，情報提供機能という側面においては，証券取引法上の会計目的も商法の会計目的も共通するという認識にたち，「基本的には，すべての会社に同一の評価基準が採用されることが望ましいと考えられる。」とされていました。

　ただし，利害関係者が限定されている非公開会社や，金融商品の取引や保有が少なく，時価評価を行ってもその評価損益の重要性が乏しい会社もあるのではないか，という問題点も指摘しています。その結果，「投資家保護の観点から，より統一的な会計処理が求められる公開会社については，会計基準に則った時価評価を強制することが必要と考えられる。したがって，証券取引法（現在の「金融商品取引法」）上の開示において時価評価が強制された公開会社については，商法に時価評価を行う会社の範囲についての明文規定をおかない場合にも，公正な会計慣行が斟酌されることにより商法上も時価評価を行うこととなると解することが適当である。反面，中小企業等に対しては，時価評価を行わないことが直ちに違法とならないよう，実務に配慮した検討が進められる必要がある。」とされていました。

　第3に，時価評価の対象とする金融商品については，「具体的には，企業会計審議会において会計基準として明確化することが適当である。」としており，「現行の商法の計算規定においては，流動資産，金銭債権及び有価証券（株式，債券）について評価規定がおかれており，これらについて時価評価に関する規定をおく必要があるのではないかと考えられる。」とされています。ただし，デリバティブについては，「デリバティブの属性を一義的に定めることはなかなか困難な問題である。」という指摘もしていました。

　第4に，時価評価差額と配当規制については，「金融商品の時価評価差額については，損益計算に含める場合と貸借対照表の資本の部（現在では，「純資産

第3章 金融資産と金融負債の評価

の部」)に何らかの項目をもって直接掲記する場合があり，これらについてはさらに検討が必要である。」としています。配当規制についての考え方で指摘されている意見には，次のようなものがありました。

① 商法の債権者保護の役割の観点からは，評価益をすべて配当可能利益とするには問題があるとの考え方がある。

② 時価評価の対象となる資産が換金性の高い流動資産等であって，企業の期間業績ととらえるべき評価損益の範囲内で時価評価が行われるならば，商法上，当該評価損益についても配当規制を行わないという考え方もある。

③ ②以外の資産の評価益は配当可能利益に含まれないものとする，という商法上の配当規制を商法上直接定めない制度の下で敷くことは立法技術上困難である，という意見がある。

④ 銀行及び証券会社にトレーディング勘定の時価評価が導入された際には，評価損益をネットして評価益がある場合にはこれを配当規制とする考え方がとられている。

この研究会の報告書を受け，1998年7月に法務省民事局参事官室から出された「親子会社法制等に関する問題点」の中で，資産評価に関する問題点が挙げられています。この内容は表3－1に示されています。

表3－1 親子会社法制等に関する問題点

第二編 資産の評価に関する問題点
(時価評価の必要性)
1 一定の資産について，時価による評価を認めるべきであるとの意見があるが，どうか。
　(注)1 「一定の資産」の範囲については，株式，社債その他の債券等が考えられるが，なお検討する。
　　　2 一定の資産については時価による評価を認める旨の規定を設けた場合，どのような場合に時価による評価をしなければならないかは，公正な会計慣行を斟酌して判断される(商法第32条第2項)。
(配当可能限度額との関係)
2 時価による評価による評価益から評価損を控除した額は，配当可能限度額(商法

第290条第1項)の計算上,純資産額から控除すべきであるとの意見があるが,どうか。
(注) 評価益から評価損を控除した額の具体的な取扱い(配当可能限度額の計算上,純資産額から直接控除する,評価益から評価損を控除した額を積み立てるための新たな法定準備金を創設する,資本準備金として積み立てる等)については,なお検討する。

また,続いて1999年2月に出された「商法等の一部を改正する法律案要綱」においても,資産評価の問題が取り上げられています。この内容は表3－2に示されています。

表3－2　商法等の一部を改正する法律案要綱

三　資産の評価
1　金銭債権の評価
　㈠　債権金額より高い代金で買い入れた場合の評価
　　　金銭債権を債権金額より高い代金で買い入れたときは,相当の増額をすることができる。
　㈡　時価評価
　　　第二百八十五条ノ四第一項の規定にかかわらず,市場価格のある金銭債権については,時価を付するものとすることができる。
2　社債等の評価
　㈠　市場価格のある社債等の評価
　　　第二百八十五条ノ二第一項ただし書及び第二項の規定並びに1の(二)は市場価格のある社債について,第二百八十五条ノ四第二項の規定は市場価格のない社債について準用する。
　㈡　国債等の評価
　　　第二百八十五条ノ五第一項の規定並びに㈠は,国債,地方債その他の債券について準用する。
3　株式の評価
　㈠　市場価格のある株式の評価
　　　第二百八十五条ノ二第一項ただし書の規定は市場価格のある株式について,同条第二項の規定及び1の㈡は市場価格のある株式であって子会社の株式以外のものについて準用する。

> (二) 市場価格のない株式の評価
>   市場価格のない株式については，その発行会社の資産状態が著しく悪化したときは，相当の減額をすることを要する。
> **4 利益配当等の制限**
> (一) 利益配当の制限
>   利益の配当は，貸借対照表上の純資産額から第二百九十条第一項各号の金額，及び1の(二)等により資産につき時価を付するものとした場合においてこれにつき付した時価の総額がその取得価額の総額を超えるときは，時価を付したことにより増加した貸借対照表上の純資産額を控除した金額を限度としてすることができる。
> (二) 中間配当の制限
>   第二百九十三条ノ五第一項の金銭の分配についても，(一)と同様の制限を設ける。

　この「商法等の一部を改正する法律」は，平成11年（1999年）8月に成立し，公布されました。当時の商法の計算規定の中に資産の評価規定が含まれていたことを前提にすると，この改正の要点は，次のようなものであり，金融資産の時価評価を会計基準で導入できる裏づけとなりました。
① 計算に関する規定の中では，それ以前の「取引所の相場ある」という表現に代えて，より範囲の広い「市場価格のある」という表現に改めたこと。
② 市場価格のある金銭債権（デリバティブは金銭債権としてとらえられる），社債（国債，地方債等を含む）及び株式の評価については，時価評価を採用できるとしたこと。
③ 金銭債権を債権金額より高い代金で買い入れた場合の規定を設けたこと。
④ 時価評価を行った場合であっても，配当可能利益の計算上は，債権者等を保護するために，貸借対照表の純資産額から，時価を付したことにより増加した貸借対照表上の純資産額を控除すべきとしたこと。

　これらの資産の評価に関する規定は，平成12年（2000年）4月1日から施行することとされました。これは，金融商品の会計基準が，2000年4月1日以後開始する事業年度から適用されることと，施行時期を合わせたものでした。
　なお，企業会計原則の貸借対照表原則の中でも，有価証券の評価や債券の評

価に関する規定がおかれていました。金融商品の会計基準の公表により，金融商品の会計基準の規定と，企業会計原則の規定との関係も問題となります。これについては，金融商品の会計基準の前文「11本意見書の位置づけ」の中で，「資産の評価基準については企業会計原則に定めがあるが，金融商品に関しては，原則として，本基準が優先して適用される」ものとされました。1999年の会計基準は，2006年に企業会計基準委員会により書換えが行われ，企業会計基準第10号「金融商品に関する会計基準」となりました。

2　有価証券の評価

❶　保有目的による評価基準

　金融商品の会計基準では，有価証券について，保有目的による評価基準という考え方がとられています。

　表3-3は，1993年5月に公表されたFASB基準書第115号，1998年12月に確定した国際会計基準IAS第39号と，わが国の金融商品の会計基準の考え方を比較したものです。

　米国のFASBは，各金融商品別の会計基準を作成していくアプローチをとっていたため，これで一つの基準書になっています。一方，国際会計基準は，金融資産及び金融負債について，包括的な会計基準を定めるというアプローチによっているため，「満期保有金融資産」とか「トレーディング目的金融資産」というように，「有価証券」とは表現がやや広いかたちで会計基準の規定がつくられました。

　わが国の金融商品の会計基準は，包括的な会計基準でありながら，有価証券について個別に定めるアプローチをとっており，これらの中間的な規定方法になっているといえます。

表3-3 有価証券の評価基準の比較

FASB基準書第115号	IAS第39号	金融商品の会計基準
1．満期保有目的負債証券―償却原価法 2．トレーディング目的有価証券―公正価値（変動は当期の損益） 3．売却可能有価証券―公正価値（変動は資本の部）	1．満期保有金融資産―償却原価法 2．トレーディング目的金融資産―公正価値（変動は当期の損益） 3．売却可能投資―公正価値（変動は当期の損益又は資本の部） 4．公正価値が測定不可能な金融資産―満期の有無により原価法又は償却原価法	1．売買目的有価証券―時価（変動は当期の損益） 2．満期保有目的債券―償却原価法 3．その他有価証券―時価（変動は資本の部又は，評価損は当期の損益で評価益は資本の部） 4．子会社株式又は関連会社株式―原価法 5．市場価格のない有価証券―債券は償却原価法，その他は原価法 6．運用目的の金銭の信託―構成物に付すべき評価額（変動は当期の損益）

　それぞれの会計基準の内容は非常によく似ています。ただし，その他有価証券は，FASBや国際会計基準では売却可能有価証券に該当すると考えられますが，これについての評価損を当期の損益で処理する方法を認めている点や，運用目的の金銭の信託については，当時わが国で利用が盛んであった特有な金融商品であるところから特別に規定をおいた，といった点に違いがみられます。

　このような保有目的による評価基準は，「意思に基づく会計処理」ともよばれます。つまり，その性質に基づくものではなく，それを保有するか処分するかに関する経営者の計画に基づいて評価を行うという考え方です。このような経営者の意思に基づく会計処理は恣意性の介入や比較可能性を損なうという批判もあり，これまでの金融商品の会計基準の制定においてもかなり議論があったアプローチです。

　例えば，国際会計基準の公開草案E40号やE48号はこの考え方をとっていました。最終的に「保有目的による」という評価基準が問題とされ，E40号もE48号も廃案というかたちになりました。国際会計基準では，最終的には，暫

定基準という位置づけで金融商品の会計基準を定めているため，この考え方が採用されることになりましたが，これに対する批判もその後も根強く残存していくことになりました。

FASB基準書第115号の制定においても，これについてはかなり議論があったものと考えられます。つまり，「所有目的という主観的な判断に基づく会計処理は益出し取引が行える可能性の排除という問題を解決しない」という批判がありました。その理由から，FASB基準書作成時に，投票権を有するボードメンバー7名のうち2名が反対意見であったとされています。この反対意見を述べた2名の意見では，「基準書が対象としているすべての有価証券を公正価値で評価し，その未実現損益を当期利益に含めることによってしか，こういった問題は解決できない」と述べられていました。

❷ 有価証券の時価

会計基準の第6項と注解2では，「時価をもって貸借対照表価額とする」とした場合の時価について，次のように規定しています。

6　時価とは公正な評価額をいい，市場（注2）において形成されている取引価格，気配又は指標その他の相場（以下「市場価格」という。）に基づく価額をいう。市場価格がない場合には合理的に算定された価額を公正な評価額とする。
（注2）　市場について
　市場には，公設の取引所及びこれに類する市場のほか，随時，売買・換金等を行うことができる取引システム等も含まれる。

実務指針では，さらに，「時価」とは，公正な評価額であり，取引を実行するために必要な知識をもつ自発的な独立第三者の当事者が取引を行うと想定した場合の取引価額であるとしています。このように，金融資産に付すべき時価には，当該金融資産が市場で取引され，そこで成立している価格がある場合の「市場価格に基づく価額」と，当該金融資産に市場価格がない場合の「合理的に算定された価額」とがあります。

a．市場価格に基づく価額

　金融資産が市場で取引され，そこで成立している価格があれば，原則として当該金融資産には時価として「市場価格に基づく価額」を付さなければなりません（ただし，取引所もしくは店頭において取引されているが実際の売買事例が極めて少ない金融資産又は市場価格が存在しない金融資産は，除きます）。ここで「市場価格に基づく価額」とは，売買が行われている市場において金融資産の売却により入手できる現金の額又は取得のために支払う現金の額をいい，具体的には，以下の金融資産について公表されている取引価格を市場価格とするとされています。

① 　取引所に上場されている金融資産
② 　店頭において取引されている金融資産
③ 　上記①又は②に準じて随時，売買・換金等が可能なシステムにより取引されている金融資産

b．合理的に算定された価額

　金融資産に市場価格がない場合，市場価格に準ずるものとして「合理的に算定された価額」が得られれば，それをもって当該金融資産に付すべき時価します。市場価格がない場合又は市場価格を時価とみなさない場合，時価は，基本的に，経営陣の合理的な見積りに基づく合理的に算定された価額によることになります。ここで「合理的に算定された価額」とは，以下のような方法で算定された価額をいいます。

① 　取引所等から公表されている類似の金融資産の市場価格に，利子率，満期日，信用リスク及びその他の変動要因を調整する方法。この場合の調整数値等は，恣意性を排除した合理的なものでなければならない。
② 　対象金融資産から発生する将来キャッシュ・フローを割り引いて現在価値を算定する方法。この場合，変動要因等を織り込むことを考慮する。また，適用する割引率は，恣意性を排除した合理的なものでなければならない。
③ 　一般に広く普及している理論値モデル又はプライシング・モデル（例え

ば，ブラック・ショールズ・モデル，二項モデル等のオプション価格モデル）を使用する方法。この場合，会社が採用するモデル自体，及びモデルを用いて実際に算定する際のボラティリティ，利子率等の価格決定変数は，恣意性を排除した合理的なものでなければならない。

このように，金融商品会計では，高度な時価の算定が行われることになるのは想像ができます。したがって，財務諸表作成者である企業によっては，自己で計算するのは困難な場合も出てきます。

実務指針では，自社における合理的な見積りが困難な場合には，対象金融資産について上記①から③の方法に基づき算定された価格をブローカーから入手して，それを合理的に算定された価額とすることができるとしています。また，情報ベンダー（投資に関する情報を提供する業者の総称で，経済指標，市場情報，時価情報等の提供を行っています）がブローカーの平均価格や理論値等を算定して一般に提供している場合には，それを入手して合理的に算定された価額とすることができるとされています。なお，金融資産に付すべき合理的に算定された価額は毎期同様の方法により入手し，評価の精度を高める場合を除き，みだりにこれを変更してはならないとされています。

なお，第1章でも述べましたが，最近の国際的基準では時価の算定の際のインプットにより時価をレベル1，レベル2，レベル3の3つの階層に区分するようになっています。

❸ 売買目的有価証券

会計基準の第15項は，売買目的有価証券について，次のように定めています。

> 時価の変動により利益を得ることを目的として保有する有価証券（以下，「売買目的有価証券」という。）は，時価をもって貸借対照表価額とし，評価差額は当期の損益として処理する。

表3－4は，実務指針に含まれている設例から抜粋したものです。表と仕訳

をみれば，特に追加説明は不要と思われます。

表3－4　売買目的有価証券の会計処理

（前提条件）
　X社は以下の銘柄の上場株式を売買目的で保有しており，その取得原価及び時価は次のとおりである。

銘　　　柄	取得原価	期末時価
A　株　式	1,500	1,400
B　株　式	700	800
C　株　式	800	900
合　　　計	3,000	3,100

期末の会計処理
　（借）売買目的有価証券　　100　　　（貸）有価証券運用益　　100

　表3－3に示したように，米国のFASB基準書第115号やIAS第39号でも同様な規定がされています。FASB基準書第115号では，「短期売却目的で購入・保有される有価証券はトレーディング有価証券に分類されなければならない。トレーディングは，一般に活発かつ頻繁な購入と売却を表し，トレーディング目的有価証券は，一般に短期的な価額差から収益を得ることを目的として購入・保有される有価証券である」としていました。

　IAS第39号でも，「短期の価格変動又はディーラーとしてのマージンから利益を得ることを主たる目的として獲得又は発生させるもの」をトレーディングとよんでいました。さらに，金融資産が，取得の理由にかかわらず，短期の鞘取りが最近の実績パターンであることが明らかなポートフォリオの一部である場合には，トレーディング目的の保有として分類されなければならないものとしていました。

　その後，2005年のIAS第39号の改訂により，純損益を通じて公正価値で測定する金融資産又は金融負債とは，①売買目的保有か，②当初認識時において，純損益を通じて公正価値で測定するものとして企業が指定したもののいずれか

に該当する金融資産又は金融負債をいうとされ，次のいずれかである場合には売買目的保有に分類されるとされています。
  (i) 主として短期間に売却又は買戻しを行う目的で取得又は発生させたもの
  (ii) 当初認識時において，まとめて管理され，かつ，最近における実際の短期的な利益獲得のパターンの証拠がある識別されたポートフォリオの一部であるもの
  (iii) デリバティブ（金融保証契約又は指定された有効なヘッジ手段であるデリバティブを除く）

　会計基準では，時価の変動により利益を得ることを目的として保有する有価証券については，投資家にとって有用な情報及び企業にとっての財務活動の成果は有価証券の期末時点での時価に求められると考えています。このため，売買目的有価証券については時価をもって貸借対照表価額とすることとされたわけです。さらに，売買目的有価証券は，売却することについて，その企業の事業遂行上等の制約がないと認められることから，その評価差額は当期の損益として処理することとされています。

　1997年4月1日以降から，銀行業や証券業においては，トレーディング勘定についての時価評価がすでに導入されていました。このトレーディング勘定の時価評価は，銀行法や証券取引法では「特定取引」とよばれていました。例えば，銀行業の場合，トレーディングに含まれる範囲は次のようなものでした。
  ① 金利，通貨の価格，有価証券市場における相場その他の指標に係る短期的な変動，市場間の価額差等を利用して利益を得ること
  ② ①の目的で行う取引により生じ得る損失を減少させること（いわゆるヘッジ目的）を目的として自己の計算にて行う取引

　要するに，短期的な相場変動に着目した利益の獲得行為がトレーディング取引であり，この目的に沿ったデリバティブ取引や現行の商品有価証券取引等及びトレーディングポジションのヘッジのための有価証券取引が対象とされていました。このような金融業等の動きを前提とすれば，売買目的有価証券につい

て時価評価を行い，その評価差額を当期の損益として認識する考え方は当然の帰結といえました。ただ，売買目的有価証券がトレーディング勘定と同意義のものなのか，という点は必ずしも明らかになっていない面があり，実務指針等に委ねられていました。

　実務指針では，売買目的有価証券とは，短期間の価格変動により利益を得ることを目的として保有することをいい，通常は同一銘柄に対して相当程度の反復的な購入と売却が行われるものをいい，いわゆるトレーディング目的の有価証券を指すとされています。さらに，一般に，企業が保有する有価証券を売買目的有価証券として分類するためには，有価証券の売買を業としていることが定款の上から明らかであり，かつ，トレーディング業務を日常的に遂行し得る人材から構成された独立の専門部署（関係会社や信託を含む）によって売買目的有価証券が保管・運用されていることが望ましいとされています。このような要件を満たす売買目的有価証券の典型的な例としては，金融機関の特定取引勘定に属する有価証券，運用を目的とする証券投資信託受益証券，運用を目的とする金銭の信託の構成物たる有価証券が挙げられていますが，定款上の記載や明確な部署をもたずに有価証券の売買を頻繁に繰り返している場合には，売買目的有価証券に該当するとしています。

　売買目的有価証券への分類はその取得当初の意図に基づいて行われるものであり，通常取得後におけるその他有価証券への振替えは認められません。ただし，実務指針では，資金運用方針の変更又は法令もしくは基準等の改正もしくは適用に伴い，有価証券のトレーディング取引を行わないこととした場合には，すべての売買目的有価証券をその他有価証券に振り替えることができ，有価証券のトレーディング取引を開始することとした場合又は有価証券の売買を頻繁に繰り返したことが客観的に認められる場合には，逆にその他有価証券から売買目的有価証券への振替えを行わなければならないとしています。

❹ 満期保有目的の債券

(1) 償却原価法

　会計基準の第16項では，満期保有目的の債券について，次のように定めています。

> 　満期まで所有する意図をもって保有する社債その他の債券（以下「満期保有目的の債券」という。）は，取得原価をもって貸借対照表価額とする。ただし，債券を債券金額より低い価額又は高い価額で取得した場合において，取得価額と債券金額との差額の性格が金利の調整と認められるときは，償却原価法に基づいて算定された価額をもって貸借対照表価額としなければならない。

　この規定も，FASB基準書第115号やIAS第39号の規定と類似しています。会計基準で満期保有目的の債券について，このような会計処理を定めた理由としては，企業が満期まで保有することを目的としていると認められる社債その他の債券については，時価が算定できるものであっても，満期まで保有することによる約定利息及び元本の受取りを目的としており，満期までの間の金利変動による価格変動のリスクを認める必要がないことが挙げられています。このため，原則として，これらの債券については，償却原価法に基づいて算定された価額をもって貸借対照表価額とするとされています。

　金融商品の会計基準で求めている償却原価法については，注解5に，次のような定めがあります。

> 　償却原価法とは，金融資産又は金融負債を債権額又は債務額と異なる金額で計上した場合において，当該差額に相当する金額を弁済期又は償還期に至るまで毎期一定の方法で取得価額に加減する方法をいう。なお，この場合，当該加減額を受取利息又は支払利息に含めて処理する。

　この場合には，これらの加減額は受取利息に含めて処理されることになります。もともと企業会計原則の注解22にも，これと似た規定があります。すなわ

ち，「社債の貸借対照表価額について」というタイトルで，「所有する社債については，社債金額より低い価額又は高い価額で買い入れた場合には，当該価額をもって貸借対照表価額とすることができる。この場合においては，その差額に相当する金額を償還期に至るまで毎期一定の方法で逐次貸借対照表価額に加算し，又は貸借対照表価額から控除することができる。」とされています。

企業会計原則の規定と金融商品の会計基準の違いは，企業会計原則では「できる」とされており，金融商品の会計基準では「これが求められている」という点です。なお，債権の貸借対照表価額について企業会計原則の注解23に同様な規定があります。

会計基準では，償却原価法を適用する場合に生ずる差額部分について，「毎期一定の方法で貸借対照表価額に加減する。」といっています。表3－5は，償却原価法の計算設例を示したものです。それまでは，額面金額と取得価額の差額については定額法で償却をするという実務が多く行われていました。

表3－5 償却原価法の計算設例

【設例】 満期5年，額面1,000百万円の債券を950百万円で取得し，満期日まで保有する（クーポン金利5％）。

(単位：百万円)

年数	入金(出金)	定額法 利息	定額法 償却	定額法 債券帳簿価額	利息法 利息	利息法 債券帳簿価額
0	(950)			950		950
1	50	50	10	960	58.84	958.84
2	50	50	10	970	59.38	968.22
3	50	50	10	980	59.96	978.18
4	50	50	10	990	60.58	988.76
5	1,050	50	10	0	61.24	0

(注) 利息法を適用する場合の実質利率は，

$$50 \times \frac{1}{1+r} + 50 \times \frac{1}{(1+r)^2} + 50 \times \frac{1}{(1+r)^3} + 50 \times \frac{1}{(1+r)^4} + 1,050 \times \frac{1}{(1+r)^5} = 950$$

を満たすrとなり，利率rは6.193％となる。

表3-5は，満期5年，額面10億円の債券を9億5,000万円で取得し，これを満期まで保有するという設例です。表のうち，左側は定額法の計算例であり，右側は利息法による計算例です。債券の金利は毎年5,000万円（つまり，クーポン金利5％）ずつ入ってくるという想定になっています。

　定額法の場合は，額面と取得価額の差額の5,000万円を毎期1,000万円ずつ償却し，受取利息に加えていくことになります。

　利息法を適用する場合には，利息法を適用する利子率を求める必要があります。これは，将来の入金金額の現在価値が当初の投資額である9億5,000万円に等しくなるような利子率を求めます。表3-5の注に示されているように，この場合の利子率は6.193％となります。

　利息法を適用する場合，1年目は，債券の期首帳簿価額950に6.193％を乗じた58.84が利息として計上されます。1年目の入金額は50ですから，950＋58.84－50ということで，期末の債券の帳簿価額は958.84になります。2年目も同様に，期首の債券の帳簿価額958.84に6.193％を乗じ，利息金額59.38が算定されます。958.84＋59.38－50ということで，2年目の期末の債券の帳簿価額は968.22になります。そのほかの年度も同様な計算を行います。このように，利息法は，期首の帳簿価額に一定利率を掛けたものが収益として計上される方法になります。

　実務指針では，原則として利息法によるものとしていますが，継続適用を条件として，簡便法である定額法を採用することができるとしています。

　1994年1月に，日本公認会計士協会の会計制度委員会から，「リース取引の会計処理及び開示に関する実務指針」が公表されました（現在では，その内容のほとんどが，企業会計基準適用指針第16号「リース取引に関する会計基準の適用指針」（2007年）となっています）。この実務指針は，ファイナンス・リースを資産計上する場合の具体的な会計処理について定めていますが，この中で，支払リース料に含まれる利息相当額の各期への配分について，「利息相当額の総額をリース期間中の各期に配分する方法は原則として利息法による。」とされています。また，FASB基準書あるいはIAS第39号で償却原価法を適用する場合も，

この利息法を原則としています。設例でわかるように，定額法による場合と比べ，利息法の場合には計算が複雑になっています。また，設例をみると，受取利息の金額が，元本債権の増加により後半の期間に行くにつれて増加していくのがわかります。

なお，会計基準で，「取得価額と債券金額との差額の性格が金利の調整と認められるときは，償却原価法に基づいて」とされている点には注意を要します。実務指針でもこれを受けて，取得価額と債券金額との差額（「取得差額」）が発生する要因には，クーポンレートと取得時の市場利子率との調整に基づくものと債券の発行体の信用力の変動や減損及びその他の要因があるが，償却原価法の対象となるのは，取得差額が金利の調整部分（「金利調整差額」）により生じた場合に限定されるとしています。つまり，満期保有目的の債券に区分されるのは，信用リスクの高くない債券が対象ということになります。

(2) 満期保有目的の債券の要件

このように，満期保有目的の債券については，満期まで保有することを前提に価格リスクがない，したがって，時価が下がっても評価減を計上するということは強制評価減（減損）の適用を受ける場合を除いてはありません。したがって，「満期まで保有する目的」ということが一つのポイントになります。金融商品の会計基準の前文（現行会計基準では，第72項）では，これについて，「このような考え方を採用するにあたっては，満期時まで保有する目的であることを債券の取得時及び取得時以降に確認し得ることが必要であり，保有目的が変更された場合には，当該変更後の保有目的に係る評価基準により債券の帳簿価額を修正することが必要である。」としています。

これに対して，FASB基準書第115号やIAS第39号には，会計基準上でより厳格な規定がおかれていました。FASB基準書第115号では，満期まで保有する積極的な意思と能力を有する場合のみに限定されています。これは，売却する意思がないこととは異なります。また，「満期保有の判定には，過去の実績の考慮も必要である。」としています。これは，FASB基準書第115号が制定さ

れた経緯として，満期保有の債券については，含み益のあるものだけを売却する益出し取引や，含み益を表面化させないですむという処理は会計上問題であるという意識でつくられたという背景があります。

また，IAS第39号でも満期保有の考え方についての規定がされており，FASB基準書と同様に，「企業が満期まで保有する積極的な意思と能力を有する固定（又は決定可能な）支払いと固定満期の金融資産をいう。」としています。さらに，IAS第39号では，これに対する制限的な規定があります。例えば，当年度又は前２年間に満期保有金融資産の売却等を行っている場合には満期保有金融資産への分類は認められない（つまり，償却原価法は採用できない），という規定がおかれていました。

もちろん，この規定には例外もあります。例えば，満期近くになり，金利の変動が公正価値に影響を与えなくなってからの売却，約定どおりの支払いや期限前返済により元本の大部分を回収してしまってからの売却，企業のコントロール外で予期しなかった事象に基づく売却といったものが挙げられています。

わが国の実務指針では，「満期まで所有する意図をもって保有する」とは，企業が償還期限まで所有するという積極的な意志とその能力に基づいて保有することをいうとされ，結果的には米国基準やIASと同様な規定となっています。この満期まで保有する意図は取得時点において判断すべきものとされています。また，次のような場合は，満期保有に該当しないものとされています。

① 保有期間が漠然と長期と想定し保有期間をあらかじめ決めていない場合
② 市場金利や為替相場の変動等の将来の不確定要因の発生によっては売却が予測される場合
③ 満期までの資金計画からみて又は法律等の障害により継続的な保有が困難と判断される場合

また，実務指針では，債券を満期保有目的の債券に分類するためには，あらかじめ償還日が定められており，かつ，額面金額による償還が予定されていることを要するとしています。したがって，債券であっても，その属性から満期

保有目的の条件を満たさないものは、この区分に含めることはできないことになります。実務指針では、満期保有の条件を満たすかどうかについて、例示をしていますが、その概要をまとめると、表3-6のようになります。

表3-6　債券と満期保有要件

対象債券等	満期保有要件
償還株式	一定額で償還されるという債券との類似性に着目して、含まれる
転換社債型新株予約権付社債	満期前に株式に転換することが期待されているため、基本的には満期保有になじまない
満期の定めのない永久債	属性としては満期保有の条件を満たさない 発行者に償還する権利があり、実行される可能性が極めて高いと認められれば、満期保有の条件を満たす
発行者が期前償還する権利を有しているコーラブル債	満期到来前に償還される可能性があるとしても、満期保有の条件を損なわない
プッタブル債	保有者の権利として、償還権が付与されている場合は、満期保有の意思が否定される
仕組み債	株価リンク、為替リンク等のスキーム上リスクが元本に及ぶため、組込デリバティブ部分を区分処理しても、満期保有の条件を満たさない
ゼロ・クーポン債	満期保有の条件には抵触しない

(3) 満期保有目的の変更

「目的の変更」という規定が注解6におかれています。注解6では、「満期保有目的の債券の保有目的を変更した場合、当該債券は変更後の保有目的に係る評価基準に従って処理する。」とされています。これは、一般的には、売買目的の有価証券になるか、その他有価証券になるかのどちらかと考えられますが、いずれにしろ時価によって評価をし、帳簿価額との差額は損益に含めるか、あるいは純資産の部に計上されるかが、その保有目的によって行われることになります。

実務指針では、保有目的を売買目的有価証券又はその他有価証券に変更する

ときには，変更時の償却原価をもって振り替えるとしています。ここで，注意すべき点は，このような変更が他の満期保有目的の債券に及ぼす影響です。「実務指針では，満期保有目的の債券に分類された債券について，その一部を売買目的有価証券又はその他有価証券に振り替えたり又は償還期限前に売却を行った場合は，満期保有目的の債券に分類された残りのすべての債券について，保有目的の変更があったものとして他の保有目的区分に振り替えなければならないとしています。さらに，保有目的の変更を行った事業年度を含む2事業年度については，取得した債券を満期保有目的の債券に分類することはできないものとしています。(2)ですでに述べたように，このような趣旨の規定は，IAS第39号にも，みることができます。

ただし，実務指針では，以下の場合には，一部の満期保有目的の債券を他の保有目的区分に振り替えたり又は償還期限前に売却しても，残りの満期保有目的の債券を他の保有目的区分へ振り替える必要はないとしています。

① 債券の発行者の信用状態の著しい悪化
② 税法上の優遇措置の廃止
③ 重要な合併又は営業譲渡
④ 法令の改正又は規制の廃止
⑤ 監督官庁の指導
⑥ 自己資本比率等を算定する上で使用するリスクウェイトの変更
⑦ その他，予期できなかった売却又は保有目的の変更をせざるを得ない，保有者に起因しない事象の発生

ただ，この基準の中に書かれていない保有目的の変更もあり得ます。例えば，一つは売買目的有価証券から満期保有目的の債券に振り替える場合です。もう一つは，その他有価証券から満期保有目的の債券に振り替える場合です。

例えば，FASB基準書第115号では，売買目的有価証券から満期保有債券に振り替えた場合には，振替日の評価損益は振り戻さないものとしています。また，売却可能有価証券から満期保有債券に振り替えた場合には，振り替えた日現在の評価差額は資本の部（わが国では，「純資産の部」）に残し，それを満期日

までの残存期間で償却することになっています。

しかし，(2)で述べたように，実務指針では，この満期まで保有する意図は取得時点において判断すべきものとされています。したがって，いったん，他の保有目的で取得した債券について，その後保有目的を変更して満期保有目的の債券に振り替えることは認められないことになります。

❺ 子会社株式及び関連会社株式

金融商品の会計基準では，子会社株式及び関連会社株式は，取得原価をもって貸借対照表価額とするものとされています。

このような処理を規定した理由として，子会社株式については，事業投資と同じく，時価の変動を財務活動の成果とはとらえないという考え方に基づき，取得原価をもって貸借対照表価額とすることとした，とされています。

また，関連会社株式については，個別財務諸表において，それまでは子会社株式以外の株式と同じく，原価法又は低価法（原価と時価のいずれか低いほうで評価する方法）が評価基準として採用されてきました。しかし，関連会社株式は他企業への影響力の行使を目的として保有する株式であるため，子会社の株式等の場合と同じく，事実上の事業投資と同様の会計処理を行うことが適当であり，取得原価をもって貸借対照表価額とすることとした，とされています。

なお，連結財務諸表においては，子会社の純資産の実質価額がそのまま反映されることになりますし，関連会社株式については持分法により評価が行われることになります。

関連会社株式については，個別財務諸表でも持分法を適用すべきであるという考え方もあったものと思われます。ただし，持分法という評価方法は，個別財務諸表のレベルで考えると，子会社株式の評価についても本来適用されるべき方法という考え方が出てきます。そうすると，子会社株式と関連会社株式のすべてが親会社もしくは投資会社の持分相当額で評価されることになります。その結果は，実質的に連結財務諸表に示される連結利益の数字と同じことになります。わが国では，個別財務諸表と連結財務諸表が二つ併存する制度をとっ

ているため，関連会社株式について持分法を適用するという考え方がとられなかったものと考えられます。

❻　その他有価証券

(1)　その他有価証券の評価基準

会計基準の第18項では，その他有価証券の評価基準について，次のように定めています。

> 売買目的有価証券，満期保有目的の債券，子会社株式及び関連会社株式以外の有価証券（以下，「その他有価証券」という。）は，時価をもって貸借対照表価額とし，評価差額は洗い替え方式に基づき，次のいずれかの方法により処理する。
> (1) 評価差額の合計額を純資産の部に計上する。
> (2) 時価が取得原価を上回る銘柄に係る評価差額は純資産の部に計上し，時価が取得原価を下回る銘柄に係る評価差額は当期の損失として処理する。
> なお，純資産の部に計上されるその他有価証券の評価差額については，税効果会計を適用しなければならない。

基準の規定から明らかなように，その他有価証券に区分される有価証券にはさまざまなものがあります。例えば，業務上の関係を有する企業の株式には，相手方との関係で売却できないものもありますし，了解を得れば売却をすることができるものも含まれています。投資目的で保有しいずれ売却を予定している株式や，トレーディングほど短期的ではないが比較的中期の運用株式もあります。また，満期保有目的とまではいえないものの，長期保有目的の債券を保有している場合もあります。特に，わが国の企業の場合，企業間の持合株式の保有量が巨額の場合があり，また，その保有目的の明確さの程度もかなりの濃淡があるという問題があります。

金融商品の会計基準は，このような多様な保有目的があることを考慮して検討されたわけですが，その中では，個々の保有目的に応じてその性格づけをさらに細分化し，それぞれの会計処理を定めるという方法も考えられました。し

かし，有価証券の保有の多様な性格を考えると，保有目的別に保有目的等を識別・細分化する客観的な基準を設けることが困難であるとともに，保有目的等自体も多義的であり，かつ変遷していく面があるといった理由から，これらの有価証券を売買目的有価証券と子会社株式及び関連会社株式との中間的な性格を有するものとして一括してとらえることが適当であるという考え方がとられています。

　金融商品の会計基準では，その他有価証券についても，1❶に述べたような考え方に基づいて，時価をもって貸借対照表価額とすることとされました。ただし，売買目的有価証券の場合と異なり，その他有価証券は直ちに売却することを目的としているものではないという点を考慮し，その他有価証券に付すべき時価に市場における短期的な価格変動を反映させることは必ずしも求められないと考えられるため，期末前1か月の市場価格の平均に基づいて算定された価格をもって期末の時価とする方法を継続して適用することも認められることとなっています。このことは，会計基準の注解7に示されています。

　また，その他有価証券の時価変動により生じた評価差額の取扱いについては，その他有価証券の時価の変動は投資家にとって有用な投資情報であるが，その他有価証券については，事業遂行上の必要性から，直ちに売買・換金を行うことには制約を伴う要素もあり，評価差額を直ちに当期の損益として処理することは適当ではないという考え方がとられています。

　このような考え方から，金融商品の会計基準では，原則として，その他有価証券の評価差額を当期の損益として処理することなく，税効果を調整の上で，資本の部において他の剰余金と区分して記載する考え方を採用しました（税効果については，(3)で述べます）。評価差額については，毎期末の時価と取得原価との比較により算定することとされています。期中に売却をした場合には，その売却した有価証券の取得原価と売却価額との差額が売買損益として当期の損益に含まれることになります（つまり，売却分の評価差額については，資本の部から損益に振り替えられることになります）。

　このように，直接に資本の部に含めるという考え方は，これまでのわが国の

会計制度にはなかった考え方でした。わが国の会計制度では，資本の部に計上されるものは，株主の払込資本又は損益計算書を通じて計上された損益の二つの場合に限られていました。その意味では，その他有価証券の評価差額について求められている会計処理は，当時のわが国の会計制度の上では画期的な処理方法といえました。

　この評価差額の表示箇所については，会社法の施行（2006年）と併せて，企業会計基準第5号「貸借対照表の純資産の部の表示に関する会計基準」が公表（2005年12月）されて，純資産の部が設けられました。純資産の部は，株主資本と株主資本以外の各項目に区分され，その他有価証券評価差額金は株主資本以外の項目の「評価・換算差額等」に含められることとなりました。また，2010年6月に，企業会計基準第25号「包括利益の表示に関する会計基準」が公表され，連結財務諸表については，その他有価証券評価差額金は，「その他の包括利益」の内訳項目とされることになりました。次の表3－7は，個別貸借対照表と連結貸借対照表の純資産の部の表示を比較したものです。

　また，評価差額をすべて資本の部（現在では，純資産の部）に計上する方法に対して，もう一つ別の方法も定められました。この方法は，時価が取得原価を上回る銘柄の評価差額は純資産の部に計上し，時価が取得原価を下回る銘柄の評価差額は損益計算書に計上する，という方法です。つまり，評価損は損益計算書に計上し，評価益は直接純資産の部に計上する方法です。この方法は，それまでの企業会計上，保守主義の観点から，低価法に基づく銘柄別の評価差額の損益計算書への計上が認められてきたという点を配慮した方法でした。

　表3－8は，その他有価証券に関する評価差額の処理を説明するための設例です。ここで「第一法」といっているのは，合計額を純資産の部に直接計上する方法であり，「第二法」といっているのは，評価損は損益計算書に計上し，評価益は純資産の部に計上する方法です。

　取得原価，時価，評価損，評価益の金額は表に示されているとおりです。第一法の場合には，取得原価と時価の差額200が評価益になりますが，これが純資産の部に計上されます。第二法の場合には，評価損－700が損益計算書に計

第3章　金融資産と金融負債の評価

表3－7　個別貸借対照表と連結貸借対照表の純資産の部の表示

個別貸借対照表	連結貸借対照表
Ⅰ　株主資本	Ⅰ　株主資本
1　資本金	1　資本金
2　新株式申込証拠金	2　新株式申込証拠金
3　資本剰余金	3　資本剰余金
(1)　資本準備金	
(2)　その他資本剰余金	
4　利益剰余金	4　利益剰余金
(1)　利益準備金	
(2)　その他利益剰余金	
××積立金	
繰越利益剰余金	
5　自己株式	5　自己株式
6　自己株式申込証拠金	6　自己株式申込証拠金
株主資本合計	株主資本合計
Ⅱ　評価・換算差額等	Ⅱ　その他の包括利益累計額
1　その他有価証券評価差額金	1　その他有価証券評価差額金
2　繰延ヘッジ損益	2　繰延ヘッジ損益
3　土地再評価差額金	3　土地再評価差額金
	4　為替換算調整勘定
	5　退職給付に係る調整累計額
Ⅲ　新株予約権	Ⅲ　新株予約権
	Ⅳ　非支配株主持分
純　資　産　合　計	純　資　産　合　計

上され，評価益900が直接純資産の部に計上されます。損益計算書を経由した評価損700と，純資産の部に直接計上される900とのネットの金額は200になり，純資産の部に与える影響は第一法も第二法も同じことになります。

表3-8 評価差額の処理方法

(単位：百万円)

銘柄	取得原価	時価	評価損	評価益
A	1,000	500	－500	
B	500	800		300
C	800	1,000		200
D	2,000	1,800	－200	
E	1,200	1,600		400
合計	5,500	5,700	－700	900

第一法
　(借) 投資有価証券　　200　　(貸) その他有価証券評価差額金　　200

第二法
　(借) 投資有価証券評価損　　700　　(貸) その他有価証券評価差額金　　900
　　　 投資有価証券　　200

(注) いずれの方法も，翌年度期首に時価評価の洗替え処理を行う。

　実務指針では，この第一法を全部純資産直入法，第二法を部分純資産直入法とよんでおり，原則として，このうち，第一法を適用するが，継続適用を条件として第二法を適用することもできるとしています。また，株式，債券等の有価証券の種類ごとに両方法を区分して適用することもできるとされています。すでに述べたように，低価法に基づく銘柄別の評価差額の損益計算書への計上が認められてきたという点を配慮した方法であり，これは低価法による評価損が法人税法上も損金に算入されることも前提にしていました。しかし，平成12年（2000年）に税務上は低価法が廃止（その他有価証券は原価法によると）されたため，この方法を採用する実務的な利点はかなり減少してしまいました。

　なお，その他有価証券に区分されるものが債券の場合には，評価差額の算定において，どの価額と時価を比較するのかという問題もあります。実務指針では，取得価額と債券金額との差額が生じている債券については，金利調整差額

と認められる金額を対象としてまず償却原価法を適用（有価証券利息の修正）して，その上で，償却原価と時価との差額を評価差額として処理するとされています。

このように，その他有価証券の評価差額は，純資産の部の株主資本以外の項目に表示され，損益計算書には含まれません。その後に，その有価証券が売却された場合には，売却損益が損益計算書に計上されることになります。例えば，表3－8で，銘柄Bが翌年度にそのまま800百万円で売却されたとしますと，売却益の300百万円（800－500＝300）損益計算書に計上されます。このように実現後に純損益に振り替えることを，リサイクリングと呼びます。また，連結財務諸表では，連結包括利益計算書が作成されますが，この300百万円は税効果考慮後の金額でその他の包括利益から連結純損益に振り替えられ，この300百万円は組替調整額として注記されることになります。

(2) 米国基準と国際会計基準

会計基準と実務指針で取り入れられた会計処理の多くは，その当時の米国基準と国際会計基準の考え方を土台としています。そこで，これらの会計基準の概要を以下で確認しておきます。その他有価証券の会計処理の考え方は，表3－3に示したFASB基準書第115号や，IAS第39号の規定と類似しています。

米国においては，FASB基準書第115号が公表される前には，投資目的の債券の会計処理については，一般的に償却原価法が採用されていました。また，持分有価証券（例えば株式やワラント等）については，1975年12月に公表されたFASB基準書第12号「特定の市場性ある有価証券の会計」が適用されていました。FASB基準書第12号は，持分有価証券について，流動と非流動に分け，時価の合計と取得原価の合計を比較し，低価法を適用するというものでした。つまり，この基準書による処理では，評価損は計上されましたが，評価益が資本の部に表示されることはありませんでした。

FASB基準書第115号では，トレーディング目的有価証券と満期保有目的有価証券のいずれにも分類されない負債証券及び公正価値が容易に決定できる持

分証券は売却可能有価証券に分類され，公正価値によって評価するとされています。この結果生じた評価差額は当期利益に含めず，資本の部の独立項目として表示されることになっています（なお，米国基準では，資本の部一つで，純資産の部の中で株主資本とそれ以外区分するという考え方はありません）。このように，FASB基準書第115号でも，評価差額を資本の部に含めることとされています。この処理は，基準書作成の際に，負債の評価方法はそれ以前と変えずに，つまり，負債は原価評価をするということを前提に，負債証券と持分証券へ公正価値評価（時価評価）を導入したため，売却可能有価証券の評価差額を当期利益に含めると，対応する金融負債は公正価値評価されていないために，当期利益の変動幅が大きくなることが懸念されたことを受けて，当期利益には含めず，資本の部の独立項目としたものとされています。

　1998年12月に公表されたIAS第39号でも，売却可能金融資産については時価で評価することとされています。ただし，IAS第39号では，売却可能金融資産の評価差額については，時価の変動が生じた期間の損益として計上する方法と，資本の部に直接計上する方法（純資産の部の考え方がないのは米国基準と同じです。）の二つが示されていました。資本の部に計上する場合には，その金融資産の売却等によって実現した期に資本の部から損益に振り替えられることになっています。この場合の処理はFASB基準書第115号の処理と同じです。なお，IAS第39号の当期損益と資本の部に含めることの選択は，すべての売却可能金融資産について適用することになっていました。したがって，一部の金融資産について，つまみ食い的にこの方法を選択することは認められていませんでした。

　2005年に，IAS第39号が公正価値オプションの採用（これについては，第4章で説明します）に関する改訂を行った際に，上に述べた二つの方法のうち，売却可能金融資産の時価評価差額を期間損益に計上する方法は廃止されました。もっとも，公正価値オプションを採用すれば，損益に計上されることになります。

(3) 税効果会計

会計基準の第18項の最後の部分で、次のように定められています。

> なお、純資産の部に計上されるその他有価証券の評価差額については、税効果会計を適用しなければならない。

　税務上の取扱いでは、売買目的有価証券と売買目的外の有価証券に区分し、売買目的外有価証券のうち償還期限と償還金額が確定しているもの（通常は、債券が該当）は償却原価法を適用し、それ以外のもの（例えば、株式）については原価法を適用します。したがって、表3－8に示したように、評価益が生じている場合であっても、これは、通常、課税所得には含まれません。しかし、将来、この有価証券を売却すると、その売却時価と取得原価との差額には当然に課税されることになります。表3－8に示した設例は、実は税効果会計を考慮していないものです。つまり、評価益の生じているケースを考えると、将来いずれかの時点で、これらのその他有価証券を処分したときに発生するはずの支払税額が含まれない金額で純資産の部が表示されています。つまり、その税額分だけ純資産の部が過大表示されているということになるわけです。全部純資産直入法で評価損が生じているケースや、部分純資産直入法で評価損を損益計算書に計上した場合には、その逆になります。

　税効果会計については、1998年10月に企業会計審議会から「税効果会計に係る会計基準の設定に関する意見書」が公表されています。税効果会計に係る会計基準では、税効果会計の目的として、次のように述べています。

> 税効果会計は、企業会計上の収益又は費用と課税所得計算上の益金又は損金の認識時点の相違等により、企業会計上の資産又は負債の額と課税所得計算上の資産又は負債の額に相違がある場合において、法人税その他利益に関連する金額を課税標準とする税金（以下「法人税等」という。）の額を適切に期間配分することにより、法人税等を控除する前の当期純利益と法人税等を合理的に対応させることを目的とする手続である。

通常，企業が計上する税引前利益と課税所得の金額とは一致しません。その原因としては，例えば，減価償却費が税務上の損金算入限度額を超過していたり，引当金の繰入額が税法上の損金算入限度額を超えている場合等があります。ところが，これらの企業会計と税務との差のほとんどは，将来のいずれかの時点で解消される関係にあります。つまり，税金を先に払えば将来の期間の税金が軽減される，税金を最初に負担しなければ将来の期間にこれを負担する，という性格のものがほとんどです。これは観点を変えると，会計上の（財務諸表に計上された）資産負債と税務上の（課税所得の計算に用いられる）資産負債に差異があるということにもなります。このような性格のものを「一時差異」とよんでいます。

　税効果に係る会計基準では，一時差異の例を次のように例示しています。

---

① 収益又は費用の帰属年度が相違する場合
② 資産の評価替えにより生じた評価差額が直接資本の部に計上され，かつ，課税所得の計算に含まれていない場合

　ここで述べているその他有価証券の評価差額は，この②に該当します。つまり，評価差額として純資産の部に計上されている金額は一時差異に該当し，これに対しては繰延税金を計上する必要があります。

　繰延税金は，資産側に計上される場合と負債側に計上される場合があります。資産側に計上される場合は，将来，税金の軽減効果がある場合であり，負債側に出る場合は，将来，税金の支払負担がある場合を意味しています。資産に計上される場合は「繰延税金資産」とよばれ，負債に計上される場合は「繰延税金負債」とよばれます。これらの繰延税金資産又は繰延税金負債の金額は，回収又は支払いが行われると見込まれる期の税率に基づいて計算するものとされています。

　法人税等（法人税，住民税及び事業税を指します）の税率が次第に引き下げられてきましたが，このような場合には，すでに計上されている繰延税金資産と繰

延税金負債を新たな税率で計算し直し，その結果生ずる差額は損益計算書に計上するのが原則です。

評価差額と税効果会計の関係を示した設例が表3－9に示されています。この表は，事例の単純化のため，取得原価の合計は変わらないという前提でつくられています。

×0年度から×3年度までの時価合計の推移は，表3－9に示されているとおりです。取得原価合計と時価合計の差額として評価差額が計算されます。税率は，×0年度から×1年度までが40％，×2年度から×3年度までが35％という前提です。

表3－9　評価差額と税効果会計

（単位：百万円）

	×0年度	×1年度	×2年度	×3年度
取得原価合計	10,000	10,000	10,000	10,000
時価合計	10,000	12,000	13,000	15,000
評価差額（A）	0	2,000	3,000	5,000
税　　率（B）	40％	40％	35％	35％
繰延税金負債 （C＝A×B）	0	800	1,050	1,750
ネットの評価差額（A-C）	0	1,200	1,950	3,250

この評価差額は一時差異に該当します。しかも，将来税金の負担となる繰延税金負債が計上される項目です。繰延税金負債の金額は評価差額の金額に税率を乗じて計算されます。×1年度の場合には2,000に40％を乗じた800となっています。問題となるのは×2年度です。×2年度では，評価差額は2,000から3,000に増加します。しかし，税率が35％に下がっています。評価差額のうち1,000は×2年度中に発生したものですが，2,000の部分は前期から繰り越したものと考えられます。この2,000について，40％と35％の差額である5％を乗じた金額が100あります。

通常の税効果会計の考え方を適用すると，この100は損益計算書に計上する

ことになります。ところが，この評価差額の設例では，評価差額の全額を資本の部に計上する方法によっていることを前提にすると，損益計算書にはその他有価証券の評価にかかわる項目は何も表示されないわけです。ところが，税金の金額だけが損益計算書に100計上されることになり，損益計算書に計上される損益と税金が対応しないことになります。

　税効果会計に係る会計基準では，資産の評価替えにより生じた評価差額が直接資本の部（現行基準では，純資産の部）に計上される場合には，評価差額に係る繰延税金資産又は繰延税金負債を当該評価差額から控除して計上するものとしています。また，税率変更があった場合には，繰延税金の修正差額は評価差額に加減して処理することとされています。つまり，上で述べた税率変更による差額の100はそのまま純資産の部（その他有価証券評価差額金）に計上されることになり，損益計算書には含まないことになるわけです。

　第3年度は第2年度と税率が同じですので，これをそのまま乗じて1,750の繰延税金負債を計上します。純資産の部に計上されるネットの評価差額は，評価差額の金額から繰延税金負債に計上された金額を差し引いたものとなっています。この設例は評価益が生じている場合ですので，繰延税金負債が計上されますが，評価損がネットで計上されるような場合には，通常，繰延税金資産が計上されることになります。

　表3－9の例では，評価差額が益（プラス）で税効果は繰延税金負債が計上されています。これが逆に評価差額が損（マイナス）の場合には，税効果は繰延税金資産が計上されます。繰延税金資産は将来の税金の軽減効果を資産計上したものですが，毎期その回収可能性を検討する必要があります。本書では，詳述はしませんが，その企業の収益力に基づく課税所得の十分性いかんによっては，この繰延税金資産の一部又は全部が計上できない場合もあることに注意する必要があります。

❼　時価を把握することが極めて困難と認められる有価証券

　会計基準の第19項では，時価を把握することが極めて困難と認められる有価

証券について，次のように定めています。

> 　時価を把握することが極めて困難と認められる有価証券の貸借対照表価額は，それぞれ次の方法による。
> (1) 社債その他の債券の貸借対照表価額は，債権の貸借対照表価額に準ずる。
> (2) 社債その他の債券以外の有価証券は，取得原価をもって貸借対照表価額とする。

　当初の金融商品の会計基準では，「市場価格のない有価証券」とよばれていましたが，金融商品の時価情報の開示ルールを定めた際に，「時価を把握することが極めて困難と認められる有価証券」と変更されています。それまで，時価をもって貸借対照表価額とする有価証券のうち，市場価格のないものは，例外的な取扱いとして取得原価又は償却原価法に基づいて算定された価額をもって貸借対照表価額とすることとなっていました。しかし，金融商品の時価情報に関する開示の充実を定めた際に，当該開示の実効性を高めるために，時価が開示されないこととなる金融商品は，時価を把握することが極めて困難と認められるものに限定されました。これを受けて，評価の面で，時価をもって貸借対照表価額とする有価証券に関して，その例外的な取扱いは，時価を把握することが極めて困難と認められる有価証券に限定することとされました。

　ただし，金融商品の会計基準において，「市場」はかなり幅広く定義されていることに注意する必要があります。したがって，この「市場価格のない」の判定については注意をする必要があります。例えば，証券投資信託の受益証券で，基準価格が公表されていないものであっても，証券投資信託の運用する金融資産又は金融負債の時価に基づき取引されるものについては，市場価格のある有価証券に該当し，時価を把握することが極めて困難と認められる有価証券には該当しないとされています。

　なお，実務指針では，任意組合，匿名組合，パートナーシップ，リミテッド・パートナーシップ等への出資の会計処理についても定めています。これらは，出資証券ですから，一般的には，金融資産に該当します。

これらの出資については，原則として組合等の営業により獲得した損益の持分相当額を当期の損益として計上し，組合等の財産の持分相当額を出資金として計上します。ただし，任意組合，パートナーシップ（これらは，一般に無限責任です）に関し有限責任の特約がある場合にはその範囲で損益を認識するとされています。組合等の構成資産が金融資産に該当する場合には，金融商品の会計基準に従って評価を行い，上に述べた会計処理の基礎数値とすることとされています（このような，組合等の出資に対する会計処理の方法は，連結会計における持分法の会計処理と極めて類似しています）。また，組合の保有するその他有価証券評価差額金に対する持分相当額は，その他有価証券評価差額金に計上されることになります。

❽　金銭等の信託

(1)　信託の仕組みと会計処理

　最初に一般社団法人信託協会のホームページで紹介されている資料に基づいて，信託の仕組みを簡単に説明しておきます。

　信託とは，委託者が信託行為（例えば，信託契約，遺言）によってその信頼で

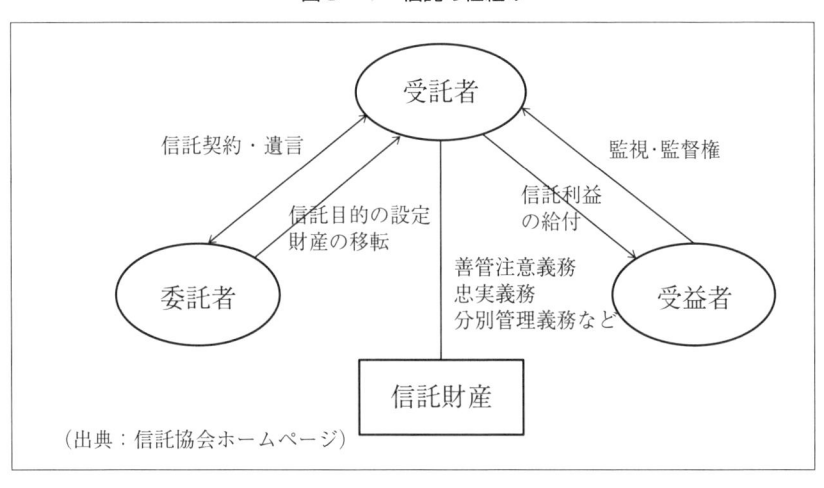

図3-1　信託の仕組み

（出典：信託協会ホームページ）

きる人（受託者）に対して，金銭や土地などの財産を移転し，受託者は委託者が設定した信託目的に従って受益者のためにその財産（信託財産）の管理・処分などをする制度です。信託の仕組みの概要は，図3－1に示されています。

a．信託目的とは，委託者が信託設定によって達成しようとする目標であり，受託者の行動の指針となるものです。信託目的はさまざまなかたちで設定することができますが，脱法行為を目的とする信託の禁止などいくつかの制限があります。

b．信託財産とは，受託者が信託目的に従って受益者のために管理・処分などをする財産です。信託設定時の信託財産は，委託者から受託者へ移転されます。委託者が受託者に信託することができる財産の種類には制限がありません。具体的には，例えば次のような財産があります。

・金銭
・有価証券（株式，国債など）
・金銭債権（貸付債権，リース・クレジット債権など）
・動産
・土地，建物
・知的財産権（特許権，著作権など）

c．委託者とは，財産を受託者に移転し，信託目的に従い受益者のために受託者にその財産（信託財産）の管理・処分などをさせる者をいいます。信託法では，委託者に，信託事務の処理の状況等に関する報告請求権や，受託者の辞任に対する同意権などを認めています。さらに，信託行為の定めによって，委託者に，違法な強制執行等に対する異議申立権や，受託者に対する損失てん補等請求権を認めることができます。

d．受益者とは，受託者から信託行為に基づいて信託利益の給付を受ける権利と，このような権利を確保するために受託者に対して帳簿閲覧請求や信託違反行為の差止請求などをする権利を有する者をいいます。受益者は，委託者と同一人である場合もあれば，別人である場合もあります。受益者は，現に存しない者でも構いません。このような受益者の利益を保護する

ために，信託管理人を選任することができます。信託期間中，原則として受益者を変更することはできませんが，信託行為の定めなどによって変更することはできます。

　2004（平成16）年の信託業法の改正により，信託の担い手の範囲が，信託兼営金融機関のほか，信託会社等にまで拡大されました。また，2006（平成18）年12月に信託法が改正され，2007（平成19）年9月に施行されています。改正された信託法では受託者の義務や受益者の権利行使に規定の整備や，信託の信託を多様なかたちで利用するというニーズに応えるため，新しい類型の信託（受益証券発行信託，限定責任信託，目的信託，目的信託）創設しています。

　信託を分類すると，表3-10のようになります。
　本章で扱っているのは，金融資産と金融負債の評価ですから，受益者として受益権を保有する企業の会計処理が，以下の説明の中心になります。通常の信託の仕組みでは，委託者はそのまま当初の受益者ということが多いと考えられます。また，この受益者が単数の場合と，複数の場合の双方があることが想定されます。また，表3-10の信託の分類からもわかるように，受託財産が金銭である金銭の信託と，金銭以外の信託に大きく分かれます。金銭の信託では，当初の拠出金がどのような資産等に変化しているかを会計処理するという問題であり，金銭以外の信託では，信託した財産が自己で保有している場合と異なるのかどうかが問題となるというように，会計処理の問題が異なることになります。また，信託が会社に準ずる事業体となる場合には，信託自体を連結子会社とすべきかどうかも問題となります。

　金融商品の会計基準では，運用目的の金銭の信託についてのみ規定しています。実務指針では，金銭の信託について，追加的な取扱いを定めていました。2006年の信託法改正を受けて，企業会計基準委員会から，2007年8月に実務対応報告第23号「信託の会計処理に関する実務上の取扱い」が公表されました。

第3章　金融資産と金融負債の評価

表3-10　信託の分類

　信託は，その目的，設定方法，受託財産の種類，信託終了時の信託財産の返還方法や運用方法等，様々な観点から分類することができます。
　まず，信託は，受託財産が金銭である金銭の信託と，金銭以外の信託（ものの信託）とに大別することができます。
　金銭の信託は，信託終了時に信託財産を金銭に換価して交付する金銭信託と，金銭に換価しないで交付する金銭信託以外の金銭の信託（金外信託）に分かれます。
　また，金銭の信託は運用指図の仕方，運用方法により分類することができます。運用指図の仕方による分類には，運用の目的物を具体的に特定する特定（特定金銭信託），運用の目的物の種類を大まかに指示する指定（指定金銭信託）があり，運用方法による分類には，信託された財産を合同して運用する合同運用と単独で運用する単独運用とがあります。
　金銭の信託の代表的なものとして，適格退職年金，厚生年金基金信託等の年金信託，社会全般の利益を目的とした公益信託，委託者が金銭の運用方法を受託者に対して個別具体的な指示を行う特定金銭信託（トッキン），個人投資家等から集めた資金をプールし，それをファンドとして専門家が投資家に代わって証券・金融市場に投資を行い，その利益を投資家が受け取る投資信託などがあります。
　金銭以外の信託の代表的なものとして，信託の引受けに際して信託財産として有価証券を受け入れる有価証券の信託，金銭債権を受け入れる金銭債権の信託などがあります。信託の種類をまとめると以下のようになります。

信託の分類

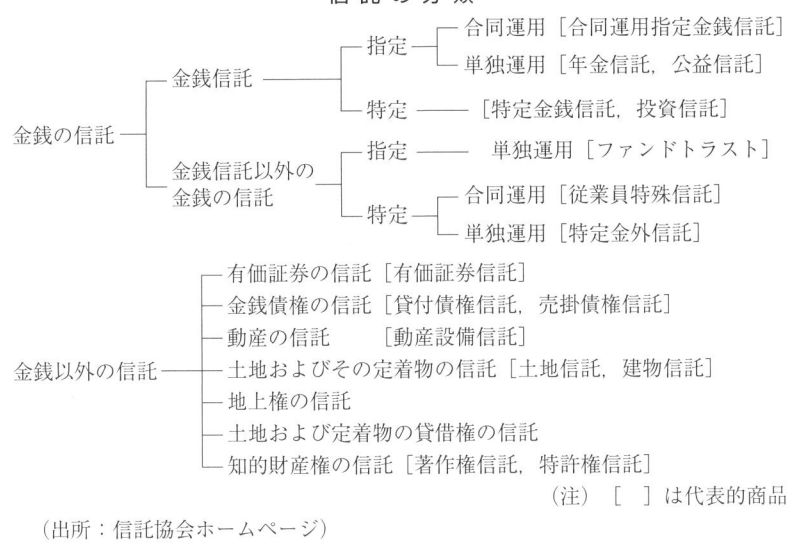

- 金銭の信託
  - 金銭信託
    - 指定
      - 合同運用［合同運用指定金銭信託］
      - 単独運用［年金信託，公益信託］
    - 特定 ──［特定金銭信託，投資信託］
  - 金銭信託以外の金銭の信託
    - 指定 ── 単独運用［ファンドトラスト］
    - 特定
      - 合同運用［従業員特殊信託］
      - 単独運用［特定金外信託］
- 金銭以外の信託
  - 有価証券の信託［有価証券信託］
  - 金銭債権の信託［貸付債権信託，売掛債権信託］
  - 動産の信託　［動産設備信託］
  - 土地およびその定着物の信託［土地信託，建物信託］
  - 地上権の信託
  - 土地および定着物の貸借権の信託
  - 知的財産権の信託［著作権信託，特許権信託］

（注）［　］は代表的商品

（出所：信託協会ホームページ）

(2) 金銭の信託と金融商品の会計基準

金融商品の会計基準では，運用を目的とする金銭の信託についての評価基準が特別に規定されています。これは，わが国において，過去の一時期に特定金銭信託やファンドトラストとよばれる運用商品が多かったことを反映したものです。

以下では，もっとも一般的な特定金銭信託の仕組みについて説明します。特定金銭信託は金銭の信託の一種です。特定金銭信託の仕組みは図3-2に示されています。

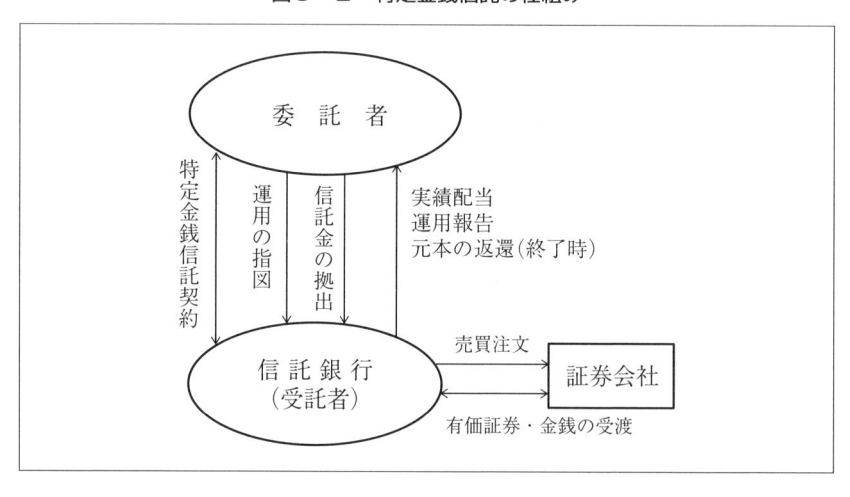

図3-2　特定金銭信託の仕組み

```
                    委　託　者
         ↑     ↓      ↑      │ 実績配当
  特定    運   信              運用報告
  金銭    用   託              元本の返還(終了時)
  信託    の   金
  契約    指   の
         図   拠
              出
         ↓     ↑      ↓
                                売買注文
              信　託　銀　行   ─────→   証券会社
              （受託者）      ←─────
                                有価証券・金銭の受渡
```

金銭の信託とは，信託銀行が委託者から金銭を信託財産として受け入れ，これを信託目的に従って運用し，生じた収益を受益者に配当し，信託終了の際は信託財産元本を受益者に金銭で交付するものです。金銭信託は，その運用方法により，指定金銭信託と特定金銭信託の二つに区分されます。指定金銭信託は，信託金の運用について，株式や貸付等の範囲を大まかに指定するものであり，特定金銭信託は，さらに銘柄や数量まで具体的に指示するものをいいます。

一般的に「特定金銭信託」とか「特金」とよばれている金融商品は，有価証券運用を主目的とする単独運用の特定金銭信託のことをいいます。この場合，

142

運用対象が有価証券とすれば，銘柄・数型・価額について委託者が指定し，受託者が元本の保証を行うことは禁じられています。つまり，いわゆる特定金銭信託は信託会社が信託財産を管理する点を除けば，委託者が直接に運用するのとまったく同じものであるといえます。

特定金銭信託の運用にあたっては，委託者である企業が自ら運用の判断を行う場合と，投資顧問会社が運用のアドバイスを行う場合があります。投資顧問会社が運用のアドバイスを行う場合には，図３－２の運用の指図は投資顧問会社から行われます。

特定金銭信託と類似する商品にファンドトラストがあります。ファンドトラストは有価証券運用を主目的とし，運用方法が委託者により指定された単独運用の金外信託です。特定金銭信託との違いは，ファンドトラストでは運用方法や範囲が概略的に示されるだけである点と，終了解約時に原状財産のまま交付される点にあります。

特定金銭信託やファンドトラストが企業に利用されることとなった理由として，「簿価分離」ということがあります。通常，有価証券は，企業が保有するすべての有価証券の簿価を通算して払出しの単価を計算することになりますが，信託財産の有価証券については，これを別々に計算することが可能である（つまり，信託財産以外の有価証券があっても，購入単価が通算されないため，その含み益が信託財産の売却益の計算には含まれません）という税法上の取扱いがあったためです。運用の指示をする結果，信託の構成物とよばれるものは，現物の有価証券や預金のみならず，デリバティブ等多岐にわたっている場合もありました。

特定金銭信託等の会計処理については，1988年１月に日本公認会計士協会から「特定金銭信託（金外信託を含む）及び指定金外信託の会計処理」が公表されました。この日本公認会計士協会の指針では，信託財産の貸借対照表価額として次の四つの方法を定めていました。

① 個別方式原価法
② 個別方式低価法
③ バスケット方式原価法

④ バスケット方式低価法

個別方式は，通常の有価証券の評価の場合と同じ方法であり，個別銘柄ごとに評価を行う方法です。これに対してバスケット方式は，1個の信託契約を構成する財産をまとめて1個の財産単位とみなして期末の評価を行う方法であり，ファンドの独立性を尊重した方法とされていました。

バスケット方式低価法の場合には，時価の総額と取得価額の総額を比較し，低いほうの数字で評価が行われます。例えば，取得原価合計が1,000で，時価合計が950の場合には低価法が適用され，50の評価損が計上されることになります。バスケット方式原価法を採用した場合であっても，時価が取得原価を著しく下回り，回復すると認められない場合には，個別方式原価法の場合と同様に評価減をすることが必要とされていました。これらの運用商品については，時価変動の影響を受けるものであったのにもかかわらず，金融商品の会計基準の設定当時，原価法が採用される場合が多かったこと，また，1991年から行われていた有価証券等の時価情報の開示においても，これらの運用商品に対する時価の開示は行われてこなかったといった開示ルールの問題もありました。

会計基準の第24項では，運用目的の金銭の信託について次のように定めています。

> 運用を目的とする金銭の信託（合同運用を除く。）は，当該信託財産の構成物である金融資産及び金融負債について，本基準により付されるべき評価額を合計した額をもって貸借対照表価額とし，評価差額は当期の損益として処理する。

また，注解8では，次のように定めています。

> 運用目的の信託財産の構成物である有価証券は，売買目的有価証券とみなしてその評価基準に従って処理する。

運用を目的とする金銭の信託については，企業が金銭の信託に係る信託財産を構成する金融資産及び金融負債を運用目的で間接的に保有しているものと考

えられます。このような場合，金銭の信託契約の満了時に当該金銭の信託に係る信託財産又はそれを時価により換金した現金により支払いを受ける場合，投資家・投資者及び企業双方にとって意義を有するのは信託財産の時価であると考えられます。

　このため，運用を目的とする金銭の信託の貸借対照表価額には，信託財産を構成する金融資産及び金融負債のうち時価が適切であるものについては，その時価を反映することが必要とされています。また，このような運用を目的とする金銭の信託に係る信託財産については，委託者の事業遂行上等の観点から売買・換金の制約がないことにより，信託財産を構成する金融資産及び金融負債については時価評価を行い，評価差額は当期の損益に反映させることになります。特定金銭信託又は指定金銭信託等については，一般に運用を目的とするものと考えられるので，有価証券の管理目的等，運用以外の目的であることが明確である場合を除き，運用を目的とする金銭の信託と推定されることになります。つまり，これらについては，時価評価が要求されます。

(3)　金銭の信託と実務指針

　実務指針においては，金銭の信託は，保有目的により運用目的，満期保有目的，その他に区分することができるとしており，運用目的に限定しているわけではありません。ただし，金銭の信託を満期保有目的に区分するためには，信託契約において，原則として受託者に財産の売却を禁止しており，かつ，信託期日と債券の償還期限が一致していることなどが明確である必要があるとしています。また，同様に，金銭の信託をその他有価証券に区分するためには，信託契約時における信託目的が，運用目的又は満期保有目的のいずれにも該当しないという積極的な証拠によって裏づけられ，かつ，信託構成物である有価証券の売買を頻繁に繰り返していないという事実に基づかなければならないとしています。

　金銭の信託の信託財産構成物は，実務指針に従って評価及び会計処理を行ったとした場合の評価額を付し，それらの合計額をもって信託契約に係る貸借対

照表価額とするとされています。運用を目的とする信託財産構成物である有価証券については，売買目的有価証券とみなして評価及び会計処理を行います。したがって，運用を目的とする信託財産構成物の評価差額は当期の損益として処理ことになります。

　なお，信託財産構成物の取得原価は，企業の保有する同一資産から簿価分離された取得原価に基づき，信託契約ごとに算出するとされています。これは，運用目的以外の目的は客観的に判断できることを求めており，信託財産構成物である有価証券と企業が直接保有する有価証券の保有目的の共通性は低いものと考えられたためとされています。また，金銭の信託の計算期間にかかわらず，原則として，企業の各事業年度に属する損益を，当該事業年度に計上しなければならないとされています。ただし，企業の期間損益を著しく歪めなければ，継続して信託の計算期間に基づき損益を計上することができるともされており，税務上の取扱いでは事業年度終了以前おおむね10日以内とされているのが許容範囲と考えられます。

　実務指針では，さらに，信託される金融資産は多様であり，金銭でも有価証券でもない金融資産（貸付金，保証金等）の信託受益権の評価方法を示す必要があり，その場合，信託を実体のある事業体として考える（これは，信託実体アプローチとよばれる場合もあります）のかと，信託財産構成物の直接保有を擬制する（これは，信託導管アプローチとよばれる場合もあります）のか，という二つの考え方が論点となったとしています。

　この論点の検討において，企業が自ら保有する金融資産を委託者兼受益者として信託した場合のように，信託受益者が単独の場合には，受益者が信託財産構成物を直接保有する場合と同様の評価方法によって受益権を評価することが適切であるとしています。また，受益者が複数であっても，受益権の性質が単一であれば，信託財産に対する持分に応じて信託財産構成物を直接保有する場合と同様の評価方法によって受益権を評価することが適切と考えられます。他方，受益者が多数の場合には，信託財産の部分的直接保有を擬制した評価が困

難なことも考えられます。このような場合には，信託を実体のある事業体とし，その持分に投資しているものとした評価を行うこととしたとされています。

　この結果，金融資産の信託受益権（金銭の信託及び有価証券の信託を除く）の保有者は，信託受益権を次のとおり評価するとしています。

① 　信託受益権が質的に単一の場合には，信託財産構成物を受益者が持分に応じて直接保有するのと同様の評価を行う。ただし，信託受益権の保有者が多数で，信託財産を持分に応じて直接保有するのと同様の評価を行うことが困難な場合には，②のように信託を実体のある事業体とした評価を行うことができる。

② 　信託受益権が優先劣後等のように質的に分割されており，信託受益権の保有者が複数である場合には，信託を一種の事業体とみなして，当該受益権を信託に対する金銭債権（貸付金等）の取得又は信託からの有価証券（債券，株式等）の購入とみなして取り扱う。ただし，企業が信託財産構成物である金融資産の委託者である場合で，かつ，信託財産構成物が委託者たる譲渡人にとって金融資産の消滅の認識要件を満たす場合には，譲渡人の保有する信託受益権（通常は劣後受益権と考えられます）は新たな金融資産ではなく，譲渡金融資産の残存部分として評価する（この残存部分の考え方については，すでに第2章の金融資産の消滅の認識のところで述べました）。

　なお，信託の連結の要否及び金融資産以外の信託財産（例えば，不動産）に係る信託受益権売却の委託者にとっての会計処理は，実務指針では対象外とされています。

(4) 実務対応報告第23号

a．個別財務諸表上の会計処理

　2006（平成18）年12月公布された信託法では，委託者が自ら受託者となる信託（いわゆる自己信託）などの新たな制度が導入されています。また，新信託法では，信託は財産の管理又は処分の制度であるというこれまでの特徴を残しつ

つ，受託者の義務や受益者の権利行使に関する規定の整備や，信託の多様な利用形態に対応するための整備がなされていました。これらに対応する会計処理を示す必要があるのではないかという意見が多かったため，企業会計基準委員会（ASBJ）では，それまでの信託の基本的な会計処理を整理するとともに，新信託法による新たな類型の信託等について必要と考えられる会計処理を明らかにするために，実務対応報告第23号「信託の会計処理に関する実務上の取扱い」を，2007年8月に公表しました。

　実務対応報告第23号は，Q&Aの形式で，信託の会計処理について記述していますが，金銭の信託と金銭以外の信託のそれぞれについて，委託者兼当初受益者が単数の場合と複数の場合とに区分して，会計処理を示しています。ここでの信託は，委託者が当初受益者となるもの（いわゆる自益信託）を前提としており，受益者の金銭拠出を伴う場合を除き，委託者以外の第三者が当初受益者となるもの（いわゆる他益信託）は対象としていないとされています。個別財務諸表での会計処理の内容を最初に要約しておくと，表3－11のようになります。

表3－11　実務対応報告第23号の会計処理の概要

信託財産	委託者兼当初受益者が単数	委託者兼当初受益者が複数
金銭の信託	会計基準・実務指針に基づき会計処理	有価証券又は有価証券に準じて会計処理
金銭以外の信託	① 信託財産を直接保有する場合と同様に会計処理（原則） ② 受益者が多数又は受益権が質的に異なるものに分割されている場合は，受益権を信託に対する有価証券の保有等とみなして会計処理	委託者兼当初受益者は，共同で現物出資により会社を設立する場合の移転元の企業の会計処理（事業分離会計基準第31項）

　金銭の信託のうち，委託者兼当初受益者が単数の場合には，(2)と(3)ですでに述べたように，それぞれの保有目的（運用，満期保有目的，その他）にしたがって信託財産である金融資産及び金融負債が評価されることになります。

　金銭の信託のうち，委託者兼当初受益者が複数の場合には，金銭の信託の受

第3章　金融資産と金融負債の評価

益者（当初受益者のみならず，他から受益権を譲り受けた受益者も含む）は，有価証券として又は有価証券に準じて会計処理を行います。

　金銭以外の信託については，すでに(3)の中で信託受益権の会計処理について述べたことが関係してきます。

　金銭以外の信託のうち，委託者兼当初受益者が単数の場合には，金融資産の信託（有価証券の信託を含む）や不動産の信託などにおいて，受益者は，信託財産を直接保有する場合と同様の会計処理を行うものとされています。このため，信託設定時に，委託者兼当初受益者において損益は計上されません。期末時は，受益者は，信託財産のうち持分割合に相当する部分を受益者の貸借対照表における資産及び負債として計上し，損益計算書についても同様に持分割合に応じて処理する方法（「総額法」）によることとなるとされています。

　金銭以外の信託のうち，委託者兼当初受益者が単数の場合であっても，委託者兼当初受益者が単数である金銭以外の信託であっても，次のような場合には，各受益者が当該信託財産を直接保有するものとみなして会計処理を行うことは困難であることから，受益者の個別財務諸表上，受益権を当該信託に対する有価証券の保有とみなして評価することとされています。

①　受益権が優先劣後等のように質的に異なるものに分割されており，かつ，譲渡等により受益者が複数となる場合
②　受益権の譲渡等により受益者が多数（多数になると想定されるものも含む）となる場合

　これらの受益権を他から譲り受けた受益者は，原則として，信託財産を直接保有する場合と同様の会計処理を行うため，受益権を取得したときは，信託財産を直接取得したものとみて会計処理を行い，受益権をさらに売却したときには，信託財産を直接保有していたものとみて消滅の認識（又は売却処理）の要否を判断します。期末時にも，金銭以外の信託の受益者は，信託財産を直接保有する場合と同様に会計処理することとなるため，総額法によるになります。また，上に述べた信託に係る受益権が質的に異なるものに分割されている場合や受益者が多数となる場合の受益権を取得した各受益者は，受益権を当該信託

149

に対する有価証券とみなして処理することになります。

　金銭以外の信託のうち，委託者兼当初受益者が複数の場合の会計処理は，やや複雑です。複数で信託を設定した場合，各委託者兼当初受益者は，受託者に対してそれぞれの財産を移転し，受益権を受け取ることとなります。この場合も他の信託の設定時と同様に，当該信託の設定により損益は計上されません。ただし，当該信託の設定は，共同で現物出資により会社を設立することに類似するものであるため，現物出資による会社の設立における移転元の企業の会計処理（企業会計基準第7号「事業分離等に関する会計基準」第31項）に準じて，当該委託者兼当初受益者が当該信託について支配することも重要な影響を及ぼすこともない場合（つまり，子会社でも関連会社でもなくなった場合）には，その個別財務諸表上，原則として，移転損益を認識することが適当であると考えられるとしています。

　その後の期末時の会計処理は，受益権が当初受益者からの財産に対応する経済的効果を実質的に反映している場合（例えば，各委託者兼当初受益者が，共有していた財産を信託し，その財産に対応する受益権を受け取る場合のように，委託者兼当初受益者が複数であっても，それぞれにおける経済的効果が信託前と実質的に異ならない場合）には，信託財産から生ずる経済的効果を受益者に直接的に帰属するように会計処理されます。これ以外の場合には，各委託者兼当初受益者が当該信託財産を直接保有するものとみなして会計処理を行うことは困難であることから，当該受益者（当初受益者のみならず，受益権が質的に異なるものに分割されている場合や受益者が多数となる場合には，他から受益権を譲り受けた受益者も含む）の個別財務諸表上，受益権を信託に対する有価証券の保有とみなして評価するとされています。

b．連結財務諸表上の取扱い

　実務対応報告第23号では，金銭の信託については，一般に，多くの受益者を想定しているため，連結財務諸表上，子会社や関連会社に該当するかどうかを判定する必然性は乏しかったものと考えられるとしています。信託は，財産管理の制度としての特徴も有しており，通常，「会社に準ずる事業体」に該当す

るとはいえないが，受益者が複数である金銭の信託の中には，連結財務諸表上，財産管理のための仕組みとみるより，むしろ子会社及び関連会社とみるほうが適切な会計処理ができる場合があるとしています。また，新信託法においては，受益者集会の制度など，受益者が2人以上ある信託における受益者の意思決定の方法が明示されています。このため，受益者が複数である金銭の信託については，当該受益者の連結財務諸表上，子会社及び関連会社に該当する場合があり得ると考えられるとしています。

実務対応報告第23号により，信託が子会社及び関連会社に該当する場合を除き，連結財務諸表上，「会社に準ずる事業体」としては取り扱われないこととなるとされていますが，次のようないくつかの実質支配による子会社の親会社の考え方を示しています。

① すべての受益者の一致によって受益者の意思決定がされる信託（新信託法第105条第1項）においては，自己以外のすべての受益者が緊密な者（自己と出資，人事，資金，技術，取引等において緊密な関係があることにより，自己の意思と同一の内容の意思決定を行うと認められる者）又は同意している者（自己の意思と同一の内容の意思決定を行うことに同意していると認められる者）であり，かつ，連結会計基準第7項(2)の②から⑤までのいずれかの要件に該当する受益者

② 信託行為に受益者集会における多数決による旨の定めがある信託（新信託法第105条第2項）においては，連結会計基準第7項で示す「他の企業の議決権」を，「信託における受益者の議決権」と読み替えて，連結会計基準第7項の企業に該当することとなる受益者

③ 信託行為に別段の定めがあり，その定めるところによって受益者の意思決定が行われる信託（新信託法第105条第1項ただし書）では，その定めにより受益者の意思決定を行うことができることとなる受益者（なお，自己だけでは受益者の意思決定を行うことができないが，緊密な者又は同意している者とを合わせれば受益者の意思決定を行うことができることとなる場合には，連結会計基準第7項(2)の②から⑤までのいずれかの要件に該当する受益者）

c．新たな類型の信託の会計処理

実務対応報告第23号では，いくつかの新たな類型の信託の会計処理の考え方を示しています。

① 事業の信託

事業の信託は金銭以外の信託にあたることから，委託者兼当初受益者が単数又は複数である場合に準じて処理することになります。

② 受益者の定めのない信託（目的信託）

新信託法では，信託契約による方法又は遺言による方法によって，受益者の定めのない信託をすることができるものとされました（第258条）。受益者の定めのない信託は，目的信託とよばれることが多いとされています。信託契約によってなされた受益者の定めのない信託については，委託者がいつでも信託を終了できるなど，通常の信託とは異なるため，原則として，委託者の財産として処理することが適当であると考えられるとされています。

③ 自己信託

新信託法においては，信託契約を締結する方法による信託や遺言をする方法による信託に加え，自ら信託財産の管理等をすべき旨の意思表示を書面等によってする方法による自己信託が定められました。自己信託においては，委託者が受託者となるという点に特徴があります。

その会計処理は，基本的には他者に信託した通常の信託と相違はないと考えられるとされており，委託者兼受託者である自らのみが当初受益者となる自己信託においては，金銭の信託又は金銭以外の信託で，委託者兼当初受益者が単数の場合に準じて，会計処理を行うこととなります。このため，単独で信託設定するだけで損益が計上されることはありません。

❾ 有価証券の減損処理

有価証券の減損処理とは，有価証券のうち時価のあるものの時価が著しく下落したときに，その時価をもって貸借対照表価額とし，評価差額を損失として

計上することをいいます。会計基準の第20項から第22項においては、この減損処理について、次のように定めています。

> 20. 満期保有目的の債券、子会社株式及び関連会社株式並びにその他有価証券のうち、時価を把握することが極めて困難と認められる金融商品以外のものについて時価が著しく下落したときは、回復する見込みがあると認められる場合を除き、時価をもって貸借対照表価額とし、評価差額は当期の損失として処理しなければならない。
> 21. 時価を把握することが極めて困難と認められる株式については、発行会社の財政状態の悪化により実質価額が著しく低下したときは、相当の減額をなし、評価差額は当期の損失として処理しなければならない。
> 22. 第20項及び第21項の場合には、当該時価及び実質価額を翌期首の取得原価とする。

a．時価のある有価証券の減損処理

　減損の具体的な会計処理が複雑になるのは、その他有価証券、特に株式の場合です。その他有価証券は、時価で評価することとされています。ただし、この場合に生ずる評価差額については、❻で述べたように、二つの処理が認められています。原則は純資産の部にすべて計上する方法であり、もう一つは、評価損を損益計算書に計上し、評価益を資本の部に計上する方法です。この場合にも、時価の著しい下落による評価減が問題になるのは、ここで要求されている評価損を損益計算書に計上する方法が洗替えによることとされているため、時価と比較する取得原価がどれなのかという点です。会計基準では、時価が著しく下落したときには、当該銘柄の帳簿価額を時価により付け替えて、取得原価を修正することが必要になります。この評価差額は、当期の損失として処理することになります。

　表3-12は、その他有価証券への適用を示した設例です。

表3-12 評価差額と時価の著しい下落

(単位：百万円)

銘柄	取得原価	時価	評価損	評価益
A	1,000	500	－500	
B	500	800		300
C	800	1,000		200
D	2,000	1,800	－200	
E	1,200	1,600		400
合計	5,500	5,700	－700	900
第一法			－500	700 (純資産)
第二法			－700 (損益)	900 (純資産)

　この設例で，Aという銘柄の取得原価が1,000から時価500に下落しています。これが「時価が著しく下落した場合」に該当すると判断されますと，この500は損益計算書に計上されることになります。

　第一法の場合であっても，500は評価損として損益計算書に計上され，純資産の部に計上される金額は，評価益の900から銘柄Dの200を引いた700になります。第二法の場合は，評価損をすべて損益計算書に計上します。いずれの場合も純資産の部に影響する金額は200ということになります。ただし，いずれの方法でも，銘柄Aの取得価額はこの評価損500を差し引いた500に修正され，これにより翌期以降は時価との比較を行うことになります。

　このような評価減の取扱いは，国際的な基準で減損（impairment）の問題として扱われています。例えば，FASB基準書第115号でも，公正価値の下落が一時的でないと判断された場合には，取得価額の切下げを行うことが求められています。この場合の評価損は損益計算書に示されます。また，IAS第39号でも，償却原価法が適用される金融資産と公正価値評価の適用される金融資産に分けて減損の規定がされていました。上の例のような，公正価値評価されている有価証券の場合には，その金融資産が減損しているという客観的な証拠がある場合には，持分（資本の部）から当期の純損失で認識されなければならない

第3章　金融資産と金融負債の評価

とされていました。この客観的な証拠には，次のような情報が含まれるとしていました。

① 発行体又は債務者の重大な財政的困難
② 利息又は元本の支払不履行又は遅滞などの契約違反
③ 借手の財政的困難に関連した経済的又は法的な理由による，そうでなければ貸手が考えないような，借手への譲歩の供与
④ 発行者が破産又は他の財務的再編成に陥る可能性が高くなったこと
⑤ 前会計期間における金融資産の減損の認識
⑥ 当該金融資産についての活発な市場が財政的困難により消滅したこと
⑦ 債権のポートフォリオの額面金額全額が回収されることはないことを示す債権の回収実績

IAS第39号では，企業の有価証券が公開取引銘柄でなくなったことによる活発な市場の消滅は，減損の証拠ではないとされていました。その後の改訂により，資本性金融商品（つまり，株式等）に対する投資の公正価値の著しい下落又は長期にわたる下落も，減損の客観的証拠となるという規定もつけ加えられています。

会計基準の第20項では，減損処理を行う場合を，「時価が著しく下落したときは，回復する見込みがあると認められる場合を除き…」としています。そこで，問題となるのは，「著しい下落」と「回復する見込み」をどのように判断するかという点です。わが国の場合，税法上の取扱いが50％を一つの基準としていたところから，実務上も50％を著しい下落ととらえる場合が多かったものといえます。ただ，FASB基準書第115号の規定の表現からもわかるように，「公正価値の下落が一時的でない」という表現と「著しい下落，例えば，50％」という表現には，実はかなり隔たりがあります（一般的には，前者のほうが評価減の基準として厳しいと考えられます）。

実務指針でも50％程度以上下落したことを一つの基準とはしていますが，これ以外の場合でも，個々の企業が「著しく下落した」と判断する合理的な基準を設けるものとしています。このことは，一般的には，次のように取り扱うこ

とができるとされています。
 ① 個々の銘柄の有価証券時価の下落率がおおむね30％未満の場合には，「著しく下落した」に該当しないものとする。
 ② 上記①以外の場合には，個々の銘柄の下落率が企業の設けた合理的な基準に照らして「著しく下落した」ときに該当するかどうかを判断する。
 ③ 時価が「著しく下落した」と判断するための合理的な基準については，時価の下落率のほか，債権管理目的上の対象会社の信用リスクに係る評価結果等を加味して設定することができるものとする。（これは，金融機関等の場合に当てはまるものと考えられます）

 また，「回復の可能性がある」と認められるときとは，株式の場合，時価の下落が一時的なものであり，期末後おおむね１年以内に時価が取得原価にほぼ近い水準まで回復する見込みがあることを合理的な証拠をもって予測できる場合をいうとされています。過去２年間の著しい下落，発行会社の債務超過や２期連続の損失計上といった状況は，通常回復する可能性があるとは認められません。

 債券の場合には，単に一般市場金利の大幅な上昇によって時価が著しく下落した場合であっても，いずれ時価の下落が解消すると見込まれるときは，回復する可能性があるものと認められますが，格付けの著しい低下があった場合や，債券の発行会社が債務超過や連続して赤字決算の状態にある場合など，信用リスクの増大に起因する時価の下落が減損の認識の対象となるとされています。

b．時価を把握することが極めて困難と認められる有価証券の減損処理

 実務指針では，時価を把握することが極めて困難と認められる株式について相当の減額を行う「発行会社の財政状態の悪化」は，一般に公正妥当と認められる企業会計の基準に準拠して作成した財務諸表を基礎に，原則として資産等の時価評価に基づく評価差額を加味して算定した１株あたりの純資産額が，当該株式を取得したときと比較して相当程度下回っている場合をいうとされています。また，この場合の「著しい低下」については，50％程度以上低下した場合をいうとされています。

時価を把握することが極めて困難と認められる（市場価格がなく，かつ時価を合理的に算定できない）債券については，貸借対照表価額は，債権の貸借対照表価額に準ずるとされているため，当該債券については，償却原価法を適用した上で，債権の貸倒見積高の算定方法に準じて信用リスクに応じた償還不能見積高を算定し，会計処理を行うとされています。なお，償還不能見積高の算定は，原則として，個別の債券ごとに行います。

❿ 有価証券の表示区分

企業会計原則の注解16では，「所有有価証券のうち，証券市場において流通するもので，短期的資金運用のために一時的に所有するものは，流動資産に属するものとし，証券市場において流通しないものもしくは他の企業を支配する等の目的で長期的に所有するものは，投資その他の資産に属するものとする。」とされています。また，当時の商法の計算書類規則第11条では，「取引所の相場のある株式及び社債（国債，地方債その他の債券を含む。以下同じ）で決算期後１年以内に処分する目的で保有するものは，流動資産の部に記載しなければならないとされていました。ただし，当初１年を超えて保有する目的で取得したものは，投資等の部に記載することができる。」とされていました。もっとも，このような規定があるものの，わが国の企業においては，いわゆる持合株式が流動資産に計上されているケースが，金融商品の会計基準の設定当時，非常に多かったということができます。

会計基準の第23項では，有価証券の表示について次のように定めています。

> 売買目的有価証券及び一年内に満期の到来する社債その他の債券は流動資産に属するものとし，それ以外の有価証券は投資その他の資産に属するものとする。

この規定が加えられたことにより，当時の企業の保有する有価証券の流動・非流動の分類がかなり変わったものと考えられます。ここまでに述べた有価証券の評価基準と貸借対照表の表示区分のまとめが表３−13に示されています。

表3-13 有価証券の評価基準と貸借対照表の表示区分

保有目的	貸借対照表の区分	時価評価差額の処理
売買目的有価証券	流動	損益
満期保有目的債券（1年以内満期）	流動	－
満期保有目的債券（1年超満期）	投資その他の資産	－
子会社株式及び関係会社株式	投資その他の資産	－
その他有価証券	投資その他の資産	純資産

(注)
・満期保有目的債券は償却原価法による。
・特金等で運用する市場性ある有価証券は時価で評価する。
・市場性ある子会社株式・関連会社株式は，時価評価ではなく，原価による。
・いわゆる持合株式は，その他有価証券に該当する。

　名称は有価証券ではないようにみえて，有価証券に含まれるものに，CD（譲渡性預金），コマーシャル・ペーパーがあります。このため，1年以内に満期が到来するCD（譲渡性預金），コマーシャル・ペーパーは流動資産の有価証券に該当します。

⓫ 有価証券の保有目的区分の変更

① 実務指針

　会計基準は，有価証券の保有目的ごとに，評価基準と評価差額の取扱いを定めています。会計基準では，保有目的区分の変更についての，定めはありません。実務指針では，保有目的区分を厳格にすることにより，判断の恣意性を排除することとしており，有価証券の保有目的区分は正当な理由なく変更することはできず，変更が認められるのは，次のような場合に限られるとしています。

① 資金運用の方針の変更又は特定の状況の発生に伴って，保有目的区分を変更する場合（例：トレーディング取引の開始又は廃止）

② 実務指針により，保有目的区分の変更があったとみなされる場合（例：正当の理由なしに満期保有目的債券を売却したことにより生ずる振替え）

③ 株式の追加取得又は売却により持株比率等が変動したことに伴い，子会

社株式又は関連会社株式区分から他の保有目的区分又はその逆の保有目的区分に変更される場合

④　法令又は基準等の改正又は適用により，保有目的区分を変更する場合

満期保有目的の債券に関する保有区分の変更は，すでに❹(3)で説明しましたので，以下では，これ以外の保有区分の変更の会計処理について述べます。実務指針では，次のように定めています（ただし，上の①から④までの要件のいずれかを満たした場合であることに，注意する必要があります）。

① 売買目的有価証券からその他有価証券への振替えは，すべての売買目的有価証券について，振替時の時価をもってその他有価証券に振り替えることができる（振替時の評価差額は，損益計算書に計上する）。

② その他有価証券から売買目的有価証券への変更は，振替時の時価をもって売買目的有価証券に振り替える（振替時の評価差額は，損益計算書に計上する）。

③ 売買目的有価証券から子会社株式・関連会社株式への振替えは，これらに該当することとなった日の時価で振り替える（振替時の評価差額は，損益計算書に計上する）。

④ その他有価証券から子会社株式・関連会社株式への振替えは，これらに該当することとなった日の時価で振り替える（振替時の評価差額は，その他有価証券の評価差額について採用していた会計処理方法により処理する）。

⑤ 持株比率の減少により，子会社株式又は関連会社株式に該当しなくなった場合には，帳簿価額をもって変更後の区分（売買目的有価証券又はその他有価証券）に振り替える。

② 実務対応報告第26号

IAS第39号では，満期保有目的の分類が適当でなくなったような場合を除き，損益計算書を通じて公正価値で測定する金融商品の分類に変更したり，そこから他の分類に変更したりしてはならないとされていました。2008年後半の金融危機では，債券を中心に市場価格が下落し，欧州の保有金融機関等を中心に売却可能区分金融資産あるいは満期保有投資等に振り替えたい（区分変更したい）

というニーズが生じてきました。一方，米国の会計基準では，「稀な状況において」という限定はあるものの区分変更が可能な余地がありました。IASBは，2008年10月に，IAS第39号を改訂し，米国基準と同様な区分変更が行えることとしました。

この改訂IAS第39号は，非デリバティブ金融資産（当初認識時に，企業が当期純利益を通じて公正価値で測定すると指定したもの以外）が，もはや近い将来に売却又は買戻しを行うという目的で保有されていなければ（たとえ当該金融資産が主に近い将来の売却又は買い戻す目的で取得又は発生していたとしても），稀な状況においてのみ，トレーディング目的の分類（当期純利益を通じて公正価値で測定する分類）から振り替えることができるとしています。ここで，稀な状況とは，通常ではなく，かつ，近い将来再発する可能性が極めて低い単独の事象から生じるものであるとされています。

これに伴って2008年12月に企業会計基準委員会（ASBJ）から公表されたのが，実務対応報告第26号「債券の保有目的区分の変更に関する当面の取扱い」でした。

a．売買目的有価証券からその他有価証券への振替え

この実務対応報告では，想定し得なかった市場環境の著しい変化によって流動性が極端に低下したことなどから，保有する債券を公正な評価額である時価で売却することが困難な期間が相当程度生じているような稀な場合においては，売買目的有価証券の定義及び要件を満たしていないのではないかという考え方を，改訂IAS第39号と同様に受け入れたものでした。

そのような稀な場合において，企業がもはや時価の変動により利益を得ることを目的としないことを明らかにして該当する債券の保有目的区分を変更したときには，金融商品実務指針の定めにかかわらず，当面の間，売買目的有価証券からその他有価証券への振替えができることとされました。この保有目的区分を変更する意思決定を行ったときは，その時点（振替時）の時価をもって振り替え，振替時に生じる評価差額は，当期の損益に計上することとされました。

b．売買目的有価証券から満期保有目的の債券への振替え

上記a.で述べたような稀な場合において，企業がもはや時価の変動により利益を得ることを目的としないことを明らかにし，かつ，満期保有目的の債券の定義及び要件を満たした上で該当する債券の保有目的区分を変更したときには，売買目的有価証券から満期保有目的の債券への振替えができることとされました。この場合，その時点（振替時）の時価をもって振り替え，振替時に生じる評価差額は，当期の損益に計上することになります。

c．その他有価証券から満期保有目的の債券への振替え

上記a.で述べたような稀な場合において，満期保有目的の債券の定義及び要件を満たした上で保有目的区分を変更したときには，の他有価証券から満期保有目的の債券への振替えができることとされました。この場合，その時点（振替時）の時価をもって振り替えるが，振替時に生じる評価差額は，その他有価証券に係る評価差額として純資産の部に計上し，満期までの期間にわたって償却原価法の処理に準じて損益に振り替えることになります。

この実務対応報告は，当面の間，認められることとされた会計処理であることから，実務対応報告公表日から2010（平成22）年3月31日までの適用とし，その後の保有目的区分の変更の取扱いについては，改めて検討することとされました。この実務対応報告は，適用企業数も少なかったため，適用期間の満了により2010（平成22）年3月31日をもって廃止されました。

⑫ 種類株式の取扱い

2001（平成13）年の商法改正における種類株式制度の見直しにより，優先株式をはじめとした種類株式の内容が多様化されました。また，2006年から施行された会社法でも，さらに多様な株式の発行が可能となっています。これには，会社再建の一手法として行われているデット・エクイティ・スワップ（第2章3❻で述べました）の実行により生じた種類株式なども含まれています。

企業会計基準委員会から，2003年に実務対応報告第10号「種類株式の貸借対照表価額に関する実務上の取扱い」が公表されています。この実務対応報告の要点には次のようなものがあります。

a．債券と同様の性格をもつと考えられる種類株式の貸借対照表価額

　形式的には株式であっても，発行会社が一定の時期に一定額で償還すると定めている種類株式や，発行会社や保有者が一定額で償還する権利を有し取得時点において一定の時期に償還されることが確実に見込まれる種類株式は，経済的には清算時の弁済順位を除き，債券と同様の性格をもつと考えられるため，その貸借対照表価額は債券の貸借対照表価額と同様に取り扱うことが適当であるとされています。

b．a．以外の種類株式の貸借対照表価額

　市場価格のある種類株式は，当該市場価格に基づく価額（ただし，子会社及び関連会社が発行した種類株式は，取得原価）をもって貸借対照表価額とされます。

　市場価格のない種類株式は，取得原価をもって貸借対照表価額とされ，当該株式の発行会社の財政状態の悪化により実質価額が著しく低下したときは，相当の減額を行い，評価差額は当期の損失として処理（減損処理）されます。

　市場価格のない株式の減損処理を行うにあたり，実質価額とは，通常，一般に公正妥当と認められる会計基準に準拠して作成した財務諸表を基礎に資産等の時価評価に基づく評価差額等を加味して算定した1株あたりの純資産額に，所有株式数を乗じた金額とされています。ただし，優先株式その他の種類株式については，普通株式と異なる考慮が必要と考えられるため，市場価格のない種類株式のうち，a．以外のものに関する実質価額の算定及び減損処理については，原則として，以下によるとされています。

①　困難であると認められる場合を除き，割引将来キャッシュ・フロー法やオプション価格モデルなどを利用した評価モデルによる価額を実質価額とする。

②　評価モデルを利用して算定された価額を得ることが困難である場合には，1株あたりの純資産額を基礎とする方法か，優先的な残余財産分配請求額を基礎とする方法により実質価額を算定する。

3 債権の評価

❶ 債権の評価

(1) 会計基準の規定

会計基準の第14項では、債権の評価について次のように定めています。

> 受取手形、売掛金、貸付金その他の債権の貸借対照表価額は、取得価額から貸倒見積高に基づいて算定された貸倒引当金を控除した金額とする。ただし、債権を債権金額より低い価額又は高い価額で取得した場合において、取得価額と債権金額との差額の性格が金利の調整と認められるときは、償却原価法に基づいて算定された価額から貸倒見積高に基づいて算定された貸倒引当金を控除した金額としなければならない。

このように、債権の評価については、償却原価法で算定された金額から貸倒引当金を控除した金額を貸借対照表価額とすることとされています。債権について時価評価が採用されなかった理由としては、一般的には、受取手形、売掛金、貸付金等の債権については市場がない場合が多く、客観的な時価を測定することが困難であると考えられるためとされています。

会計基準第14項の中で、債権を債権金額より低い価額又は高い価額で取得した場合が含まれています。この場合の会計処理の考え方は、すでに述べた満期保有目的の債券と同じになります。つまり、取得価額と債権の金額との差額を一定期間にわたり償却していくことになります。その償却の計算方法については、2❹(1)の表3－5を参照してください。

この場合、将来キャッシュ・フローの現在価値が取得価額に一致するような割引率（実効利子率）に基づいて、債務者からの入金額を元本の回収と受取利息とに区分します。実務指針では、償却原価法の適用については利息法によることを原則としますが、契約上、元利の支払いが弁済期限に一括して行われる場合又は規則的に行われることとなっている場合には、定額法によることがで

きるとされています。

　なお，実務指針では，債権の取得価額が，債務者の信用リスクを反映して債権金額より低くなっている場合には，信用リスクによる価値の低下を加味して将来キャッシュ・フローを合理的に見積もった上で償却原価法を適用するともされています。

　このような処理は，米国のFASB基準書や国際会計基準の処理と基本的に同じです。ただし，当初のIAS第39号では「自ら創り出した貸付金及び債権」という区分を設けて別に規定していました。これは，IAS第39号では「満期保有の金融資産」という定義を用いていることと関係しています。すでに満期保有目的の債券で説明したように，満期保有については厳しい制限がつけられています。つまり，満期保有の金融資産について，それを売却すると，その後一定期間，満期保有の処理ができないという規定がIAS第39号にあります。貸付金や売掛金等の「自ら創り出した貸付金及び債権」に該当するものは，証券化の対象とされることがあります。証券化も一種の売却ですので，この場合，別の区分を設けないと，残りの金融資産について償却原価法によることができないという問題が出てくるからです。

　なお，「自ら創り出した貸付金及び債権」という分類は，2005年のIAS第39号の改訂で，「貸付金及び債権」に改められています。この変更により，活発な市場での公表価格のない購入貸付金を「貸付金及び債権」にすることができるようになりました。

(2) 電子記録債権

　電子記録債権は，手形・指名債権（売掛債権等）の問題点を克服した新たな金銭債権と説明されており，手形・指名債権を電子化したものではありません。電子記録債権は，2008年12月に施行された電子記録債権法により，制度が創設されました。電子記録債権の発生・譲渡は，電子債権記録機関の記録原簿に電子記録することが，その効力発生の要件です。電子記録債権の仕組みは，図3－3（債務者請求方式）と図3－4（債権者請求方式）に示されています。

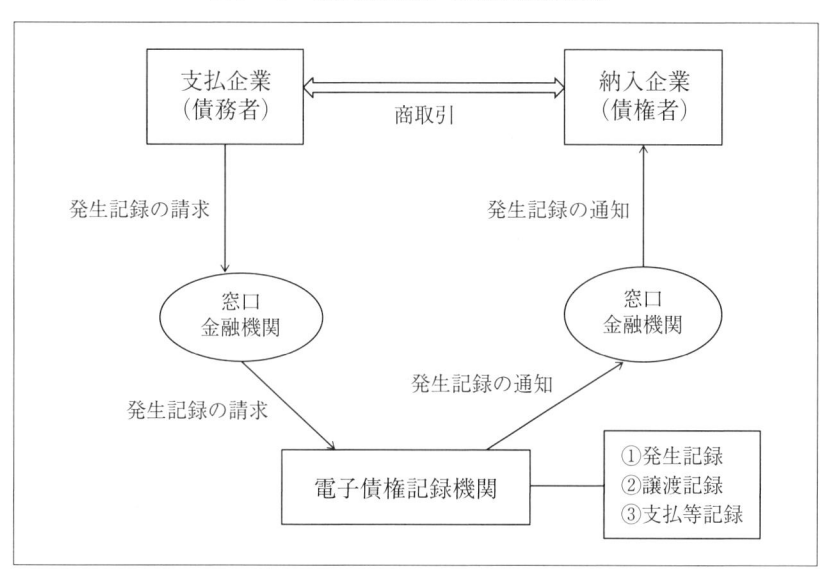

第3章 金融資産と金融負債の評価

図3-3 電子記録債権（債務者請求方式）

図3-4 電子記録債権（債権者請求方式）

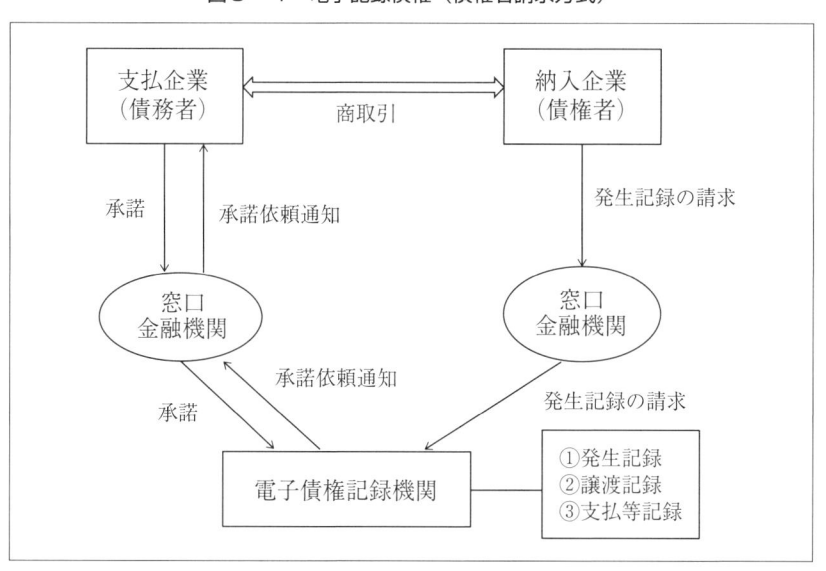

一連の取引の要点は，次のとおりです。
① 窓口金融機関を通じて電子債権記録機関の記録原簿に「発生記録」を行うことで，電子記録債権が発生します（この時点で，債務者は例えば買掛金から電子記録債務，債権者は例えば売掛金から電子記録債権に，振り替えられます）。
② 窓口金融機関を通じて電子記録機関の記録原簿に「譲渡記録」を行うことで，電子記録債権を譲渡できます。必要に応じて債権を分割して譲渡することもできます。
③ 支払期日になると，自動的に支払企業の口座から資金を引き落し，納入企業の口座へ払込みが行われます。電子債権記録機関が支払いが完了した旨を「支払等記録」として記録します。

2009年4月に，企業会計基準委員会（ASBJ）から実務対応報告第27号「電子記録債権に係る会計処理及び表示についての実務上の取扱い」が公表されています。

実務対応報告第27号では，電子記録債権は，紙媒体ではなく電子記録により発生し譲渡され，分割が容易に行えるなど，手形債権と異なる側面があるものの，手形債権の代替として機能することが想定されており，会計処理上は，今後も並存する手形債権に準じて取り扱うことが適当であると考えられるとしています。具体的な会計処理は，次のようになります。
① 貸借対照表上，手形債権が指名債権とは別に区分掲記される取引（例えば，売掛金や買掛金）に関しては，電子記録債権についても指名債権とは別に区分掲記することとし，「電子記録債権（又は電子記録債務）」等，電子記録債権を示す科目をもって表示する。
② 発生記録により売掛金に関連して電子記録債権を発生させた場合には，電子記録債権を示す科目に振り替える。
③ 貸付金や借入金等については，それらに関連して電子記録債権が発生しても手形債権に準じて取り扱うため，科目は振り替えない（現行の企業会計上，証書貸付や手形貸付等に区分掲記せずに「貸付金」「借入金」等として表示

しているためである)。
④　電子記録債権又は電子記録債務は，重要性が乏しいときには，「受取手形」(又は「支払手形」)に含めて表示することができる。
⑤　譲渡記録により当該電子記録債権を譲渡する際に，保証記録も行っている場合には，受取手形の割引高又は裏書譲渡高と同様に，財務諸表に注記を行う。

表3－14は，売掛金について電子記録債権を発生させ譲渡した場合の処理として，実務対応報告から抜粋したものです。

表3－14　売掛金と電子記録債権の発生の会計処理

| ① 商品100の売買 |
| (借) 売　掛　金　　100　　　(貸) 売　　　上　　100 |
| ② 発生記録により，電子記録債権100が発生 |
| (借) 電子記録債権　100　　　(貸) 売　掛　金　　100 |
| ③－1 譲渡記録により，電子記録債権を現金95と引換えに譲渡した場合 |
| (借) 現　　　金　　95　　　(貸) 電子記録債権　100 |
| 　　　電子記録債権売却損　5 |
| ③－2 譲渡記録により，電子記録債権を買掛金100と引換えに譲渡した場合 |
| (借) 買　掛　金　　100　　　(貸) 電子記録債権　100 |
| ③－3 債権100が決済された場合 |
| (借) 現　　　金　　100　　　(貸) 電子記録債権　100 |

❷　貸倒見積額の算定

(1)　貸倒引当金の算定方法の変遷

貸倒引当金について，企業会計原則注解18に従えば，「(貸倒れの) 発生の可能性が高く，かつ，その金額を合理的に見積もることができる場合には，(貸倒引当金を計上すること)」となります。

わが国では，法人税法上で，すべての企業が業種ごとに決められた一定率の貸倒引当金の繰入額の損金算入が認められていた時期があったため，それが会計実務の主流となっていたことありました。これに対して日本公認会計士協会

から，監査委員会報告第5号「貸倒引当金に関する会計処理及び表示と監査上の取扱い」が出されており，この報告の最終改訂は1976年4月となっていました。この報告では，「企業は決算に際し，期末における債権について，その回収可能性を検討し，合理的かつ客観的基準に基づいて貸倒見積高を算出し，費用に計上しなければならない。」とされていました。この報告では，「企業は，個別的に債権の貸倒見積高を算出する方法又は過去の貸倒経験率により算出する方法等一定の算定基準を定めて，この基準を継続して適用することにより，貸倒見積額を算出すること。」とされています。この報告も，企業の貸倒引当金の会計処理と表示に関する啓蒙的な文章という性格が強く，この中においても企業一般についての貸倒引当金の見積方法は定められてはいませんでした。

　1997年4月に，日本公認会計士協会は，銀行等監査特別委員会報告第4号「銀行等金融機関の資産の自己査定に係る内部統制の検証並びに貸倒償却及び貸倒引当金の監査に関する実務指針」を公表しました。この実務指針の背景としては，「金融機関等の経営の健全性確保のための関係法律の整備に関する法律」により，1998年4月から早期是正措置の導入に伴い，銀行等金融機関は自ら資産の査定基準を定めて，その有する資産を検討・分析し，回収の危険性又は価値の既存の危険性の度合に応じて分類・区分することが必要になったことが挙げられます。日本公認会計士協会の実務指針では，債権を正常先債権，要注意先債権，破綻懸念先債権，実質破綻先債権，破綻先債権の五つに区分し，これに対する貸倒引当金の設定の考え方を示していました。

(2) 会計基準の内容

a．債権の区分

　会計基準の第27項では，債務者の財政状態及び経営成績に応じて，債権を一般債権，貸倒懸念債権，破産更生債権等の三つに区分しています。

- ・一　般　債　権—経営状態に重大な問題が生じていない債務者に対する債権
- ・貸 倒 懸 念 債 権—経営破綻の状態には至っていないが，債務の弁済に重大

な問題が生じているか,又は生じる可能性の高い債務者に対する債権

・破産更生債権等—経営破綻又は実質的に経営破綻に陥っている債務者に対する債権

さらに実務指針では,これらの債権区分の定義の貸倒懸念債権と破産更生債権等について,追加的な指針を示していますが,これを要約すると表3-15のようになります。

表3-15　貸倒懸念債権と破産更生債権等

債権の区分	具体的な内容
貸倒懸念債権	
債務の弁済に重大な問題が生じている	・現に債務の弁済がおおむね1年以上延滞している場合 ・弁済期間の延長又は弁済の一時棚上げ及び元金又は利息の一部を免除するなど債務者に対し弁済条件の大幅な緩和を行っている場合
債務の弁済に重大な問題が生じる可能性が高い	・業況が低調ないし不安定,又は財務内容に問題があり,過去の経営成績又は経営改善計画の実現可能性を考慮しても債務の一部を条件どおりに弁済できない可能性の高い(財務内容に問題があるとは,現に債務超過である場合のみならず,債務者が有する債権の回収可能性や資産の含み損を考慮すると実質的に債務超過の状態に陥っている状況をいう。)
破産更生債権等	
経営破綻に陥っている債務者	・法的,形式的な経営破綻の事実が発生している債務者(例えば,破産,清算,会社整理,会社更生,民事再生,手形交換所における取引停止処分等の事由が生じている債務者)
実質的に経営破綻に陥っている債務者	・法的,形式的な経営破綻の事実は発生していないものの,深刻な経営難の状態にあり,再建の見通しがない状態にあると認められる債務者

なお,一般事業会社においては,すべての債務者について,業況の把握及び財務内容に関する情報の入手を行うことは困難であることが多くなります。この場合,原則的な区分方法に代えて,例えば,債権の計上月(売掛金等の場合)

又は弁済期限（貸付金等の場合）からの経過期間に応じて債権区分を行うなどの簡便な方法も認められるとされています。

ｂ．貸倒見積額の算定方法

このような債権区分に応じ，貸倒見積額の算定方法が示されています。

一般債権については，債権全体又は同種同類の債権ごとに，債権の状況に応じて求めた過去の貸倒実績率等，合理的な基準により貸倒見積高を算定するものとされています。貸倒損失の過去のデータから貸倒実績率を算定する期間（算定期間）は，一般には，債権の平均回収期間が妥当ですが，当該期間が１年を下回る場合には，１年とするとされています。なお，当期末に保有する債権について適用する貸倒実績率を算定するにあたっては，当期を最終年度とする算定期間を含むそれ以前の２～３算定期間に係る貸倒実績率の平均値によるとされています。

貸倒懸念債権については，担保保証等による回収見込額を考慮する方法（財産内容評価法）と，見積キャッシュ・フローの割引価値による方法（キャッシュ・フロー見積法）の二つが示されています。

担保保証等による回収見込額を考慮する方法とは，債権額から担保の処分見込額及び保証による貸倒回収見込額を減額し，その残額について，債務者の財政状態及び経営成績を考慮して貸倒見積高を算定する方法とされています。見積キャッシュ・フローの割引価値による方法とは，債権の元本の回収及び利息の受取りに係るキャッシュ・フローを合理的に見積もることができる債権については，債権の元本及び利息について，元本の回収及び利息の受取りが見込まれるときから当期末までの期間にわたり，債権の発生又は取得の当初の約定利子率で割り引いた金額の総額と債権の帳簿価額との差額を貸倒見積高とする方法とされています。

破産更生債権等について，債権額から担保の処分見込額及び保証による回収見込額を減額し，その残額を貸倒見積高とする（財務内容評価法）こととされています。この場合，清算配当等により回収が可能と認められる金額は，担保の処分見込額及び保証による回収見込額と同様に債権額から減額することができ

第3章　金融資産と金融負債の評価

ます。

　見積キャッシュ・フローの割引価値による方法の設例が図3-5に示されています。上の図が当初の貸付金であり、下の図が金利が半分減免された場合の貸付金を示しています。貸付額が100億円、金利が10％、返済期限が4年とい

図3-5　貸付金の貸倒見積額の算定

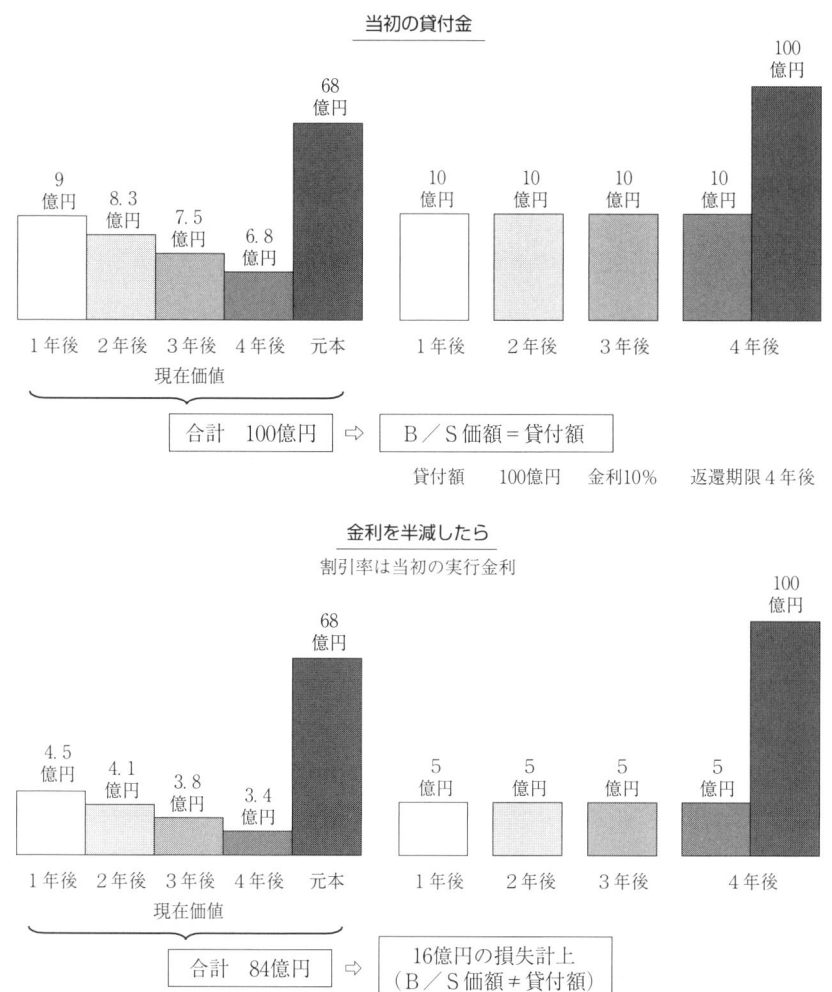

当初の貸付金

1年後 9億円、2年後 8.3億円、3年後 7.5億円、4年後 6.8億円、元本 68億円（現在価値）

合計　100億円　⇨　B／S価額＝貸付額

1年後 10億円、2年後 10億円、3年後 10億円、4年後 100億円

貸付額　100億円　金利10％　返還期限4年後

金利を半減したら

割引率は当初の実行金利

1年後 4.5億円、2年後 4.1億円、3年後 3.8億円、4年後 3.4億円、元本 68億円（現在価値）

合計　84億円　⇨　16億円の損失計上（B／S価額≠貸付額）

1年後 5億円、2年後 5億円、3年後 5億円、4年後 100億円

171

う前提です。この場合，1年後の回収額10億円を1.1で割ることによって，現在価値が求められます。この金額が9億円です。2年後の回収額10億円の現在価値は，10億円を1.1の2乗，つまり1.21で割ることによって求められます。この金額が8.3億円です。3年目，4年目の回収額の現在価値も同様な方法で求められます。これらの金額を合計すると100億円になり，これは貸付金の貸借対照表価額と一致しています。

　ところが，この貸付金について，金利が半分減免されたとします。この場合，4年間に受け取る金利は各年5億円になります。見積キャッシュ・フローの現在価値による方法では，当初の約定利子率を用いて割り引くことになっていますから，この場合は10%で割引が行われます。そうすると，1年後の5億円の割引価値は4.5億円になります。2年後の5億円の割引価値は，5÷1.21ですから4.1億円になります。3年後と4年後の回収金額の割引価値も同様な計算で求められます。そうしますと，4年間の回収金額，つまり見積キャッシュ・フローの現在価値の合計は84億円になります。基準においては，「割り引いた金額の総額と債権の帳簿価額の差を貸倒見積高とする」とされていますから，100億円と，キャッシュ・フローの現在割引額の合計額84億円の差額16億円が貸倒引当金として計上されることになります。

　このような基準が定められたのは，❷で述べたように，金融機関の貸出金についての貸倒見積高の算定方法の明確化が行われたことが背景になっています。その結果，債権一般に対して，債務者の財政状態及び経営成績が悪化し，当初の契約条件に従って元本の回収又は利息の受取りができない等，債務者に問題が生じている場合に，貸倒見積高を適切に算定するための会計基準を設定する必要があるとされました。

　貸倒見積高の算定方法について，注意すべき点がいくつかあります。これらは，処理の継続性，劣後債券等の取扱い，未収利息の取扱いといった点です。

　第1の処理の継続性については，債務者の状況や債務返済計画等が変わらない限り，いずれかの方法を継続して適用することとされています。

　第2に，劣後債権等の取扱いについては，劣後債権，劣後受益権及び資産担

保型証券のように，債権の内容が特殊なものである場合には，当該債権の内容に応じて適切な貸倒見積高を算定する必要があるとされています。

　第3に，未収利息の取扱いについては，貸倒引当金の対象となる債権には未収利息が含まれるとされています。ただし，契約上の利息支払日を相当期間経過しても利息の支払いが行われていない状態にある場合や，それ以外でも，債務者が実質的に経営破綻の状態にあると認められる場合には，未収利息を収益として認識することは適当ではないと考えられます。このような状態に至った場合には，すでに計上している未収利息を取り消すとともに，それ以後の期間に係る未収利息は計上してはならないこととされています。この規定は会計基準の注解9に示されています。

c．米国基準と国際会計基準

　米国においても，1993年5月に，FASB基準書第114号「債権者による貸出金減損の会計」が公表されていました。この基準書は，すべての貸出金に対して適用されることとされていますが，大きなグループにまとめられた上で減損の評価が行われる同種類の小口貸出金，公正価値や低価法で評価される貸出金，リース債権及び，前に説明したFASB基準書第115号で定義された負債証券はこの範囲から除かれています。

　FASB基準書第114号では，債権者は債権全額（元本及び利息）を約定どおり回収することができない可能性が高くなったときに減損を認識するものとされています。この場合の減損した貸出金の評価方法として，次のようなものが示されています。

① 当該貸出金の実効利子率で割り引いた将来のキャッシュ・フロー予測額の現在価値

② 貸出金の客観的な市場価格

③ 貸出金が担保に依存している場合におけるその担保物件の公正価値

　また，IAS第39号においても，金融資産の減損に関する規定がおかれており，次のような減損の客観的証拠を例示しています。

(a) 発行体又は債務者の重大な財政的困難

(b) 利息又は元本の支払不履行又は遅滞などの契約違反
(c) 借手の財政的困難に関連した経済的又は法的な理由による、そうでなければ貸手が考えないような、借手への譲歩の供与
(d) 発行者が破産又は他の財務的再編成に陥る可能性が高くなったこと
(e) 前会計期間における金融資産の減損の認識
(f) 当該金融資産についての活発な市場が財政的困難により消滅したこと
(g) 債権のポートフォリオの額面金額全額が回収されることはないことを示す債権の回収実績

d．貸倒引当金の会計処理

実務指針では、貸倒引当金の会計処理について、次のように定めています。

① 貸倒引当金の繰入れ及び取崩しの処理は、引当の対象となった債権の区分ごとに行う。

② 債権の回収可能性がほとんどないと判断された場合には、貸倒損失額を債権から直接減額して、当該貸倒損失額と当該債権に係る前期貸倒引当金残高のいずれか少ない金額まで貸倒引当金を取り崩し、当期貸倒損失額と相殺する。

③ 貸倒見積高を債権から直接減額した後に、残存する帳簿価額を上回る回収があった場合には、原則として営業外収益として当該期間に認識する。

④ 当事業年度末における貸倒引当金のうち直接償却により債権額と相殺した後の不要となった残額があるときは、これを取り崩さなければならない。ただし、当該取崩額はこれを当期繰入額と相殺し、繰入額のほうが多い場合にはその差額を繰入額算定の基礎となった対象債権の割合等合理的な按分基準によって販売費（対象債権が営業上の取引に基づく債権である場合）又は営業外費用（対象債権が営業外の取引に基づく債権である場合）に計上するものとする。

なお、2009年の企業会計基準第24号「会計上の変更及び誤謬の訂正に関する会計基準」の公表に伴い、貸倒引当金の繰入れや戻入れで過年度損益修正に関するものが、特別損益に表示されることはなくなっています。

(3) 金融検査マニュアル

　1998年10月に成立した「金融機能の再生のための金融措置に関する法律」の規定により，金融機関は自己査定結果に基づき，金融再生委員会が定めるところにより，適切な貸倒償却及び貸倒引当金の計上を行うこととされています。この信用リスク検査マニュアルにおいて，債務者区分（すでに説明した正常先，要注意先，破綻懸念先，実質破綻先，破綻先の区分をいいます）を判定する場合の判断基準等の明確化，償却・引当基準の一層の明確化が図られています。特に，要注意債権に対する引当については，要管理債権（3か月以上延滞債権及び貸出条件緩和債権をいいます）とそれ以外のものに区分して行うことが求められています。

　これに伴い，1999年4月に，すでに述べた日本公認会計士協会の銀行等監査特別委員会報告第4号「銀行等金融機関の資産の自己査定に係る内部統制の検証並びに貸倒償却及び貸倒引当金の監査に関する実務指針」の見直しが行われました。

　見直し後の日本公認会計士協会の実務指針でも，債権を正常先債権，要注意先債権，破綻懸念先債権，実質破綻先債権，破綻先債権の五つに区分し，これに対する貸倒引当金の設定の考え方を示しています。

・正常先債権――業況が良好であり，かつ，財務内容にも特段の問題がないと認められる債務者に対する債権。
・要注意先債権――貸出条件に問題のある債務者，履行状況に問題のある債務者，業況が低調ないし不安定な債務者又は財務内容に問題がある債務者など今後の管理に注意を要する債務者に対する債権。なお，要注意先債権は，要管理債権（元金及び利息の支払いが3か月以上延滞している貸出債権，債務者に有利な一定の譲歩を実施した貸出債権）とそれ以外の債権に分けて管理することとされている。
・破綻懸念先債権――現状，経営破綻の状況にはないが，経営難の状態にあり，経営改善計画等の進捗状況が芳しくなく，今後，経営破

　　　　　　　綻に陥る可能性が大きいと認められる債務者に対する債
　　　　　　　権
　・実質破綻先債権—法的・形式的な経営破綻の事実は発生していないものの，
　　　　　　　深刻な経営難の状態にあり，再建の見通しがない状況に
　　　　　　　あると認められるなど，実質的に経営破綻に陥っている
　　　　　　　債務者に対する債権
　・破綻先債権—法的，形式的な経営破綻の事実が発生している債務者，
　　　　　　　例えば，破産，清算，会社整理，会社更生，民事再生，
　　　　　　　手形交換所における取引停止処分等の事由により経営破
　　　　　　　綻に陥っている債務者に対する債権

このようにして分類された債権について，債権者別に，資金使途，担保及び保証等による保全状況を勘案（例えば，優良担保による保全部分はⅠ分類）の上，回収の危険又は価値の毀損の危険性の度合に応じて，Ⅰ分類からⅣ分類までの四つに分類されます。

　・Ⅰ分類—回収の危険性又は価値の毀損の危険性について問題のない資産
　・Ⅱ分類—その回収について通常の度合を超える危険を含むと認められる資
　　　　　産
　・Ⅲ分類—損失の発生の可能性が高いが，その損失額についての合理的な推
　　　　　計が困難な資産
　・Ⅳ分類—回収不可能又は無価値と判断される資産

このような分類手順を踏んだ後で，次のように貸倒引当金の設定の考え方が示されています。

① 正常先債権

債権額で貸借対照表に計上し，貸倒実績率又は倒産確率に基づき，今後の一定期間の予想損失額を貸倒引当金を計上します。一定期間は，今後１年間とすれば，妥当なものと認められます。

② 要注意先債権

保全部分を除き原則としてⅡ分類です。貸倒実績率又は倒産確率による方法

又はDCF法に基づいて一般貸倒引当金を計上します。貸倒実績率又は倒産確率による場合には，一定期間の予想損失額を計上することになりますが，要管理先であれば平均残存期間又は今後3年，それ以外の要注意先債権であれば今後1年間とすれば妥当なものと認められます。金融検査マニュアルでは，要注意先のうち，要管理先の大口債務者（100億円以上）については，DCF法を適用することが望ましいとされています。DCF法は債権単位で適用することが原則ですが，合理性があれば債務者単位で適用することもでき，債権の元本の回収及び利息の受取りに係るキャッシュ・フローを合理的に見積もることができる債権については，当該キャッシュ・フローを当初の約定利子率で割り引いた金額と債権の帳簿価額との差額について貸倒引当金を計上します。

③　破綻懸念先債権

保全部分を除き，Ⅱ分類又はⅢ分類です。債権額から優良担保の処分可能見込額及び優良保証による回収が可能と認められる額を減算し，残額のうち今後の一定期間における予想損失率（今後3年間）を乗じた額を貸借対照表に貸倒引当金として計上します。また，個別の債務者ごとに合理的に見積もられたキャッシュ・フロー（原則として今後3年間）により回収可能な部分を控除した残額をもって予想損失額とする方法もあります。

なお，金融検査マニュアルでは，破綻懸念先債権のうち大口債務者についてはDCF法によることが望ましいとされており，債権の元本の回収及び利息の受取りに係るキャッシュ・フローを合理的に見積もることができる債権については，当該キャッシュ・フロー（原則3年程度の見込期間）を当初の約定利子率で割り引いた金額と債権の帳簿価額との差額について貸倒引当金を計上します。

④　実質破綻先債権

Ⅱ分類（清算配当等により回収可能な部分）からⅣ分類です。債権額から優良担保の処分可能見込額及び優良保証による回収が可能と認められる額を減算し，残額を貸倒償却するか，又は貸倒引当金として貸借対照表に計上します。

⑤　破綻先債権

Ⅱ分類（清算配当等により回収可能な部分）からⅣ分類です。債権額から優良

担保の処分可能見込額及び優良保証による回収が可能と認められる額を減算し，残額を貸倒償却するか又は貸倒引当金として貸借対照表に計上します。

なお，銀行業の場合には，有価証券の保有動機の一つに貸出金の代替ということがあるため，貸出金と有価証券間の信用リスクの評価に整合性が求められています。このため，有価証券の減損の判定についても，金融検査マニュアルの内容が反映されるという特徴があります。

4　金銭債務の評価

❶　会計基準と実務指針

会計基準の第26項では，金銭債務の評価について次のように定めています。

> 支払手形，買掛金，借入金，社債その他の債務は，債務額をもって貸借対照表価額とする。ただし，社債を社債金額よりも低い価額又は高い価額で発行した場合など，収入に基づく金額と債務額とが異なる場合には，償却原価法に基づいて算定された価額をもって，貸借対照表価額としなければならない。

このように，金融負債については，借入金のように一般的には市場がないか，社債のように市場があっても自己の発行した社債を時価により自由に清算するには事業遂行上等の制約があると考えられることから，債務額を貸借対照表価額とし，時価評価の対象としないことが適当であるとされています。

会計基準に示されている社債についての規定は，債権の場合とほぼ同様な規定です。社債を社債金額より低い価額で発行した場合（すなわち，割引発行の場合）というのは，要するに社債発行差金の会計処理の問題になります。ところが，社債を資本市場において発行する場合において，クーポン金利を一定の利率として事前に定め，発行価額を一定額上乗せすることによって発行時の市場の実質利回りとの調整を行う場合があります。

例えば，5％のクーポン金利がついていたとして，発行時の市場の金利がこ

れよりも低い場合には，例えば，額面100円について101円で発行するようなケースです。この場合，社債として期限に償還される金額は100円になるわけです。要するに，打歩発行というケースです。従来，この会計処理についての明確な定めはありませんでしたが，これは負債として計上し，償還期に至るまで毎期一定の方法で償却することとされました。具体的な償却方法については，満期保有目的の債券のところで示した設例がそのまま当てはまります。

当初の実務指針では，社債についてのこのような償却方法を「繰延償却法」とよんでいました。当時の旧商法上，割引発行の場合には負債に計上された社債については，社債金額と発行金額との差額（以下「発行差額」といいます）を社債金額と相殺せずに両建処理しなければならないとされていました。繰延償却法の適用にあたっては，旧商法上の繰延資産に係る償却規定との関係から，発行日から償却期限までを計算期間として発行差額を按分する定額法によるものとされていました。2006年には会社法が施行され，会社法では債務額以外の適正な価格をもって負債の貸借対照表価額とすることとされました。これを受けて，金融商品会計基準でも償却原価法を用いることとされたため，社債発行差額を会計処理で用いることはなくなりました。

❷　負債の時価評価

金融商品の会計基準では，負債については原価評価を行うことになりました。ただし，金融負債についても公正価値で評価を行うべきであるいう議論も根強くあります。例えば，金融資産として債券を保有する場合を考えてみます。例えば，金利が３％の国債を取得したものとします。その後，金利が５％に上昇したとすると，この国債は市場金利よりも低いクーポンレートが付されていることになり，その市場価格は額面金額を下回った価額になります。

同じようなことが金融負債のサイドでもいえるわけです。例えば，３％の契約金利で長期の借入金を調達したとします。市場金利が５％に上昇したとすると，現時点ではその５％でしか借入れができないわけですから，この企業は，この金利の差について利益を得ている（金融負債の評価益）という考え方ができ

るわけです。金融負債の時価評価とはこのような問題です。

　1997年3月に公表された国際会計基準委員会のディスカッション・ペーパー「金融資産及び金融負債の会計処理」でも，負債の公正価値評価について検討をしています。負債を公正価値評価すべきであるという理由には次のようなものが挙げられています。

① 　企業の負債の公正価値の変化は，満期以前にその負債が決済されるかどうかにかかわらず，実際に企業の状態をよくしたり悪くしたりしていること
② 　負債は，満期日には容易に決済できないかもしれないが，その利子率及び為替リスクエクスポージャーは，スワップを開始することによって，いつでも有効に決済することができること
③ 　負債を公正価値で測定しなければ，借入れに関する経営者の過去の決定が企業に与える影響を不明瞭にすること
④ 　金融資産を公正価値で測定し，負債を公正価値で測定しなければ，企業の財政状態の報告において測定のミスマッチをもたらす結果になること
⑤ 　公正価値による測定は，企業間及び同一企業の発行した商品間の比較可能性を高めること

　金融負債を公正価値で評価することのもう一つの問題点は，負債の公正価値による評価額が企業自身の信用力に応じて変化するということです。例えば，企業の信用状態が悪化したとしますと，市場の金利が一定であったとしても借入コストは上昇します。しかし，実際には，それ以前に借入れをした資金については低いコストで調達できていることになります。つまり，後の時点で考えると，信用力の悪化の分についてだけ，企業は以前に借入れをしたという行為によって利益を得ていること（金融負債の評価益）になるわけです。負債の時価評価において，このように信用リスクの変化を反映させると信用力が悪化する企業は，それに対応して利益が計上されることになるわけです。このような結果がよいのかどうか，ということについては賛否両論があります。

2000年12月に，国際会計基準委員会（IASC）が金融商品会計に関する包括的基準を開発するために組織されたJWG（ジョイント・ワーキング・グループ）が公表した，公開草案「金融商品及び類似項目」では，企業は，金融商品を当初認識時に公正価値で測定し，それ以降の各測定日においても，一定の未公開持分投資（観察可能な市場出口価格のない他の企業に対する持分投資）を除き，公正価値で測定しなければならないとしていました。金融負債についても，見積市場出口価格は，当該負債に固有の信用リスクも含めて，金融資産の価格と同じ市場要因を反映しなければならないとされていました。

これに対して，固定金利負債を公正価値で測定する一方で当該負債により資金調達された非金融資産を償却原価で計上するのは，負債と非金融負債について比較可能でない数値が生ずる結果となるので整合性に欠けるという意見に加えて，企業の信用リスクあるいは信用リスクの変動を，その企業の金融負債の含めるべきかどうかについても，多くの異議が唱えられました。それらの異議には，次のようなものがありました。

① 企業の信用リスクが悪化した場合に，負債の公正価値が減少して企業に利得を創出するとは考えられない。

② 信用リスクの変動が負債の公正価値に与える影響は，企業の外部状況ではなく内部状況の変化を反映するものなので，当該負債の測定値に含めるべきではない。

③ 企業の信用状態の変動は，部分的には，企業が内部で創出した無形資産の変動を反映している場合があり，信用状態の変動が企業の負債に与える影響を報告する一方で未認識の無形資産の変動による潜在的な相殺を報告しないことには，根本的な矛盾がある。

④ 企業が継続企業として存続できないという予測をもとに負債の公正価値が決定されているにもかかわらず，継続企業の仮定に基づいて資産の会計処理を続けていることは，会計処理の非連続性が生ずる。

⑤ 信用リスクの変動の影響は，少なくとも部分的には，自己創設のれんの変動を反映したものである。

この公開草案の内容には2か国の代表が反対意見を述べていますが，金融負債の公正価値に関する企業の信用リスクの反映では，上記の④及び⑤がもっとも大きな論拠となっています。

このように，金融負債の公正価値評価では，そもそも金融負債の期限まで保有していれば実現しない損益を計上することに意味があるのかという問題以外に，企業の信用リスクの変動の影響を財務諸表に反映するべきなのかが大きな議論になりますが，国際的な会計基準の設定の場では，繰り返し出てきています。現状では，公正価値オプション（第4章で述べます）を金融負債に適用した場合に限って，影響が反映される場合（ただし，信用リスクの変動はその他の包括利益）が出てきますが，それ以外の局面では採用されていません。

❸ コマーシャル・ペーパー

コマーシャル・ペーパー（Commercial Paper, CP）は，企業が短期資金を調達するために発行する無担保証券です。割引方式（金利分を額面から差し引いて販売する方式で，満期日に提示することで額面分を受け取れるため，差引分が金利相当となります）で発行され，金額と満期日を特定して発行されます。

日本では1987年に約束手形として第1号が発行され，1993年に証券取引法（現在では金融商品取引法）の有価証券に加えられました。

しかし，海外に比べ，わが国のCPは，企業の日常的な短期資金調達手段として十分に定着していないといわれており，その一因として，CPの券面作成コストや受渡リスク等が指摘され，2002年4月，CPのペーパーレス化・電子化を実現する法律が施行され，従来の約束手形方式と合わせ，両方式によるCPの発行が可能となりました。さらに2005年の税制改正で，約束手形方式で発行されるCPに対する印紙税の軽減措置が廃止されたこともあり，電子CPが主流となりました。企業が直接金融で資金を調達するという点では，社債と類似していますが，社債の償還期間が通常1年以上なのに対して，CPの償還期間は通常1年未満で，特に1か月ものや3か月ものが多いといわれています。

CPを発行することができるのは，優良企業に限定されており，金融機関が発行されたCPを引き受けて，機関投資家に対して販売される方法（間接発行）と，優良企業が直接機関投資家に販売する方法（直接発行）の二種類があります。

　企業会計基準委員会（ASBJ）は，2003年2月に実務対応報告第8号「コマーシャル・ペーパーの無券面化に伴う発行者の会計処理及び表示についての実務上の取扱い」を公表しました。それ以前の会計処理及び表示については，日本公認会計士協会調査研究部審理課から1994年10月28日付で「審理室情報No.8（国内コマーシャル・ペーパーの会計処理と表示について）の適用にあたっての留意事項について」が公表されていました。この実務対応報告では，電子CPについては，社債として取り扱われる法律上の位置づけに従うほか，経済的実質を重視して，それまでの手形CPと同様の取扱いもできると考えられるとしています。具体的な会計処理は，次のようになるとされています。

① 貸借対照表

　発行した電子CPについては，原則として償却原価法に基づいて算定された価額をもって貸借対照表価額とし，流動負債において「短期社債」又は従来の手形CPと同様に「コマーシャル・ペーパー」等の当該負債を示す名称を付した科目をもって掲記します。なお，その金額に重要性がない場合には，流動負債において「その他」に含めて表示することができます。

② 損益計算書

　「短期社債利息」又は従来の手形CPと同様に「コマーシャル・ペーパー利息」等の当該費用を示す名称を付した科目をもって区分掲記し，その金額に重要性がない場合には，「その他」に含めて表示します。なお，債務額よりも低い価額で発行したことによる差額を「前払費用」として計上した場合には，発行日から償還期限までを計算期間として当該発行差額を定額法により按分します。

5　外貨建資産・負債の評価

　外貨建資産・負債には，決済金額（契約上の債権債務額）が外国通貨で表示されているものや，券面額が外国通貨で表示されている有価証券等が含まれています。外貨建資産負債の評価は，一般に，資産・負債の「円貨への換算」の問題として扱われていました。しかし，どのような為替相場を使用して円貨に換算するかという問題は，本質的には，どのような価格で資産・負債を評価するかという問題と異なる点はありません。

　金融商品の会計基準（1999年）の前文では，「本基準の実施に際し，『外貨建取引等会計処理基準』との調整が必要となるため，当審議会において，今後早急に検討する必要がある」とされていました。これを受けて，基準の改訂作業が行われ，1999年10月22日に，企業会計審議会から「外貨建取引等会計処理基準の改訂に関する意見書」が公表されました。以下では，その概要について説明します。

❶　外貨建金銭債権債務の換算

　1995年基準では，外貨建短期金銭債権債務は決算時の為替相場により，外貨建長期金銭債権債務は取得時又は発生時の為替相場により円換算することとしており，外貨建資産負債の換算については，貨幣・非貨幣法に流動・非流動法を加味した考え方が採用されていました。1995年基準では，外貨建長期金銭債権債務については，為替相場の変動の影響は受けるものの，それをその変動が生じた期の損益として認識するための要件が満たされていないものと考えていたといえます。

　ただし，1995年基準でも，外貨建長期金銭債権債務に重要な為替差損が生じているときは，将来回復されるという確実な見通しのない限り，決算時の為替相場により換算し，為替差損をそれが生じた期に認識するものとされていました。この重要な為替差損の認識に関する規定は，1995年5月の基準改訂時につ

け加えられたものでした。

金融商品の会計基準では，期間の長短を問わずデリバティブ取引については時価評価（第5章参照）を求めており，有価証券についても同様に広範な時価評価を求めています。このような背景から，改訂基準では，為替相場の変動を財務諸表に反映させることをより重視する観点から，外貨建金銭債権債務については，外貨額では時価の変動リスクを負わず，したがって時価評価の対象とならないものであっても，円貨額では為替相場の変動リスクを負っていることを重視し，流動・非流動法による区分は設けずに，すべて決算時の為替相場により換算することを原則とすることとされました。

わが国の外貨建長期金銭債権債務の換算方法は，それ以前には，FASB基準書や国際会計基準との相違点として，しばしば指摘されていましたが，この1999年の改訂により，国際的な基準との一致をみることとなりました。

❷ 外貨建有価証券の円換算

1995年基準は，社債その他の債券については金銭債権としての性格を強調した換算基準となっているものの，貨幣・非貨幣法をとっている関係上，有価証券に低価基準を適用する場合以外は，決算時において取引発生時の為替相場を用いて換算替をしないこととしていました。一方，すでに述べたように，金融商品の会計基準では，保有目的別に有価証券を区分し，広範な時価評価を求めています。1999年改訂基準では，これに対応した有価証券の換算基準の改訂が行われ，その内容は次のようなものでした。

① 満期保有目的の外貨建債券については，決算時の為替相場による円換算額を付する。
② 売買目的有価証券及びその他有価証券については，外国通貨による時価を決算時の為替相場により円換算した額を付する。
③ 子会社株式及び関連会社株式については，取得時の為替相場による円換算額を付する。
④ 外貨建有価証券について時価の著しい下落又は実質価額の著しい低下に

より評価額の引下げが求められる場合には，当該外貨建有価証券の時価又は実質価額は，外国通貨による時価又は実質価額を決算時の為替相場により円換算した額による。

　満期保有目的の債券については償却原価法により評価されますが，金銭債権との類似性を考慮して，決算時の為替相場により換算し，その換算差額は当期の損益として処理されます。ただし，満期償還外貨を円転せずに固定資産等に再投資する目的で債券を保有している場合は，その換算差額を繰り延べて再投資する資産の取得価額の調整に当てることができるとされています（これは，第4章で述べるヘッジ会計の考え方の一種と考えられます）。

　1999年改訂基準では，時価評価を行うこととされている売買目的有価証券やその他有価証券に属する外貨建有価証券に関する換算は，その円貨額による時価評価額を求める過程としての換算であるため，このような有価証券の時価の算定には決算時の為替相場を用いることとされています。この場合，有価証券を時価評価したことによる評価差額は，金融商品の会計基準に基づいて処理されます。したがって，売買目的有価証券の評価差額は当期の損益として処理され，その他有価証券の評価差額は税効果会計を適用した上で純資産の部に計上されます（ただし，本章2❻で述べたように，評価損のみを損益計算書に計上する方法も認められます）。

　このような評価差額には，外国通貨による時価の変動を決算時の為替相場で換算したことにより生じる差額と外国通貨による取得原価を決算時の為替相場で換算したことにより生じる差額とがあります。このような差額のうち，その他有価証券に属する債券については，次の二つの会計処理の選択を認めています。

① すべての評価差額を同様に扱い，金融商品の会計基準に従って処理する方法（つまり，全額を純資産直入）

② 価格変動リスクと為替変動リスクを分解して取り扱い，外国通貨による取得原価に係る換算差額は為替差損益として当期の損益に計上する方法

　なお，1999年改訂基準では，外貨建有価証券について実質価額の著しい低下

により評価額の引下げが求められる場合には，当該外貨建有価証券の実質価額は，外国通貨による実質価額を決算時の為替相場により円換算した額によるとされました（なお，1995年基準は，取得時の為替相場によるものとしていました）。

改訂基準による，外貨建資産負債の換算の新旧対比が，表3-16に示されています。

表3-16 外貨建資産・負債の決算時の換算方法

		1999年基準	1995年基準
金銭債権債務		決算時レート	短期：決算時レート 長期：取得時レート
有価証券	売買目的	決算時レート	取得時レート （低価法の場合は決算時レート）
	満期保有債券		
	その他有価証券		
	子会社株式等	取得時レート	
デリバティブ取引		決算時レート	―

また，1999年改訂のもう一つの大きな改訂点として，従来資産又は負債として表示してきた為替換算調整勘定（連結財務諸表に含まれる海外子会社等の外貨建財務諸表の円換算において生ずる差額勘定）が，その他有価証券の評価差額の資本（現在は純資産）直入の規定の新設や，FASB基準書や国際会計基準等の動向を背景として，資本の部（現在は純資産の部のその他の包括利益）に計上することとされたことが挙げられます。ただし，この改訂点は，本書の内容の直接には関係しないので，為替換算調整勘定についての詳しい説明は省略します。

6　IFRSの動向

❶　IFRS第9号公表までの経緯

(1)　金融危機以前の検討

本章の1❶と4❷でも，すでに触れましたが，IASC（国際会計基準委員会，

IASBの前身）では，1997年にディスカッション・ペーパー「金融資産と金融負債の会計」，2000年12月にJWG（Joint Working Group）の公開草案「金融商品と類似項目」を公表しています。また，他方で米国のFASBも，1991年にディスカッション・メモランダム「金融商品の認識と測定」，1999年12月に予備的見解（Preliminary Views）「公正価値による金融商品と特定の関連する資産及び負債の報告」といった文書を公表していました。これらの流れは，金融商品の全面時価評価が意識されるものでしたが，最終的に公表されたIAS第39号では，そこまでの考え方は採用されていませんでした。

IASBと米国FASBが2006年に公表した会計基準のコンバージェンスに向けた覚書（通常MoUとよばれています）では，金融商品の会計に関して，IAS第39号の置換え，負債の資本の区分，認識の中止の問題が含まれていました。IASBは，2008年3月に，ディスカッション・ペーパー「金融商品の報告における複雑性の低減」を公表しました。このペーパーは，①測定に関する問題点，②測定と関連する問題点の中間的アプローチ，③長期的な解決方法（すべての金融商品について，単一の測定方法（公正価値）を用いることにより簡素化を達成）について論じていました。

① 測定に関する問題点

IASBは，金融商品会計基準の改訂にあたり，財務諸表の作成者，監査人，利用者から基準の複雑性が問題とされたことを挙げ，どのように対応すべきかを検討し，この中で，長期的な解決方法として，一つの測定属性（公正価値）をすべての金融商品の測定に用いることを提案していました。

② 測定と関連する問題点の中間的アプローチ

一つの測定属性（公正価値）を用いるようにするためには長期間要することが想定されるため，一つの測定属性（公正価値）を用いる方法以外で，簡素化が可能な次の三つのアプローチ（中間的アプローチ）を示しています。

　a．現行の測定規定の修正（例えば，測定区分の数を減らす，現行の測定区分の規定や制限を簡素化する，もしくは削減すること）

　b．いくつかの選択的な例外規定を認め，現在の測定規定を公正価値測定原

則に置き換え（例外規定としてコスト・ベースの方法（cost-based method）を用いて測定することを認め，長期的には，金融商品会計基準の範囲に含まれるすべての金融商品を公正価値で測定すること）

　　c．ヘッジ会計の簡素化（現行のヘッジ会計規定を削除又は置き換えることと，現行のヘッジ会計規定を維持しながら，簡素化する方法を提案）。
③　長期的な解決方法（すべての種類の金融商品に関して，単一の測定方法（公正価値）を用いる）

　このように，複雑性の低減のペーパーでは，多様な測定属性が金融商品の会計基準を複雑にしているという観点にたち，最終的に単一の測定属性として公正価値のみを用いることが，その解決方法となるという方向性を示したものに思えるものでした。

　なお，米国のFASBでは，2006年にFASB基準書第157号「公正価値測定」を公表しています。この基準書では，公正価値を出口価値（資産の場合は売却可能価額，負債の場合は決済に要する価額）とし，また，金融商品の公正価値に関する評価技法で用いるインプット（公表価格か，活発な市場での類似価格か，観察できないデータに基づくか等により区分します）を，三つのレベルに階層化していました。この基準書の内容は，やがてIFRS第13号「公正価値測定」（2011年）に繋がっていくことになります。

(2) 金融危機後の展開

　2007年頃から発生したサブプライムローン問題は，やがて信用危機へと拡大していきました。サブプライムローンとは，米国において，サブプライム層（優良客（プライム層）よりも下位の層）向けとして位置づけられるローン商品をいいます。一般的に他のローンと比べて債務履行の信頼度が低く，利率が高く設定されますが，これらのローン債権は証券化（この手法については，第2章で説明しました）され，世界各国の金融機関を含む投資家へ販売されましたが，米国において2006年頃まで数年間続いた住宅価格の上昇を背景に，これらの証券には高い格付け評価が与えられていました。しかし，2007年中頃から住宅価

格が下落し始め,返済延滞率が上昇し,これと共にサブプライムローンにかかわる債権が組み込まれた金融商品は信用を失い,市場では投げ売りが相次ぎました。2008年9月にリーマン・ブラザース倒産によるリーマンショックが引き起こされ,高い信用力をもっていた金融機関の国有化や,大幅な世界同時株安が起こり,世界的な金融危機が発生していきました。

このような流れの中で,当時のG7の金融監督機関からなる金融安定化フォーラム(FSF,後にFSBに改組)は,2008年4月に「市場と制度の強靱性の強化に関する金融安定化フォーラム報告書」を公表し,その中でIASBに対して次の2点について改善を行うよう勧告しました。

① オフバランス事業体に関する会計と開示の改善

特に,認識の中止(証券化を通して貸借対照表から資産を取り除くこと)と連結(特別目的事業体の取扱い)

② 公正価値の測定と開示の改善

市場がもはや活発でない場合の金融商品の評価のガイダンスの強化

②については,専門諮問パネル(expert advisory panel)を2008年に設置するよう勧告されています。この専門諮問パネルは,a.評価技法の範囲におけるベスト・プラクティスの検討,b.市場が活発でなくなった場合における,金融商品と関連する開示の評価方法の健全な実務の指針の作成を行うものでした。この検討の結果は,2008年10月に,報告書「市場が活発でなくなった金融商品の公正価値測定と開示」として公表されました。

リーマンショックの直後の2008年10月に,IAS第39号の改訂を行っています。この改訂は,2❶でも述べましたが,金融資産の保有目的区分の変更に関するものでした。当時のIAS第39号と米国基準の相違について取り組むようIASBが要請されたものであり,稀な状況において保有目的区分の変更を認めることとなりました。

2009年4月に開催されたG20首脳会合(ロンドン・サミット)において,会計基準設定主体に対し,評価及び引当金に関する基準を改善し,単一の質の高いグローバルな会計基準を実現するため,会計基準の問題については,「金融シ

ステムの強化に関する宣言」の中で次のよう項目が盛り込まれました。
① 金融商品の会計基準に関する複雑性の低減
② より広範な信用情報を取り込むことで，貸倒引当金の認識に関する会計基準を強化
③ 引当金，オフバランス・エクスポージャー及び評価の不確実性に関する会計基準を改善
④ 監督当局とともに作業することで，評価基準の適用における明瞭性及び整合性を国際的に達成
⑤ 単一の質の高いグローバルな会計基準に向けた重要な進捗をもたらすこと
⑥ 独立した会計基準設定過程の枠組み内において，国際会計基準審議会の定款の見直しを通じ，健全な規制当局及び新興市場を含む利害関係者の関与を改善すること

これを受けて，IASBは2009年4月の会議においてIAS第39号の改訂プロジェクトの見直しをすることなり，この結果，2009年6月の会議において，プロジェクトを，①金融商品の分類と測定，②金融資産の減損，③ヘッジ会計の三つの段階（フェーズ）に分け，IAS第39号をIFRS第9号に置き換えるプロジェクトを進めることとされました。

2009年11月には，IFRS第9号で「金融資産の分類と測定」が，2010年10月には「金融負債の分類と測定」が改訂され，その他公開草案「金融商品：償却原価と減損」（2009年11月）や，公開草案「ヘッジ」（2010年12月）が公表されました。改訂の対象とならなかったIAS第39号の規定もIFRS第9号の中に組み入れられ，2014年7月に，IFRS第9号「金融商品」として最終公表されました。

IFRS第9号は，本文，適用指針，結論の根拠，設例を含めると700頁にもなる基準書ですが，以下では，金融資産の分類と測定，金融負債の分類と測定と金融資産の減損について概要を説明します。また，ヘッジ会計については，第5章で説明します。

❷ 金融資産の分類と測定

IFRS第9号では，金融資産を次のいずれかで測定しなければならないとしており，企業の事業モデルと契約上のキャッシュ・フローの特性により，そのいずれかに分類されるとしています。

① 償却原価
② その他の包括利益を通じて公正価値（FVOCI）
③ 純損益を通じて公正価値（FVTPL）

これらの三つの測定（評価）の区分は，IAS第39号と類似していますが，分類のための基準がまったく異なります。以下では，資本性金融商品（例えば，他社の株式）とそれ以外の金融資産に分けて説明します。表3-17は，資本性金融商品の分類と測定をまとめたものです。

表3-17 資本性金融商品の分類と測定

分　　　類	測　　　定
売買（トレーディング）目的	純損益を通じて公正価値（FVTPL）
その他—OCIオプションを選択しない	純損益を通じて公正価値（FVTPL）
その他—OCIオプションを選択する	その他の包括利益を通じて公正価値（FVOCI）

資本性金融商品には，株式等が含まれますが，IFRS第9号の検討過程では，すべて純損益を通じて公正価値（つまり，時価変動による評価差額をすべて損益計算書に計上する）という考え方もありました。この場合，わが国で問題になるのは，持合株式（IFRSの検討過程では，戦略的投資ともよばれていました）の評価差額が，損益計算書に計上されてしまうことでした。最終的には，当初認識時に，公正価値の変動についてその他の包括利益に表示するという取消不能の選択（OCIオプション）が認められました。OCIオプションを選択した場合には，次のような会計処理が行われます。

① 公正価値の変動はその他の包括利益に計上される。
② 減損損失は，純損益に計上されない。

③ その他の包括利益に計上された金額は,その後純損益には振り替えられない。
④ 受取配当金は,純損益に計上される。

その他の包括利益(評価換算差額等)に公正価値の変動が計上されるのは,一見,わが国のその他有価証券の会計処理に似ていますが,株式等の減損処理が損益計算書に表示されない点や,株式等の売却時に実現した売却損益が損益計算書に表示されない(リサイクリングしない)点に,大きな違いがあります。また,わが国の会計処理と違い,非上場の株式等が公正価値評価の対象外とする規定がありません。

次に,資本性金融商品以外の金融資産の分類と測定について,まとめたのが表3-18です。IFRS第9号では,預金,売掛金,受取手形,貸付金,有価証券,デリバティブ等の形態にかかわらず,この評価区分に分けて会計処理することになります。

表3-18 資本性金融商品以外の金融資産の分類と測定

分　　　類	測　　　定
資産の契約上のキャッシュ・フローは元本と利息のみ	
① 事業モデルの目的が契約上のキャッシュ・フローを回収するために保有	償却原価
② 事業モデルの目的が契約上のキャッシュ・フローの回収と金融資産の売却の両方	その他の包括利益を通じて公正価値(FVOCI)
③ 事業モデルの目的が,①と②のいずれでもない	純損益を通じて公正価値(FVTPL)
資産の契約上のキャッシュ・フローは元本と利息のみではない	純損益を通じて公正価値(FVTPL)

償却原価法により測定する場合には,受取利息,貸倒損失,(外貨建の場合の)為替差損益は,純損益に計上されます。その他の包括利益を通じて公正価値(FVOCI)で測定する場合は,受取利息,貸倒損失,(外貨建の場合の)為替

差損益は，純損益に計上されますが，これら以外の損益はその他の包括利益に計上されます。また，売却（認識の中止）の場合には，実現した売却損益は純損益に計上されます。つまり，わが国の金融商品の会計基準による会計処理と類似しています。

このように区分するために，表3－18にも示されているように，契約上のキャッシュ・フローの特性の要件と，事業モデルの目的の要件の二つがあります。

① 契約上のキャッシュ・フローの特性の要件

償却原価又はその他の包括利益を通じて公正価値（FVOCI）で評価されるためには，金融資産からのキャッシュ・フローが，元本と利息のみから構成されなければならないとされています。ここで「元本」とは，金融資産の当初認識時の公正価値をいい，「利息」とは，特定の期間における元本残高に関する貨幣の時間価値への対価，信用リスクの対価及びその他の基本的な貸付けに係るリスクやコスト，並びに利益マージンをいうとされています。さらに，適用指針では，元本及び利息のみとはならない金融商品の例として，次のようなものを挙げています。

a．発行者の資本性金融商品に転換可能な債券（金利が，基本的な融資の取決めと整合しない）

b．逆変動金利（金利が市場金利と逆方向に変動する）を支払うローン（利息が，元本に対する貨幣の時間価値ではない）

c．永久金融商品で，発行者に償還権があり，また，発行者は利息の支払いの繰延べを求められる場合があるが，繰り延べられた利息の金額に係る追加的な利息は発生しない（繰り延べられた利息の金額に係る追加的な利息は発生する場合には，元本と利息の支払いに該当する）。

② 事業モデルの目的の要件

キャッシュ・フローの特性の要件を満たした場合には，事業モデルの目的の評価を行い，回収するために保有する事業モデルの場合には償却原価，また，回収又は売却の両方の目的で保有する事業モデルの場合には，その他の包括利

益を通じて公正価値（FVOCI）で評価されることになります。事業モデルの意味については，適用指針で次のようなガイダンスが示されています。

  a．事業モデルは，金融資産のグループが特定の事業目的を達成するためにどのように一括して管理されているかを反映するレベルで決定される（個々の金融商品ではなく，投資ポートフォリオかそれを区分したサブポートフォリオ）。
  b．事業モデルは，企業がキャッシュ・フローを生み出すために金融資産をどのように管理しているかを指す（企業が発生すると合理的に見込んでいないシナリオ－例：最悪のケース－に基づいて評価が行われることはない。また，例えば，売却が当初予想と異なったとしても，過去の誤謬や分類変更といった問題は生じない）。
  c．企業の事業モデルは，事実の問題である（事業モデルは，通常は，企業が事業モデルの目的を達成するための活動を通じて観察可能である）。

なお，IFRS第9号では，金融資産の管理についての企業の事業モデルを変更した場合に，かつ，その場合にのみ，金融資産を分類変更しなければならないとされています。分類変更する場合には，企業は分類変更日から将来に向かって分類変更を適用し，それまでに認識した利得，損失又は利息を修正再表示してはならないとされています。

❸ 金融負債の分類と測定

IFRS第9号では，企業は，すべての金融負債を償却原価で事後測定するものに分類しなければならないとしていますが，次のようなものは除くとしています。
  ①　純損益を通じて公正価値で測定する金融負債（デリバティブを含む）
　　　…公正価値で事後測定
  ②　金融資産の譲渡が認識中止の要件を満たさない場合又は継続的関与アプローチが適用される場合に生じる金融負債

…受け取った対価又は企業が保持する権利義務を反映した基準で測定
　③　金融保証契約
　④　貸付金コミットメント
　⑤　企業結合における取得企業が認識した条件付対価

　金融負債に関する規定は、旧IAS第39号の規定がほぼそのまま引き継がれていますが、上記の①で公正価値の変動のうち、発行者自身の信用リスクの変動に起因する変動は、原則としてその他の包括利益に計上することとされています。また、金融負債の分類変更は認められていません。

❹　金融資産の減損

　IAS第39号では、償却原価で計上されている貸付金及び債権又は満期保有目的投資に係る減損損失の客観的な証拠がある場合には、当該損失の金額は、当該資産の帳簿価額と、見積将来キャッシュ・フロー（発生していない将来の貸倒損失を除く）を当該金融資産の当初の実効金利（すなわち、当初認識時に計算された実効金利）で割り引いた現在価値との間の差額であり、当該損失額は純損益に認識しなければならないとされていました。また、金融資産又は金融資産のグループが減損しているという客観的証拠には、当該資産の保有者の知るところとなった次の損失事象に関する観察可能なデータが含まれるとされていました。

(a)　発行体又は債務者の重大な財政的困難
(b)　利息又は元本の支払不履行又は遅滞などの契約違反
(c)　借手の財政的困難に関連した経済的又は法的な理由による、そうでなければ貸手が考えないような、借手への譲歩の供与
(d)　発行者が破産又は他の財務的再編成に陥る可能性が高くなったこと
(e)　当該金融資産についての活発な市場が財政的困難により消滅したこと
(f)　金融資産のグループの見積将来キャッシュ・フローについて、グループの中の個々の金融資産については減少がまだ識別できないが、それらの資産の当初認識以降に測定可能な減少があったことを示す観察可能なデータ

第3章　金融資産と金融負債の評価

　このような減損（信用損失の認識）の考え方は，発生損失アプローチとよばれています。上に掲げた事象からもわかるように，このアプローチでは，特定の事象が発生したときに損失計上額が急激に増加するという特性があります。❶
(2)で述べた，ロンドンサミットあたりからの動向は，金融危機後の景気循環増幅効果（つまり，景気が悪化すると会計上の損失がさらに増加し，それがさらに景気を悪化させること）の緩和を目指したものでした。金融安定化理事会（FSB）は，2009年9月に開催されたG20首脳会合に合わせて，報告書「金融規制の改善」を公表しました。この中で，IASBとFASBに対して，特に次の2点について会計基準を作成の努力をするよう求めています。

① 　景気循環増幅効果を緩和する努力の一端として，早期にローン・ポートフォリオにおける信用損失を認識すること。
② 　金融商品とその評価の会計減損を簡素化し，改善すること。

　これに対するIASBの対応が，予想信用損失モデルによる減損のルールでした。当初は，金融資産（例えば，貸付金）の取得時点で予想損失を決定して，契約金利から当初の予想損失を控除したものを，受取利息として金融資産の残存期間にわたって認識し，毎期予想損失を再評価してその変動額を純損益に認識するといったやや複雑なアプローチも検討されました。

　最終のIFRS第9号の信用損失の規定は，償却原価で測定される金融資産とその他の包括利益を通じて公正価値（FVOCI）で測定される金融資産の両方に適用され，当初認識後の金融商品の信用の質の変化の程度に応じて異なる測定方法を用いて算定されます。金融資産を認識すると翌報告日に予想信用損失は計上され，その後の信用状況の変動は見積りの変更として直ちに純損益に計上されることになります。なお，その他の包括利益を通じて公正価値（FVOCI）で測定される負債性金融商品である金融資産については，予想信用損失に係る引当金はその他の包括利益に認識され，帳簿価額は減額してはならないとされています。

　表3-19は信用リスクの変化と会計処理との関係を要約したものです。

表3-19 信用リスクの変化と会計処理

	信用リスクの変化	信用損失	受取利息の計上方法
ステージ1	当初認識時よりも信用リスクの著しい増加なし	12か月の予想信用損失	実効金利×帳簿価額（引当金控除前）
ステージ2	当初認識時よりも信用リスクの著しい増加あり	金融資産の予想存続期間にわたる予想信用損失	実効金利×帳簿価額（引当金控除前）
ステージ3	① 当初認識時よりも信用リスクの著しい増加あり，かつ ② 信用棄損の証拠あり	金融資産の予想存続期間にわたる予想信用損失	実効金利×償却原価（引当金控除後）

　この信用損失とは，契約に従って企業に支払われるべきすべての契約上のキャッシュ・フローと，企業が受け取ると見込んでいるすべてのキャッシュ・フローとの差額をいうとされています。また，予想信用損失は，信用損失をそれぞれの債務不履行発生リスクでウェイトづけした加重平均をいい，企業は次のものを反映する方法で見積もらなければならないとされています。

①　一定範囲の生じ得る結果を評価することにより算定される，偏りのない確率加重金額
②　貨幣の時間価値（予想信用損失は，実効金利又はその近似値で割り引かれる）
③　過去の事象，現在の状況及び将来の経済状況の予測についての，報告日において過大なコストや労力を掛けずに利用可能な合理的で裏づけ可能な情報

　IFRS第9号は，この信用リスクの変化の程度の「著しく」を定義してはおらず，企業の判断が要求されることになります。また，金融資産が信用棄損している証拠には，この項の冒頭で述べたIAS第39号の金融資産又は金融資産のグループが減損しているという客観的証拠と同様なものが挙げられています。信用が毀損している証拠がすでに存在する，購入又は組成した金融資産（例えば，不良債権の新規購入）については，減損の会計処理は，報告日において，「残存期間にわたる予想信用損失」の当初認識後の変動累計額を，予想信用損失に

係る引当金に計上することになるとされています。

　なお，売掛債権，契約資産及びリース債権に関する簡素化アプローチが示されています。すなわち，IFRS第15号「顧客との契約から生じる収益」が適用される取引から生じる売掛債権又は契約資産について，以下のいずれかに該当する場合，信用の質の悪化の程度を評価することなく，「残存期間にわたる予想信用損失」を予想信用損失に係る引当金に計上することができるとされています。

① 重要な金融要素が含まれない

② 重要な金融要素が含まれていても，企業が，全期間の予想信用損失を引当金に計上することを会計方針として選択した場合（リース債権についても選択可）

第4章

デリバティブとヘッジ会計

1 デリバティブ取引の評価

❶ デリバティブ取引とは

(1) デリバティブ取引の意義

　デリバティブ取引は，一般に「原資産の市場価格によって相対的にその価格が決定される金融取引」あるいは「資産等の価格変動に伴うリスクを移転させたり，ヘッジしたりする機能をもつ金融契約」と定義されます。

　デリバティブ取引の一つで，最もなじみ深い取引に為替予約取引（先物為替予約取引）があります。為替予約取引は，将来の一定日又は一定期間における外国為替の受渡しについて特定の為替相場を定めた予約取引のことをいいます。この場合の特定の為替相場のことを「先物為替相場」といいます。為替予約取引は相対取引（例えばメーカーと銀行の間の取引）であり，売手と買手の双方に契約履行義務があります。輸出企業がドル建て債権の為替リスクを避けるためにドル売りの為替予約を行い，輸入企業がドル建て債務の為替リスクを避けるためにドル買いの為替予約を行う取引は，極めて一般的な取引となっています。

　例えば，1ドル120円のときに，ドル建ての売掛金100万ドルが発生したとします。この後の期間に円高に進んで，例えば1ドルが110円となったとします。この場合，企業は売掛金を回収した時点で1ドル当たり10円の為替差損が生じることになります。売掛金の発生の時点で，例えば1ドル119円でドル売りの

為替予約を行ったとすると,この企業については,1ドル119円以下にドルが下がったとしても,為替差損は発生しないことになります。ただし,逆に,円安になり円が130円になったとしますと,企業が為替予約をしていなければ為替差益が得られることになりますが,為替予約をした場合には,このような為替差益は得られないことになります。このような取引が「ヘッジ取引」といわれるものです。

為替予約取引は,これに対応する外貨建て(例えばドル建て)がなくても行うことができます。例えば,上に述べた例で,1ドル119円でドル売りの為替予約を行ったとします。その後の為替相場が119円未満に下がれば,実勢の為替相場(つまり,その相場でドルを買う)とドル売りの為替予約の119円の差がその企業の利益になるわけです。逆に,119円を超えて実勢の為替相場が動くと,その企業に為替差損が発生することになるわけです。このような取引がいわゆる「投機取引」とよばれるものです。

このように,デリバティブ取引は,ヘッジ目的で行われる場合とヘッジ目的以外で行われる場合が考えられます。ヘッジ目的で行われる場合については,この章の後半で述べるヘッジ会計が適用される場合があります。

最初に,これらのデリバティブ取引の代表的なものの仕組みと,若干の専門用語の解説を簡単に行うこととします。

(2) 先物取引の仕組み

先物取引とは,契約上の取引所価格(約定値段)で,将来の一定日に一定数量の対象商品(例えば,債券,預金金利,株式,通貨等)を売買する契約のことをいいます。先物取引では,3か月後に国債をいくら(一定価格)でどのくらい(一定数量)売買するという形式で取引が行われます。

先物取引の主な特徴としては,次のようなものがあります。

a.与信リスクの小ささ

先物取引は取引所を通じた取引であり,与信上のリスク(取引が契約どおりに履行されないリスク)は極めて限定されています。

ｂ．取引条件の標準化

　先物取引では，対象商品，受渡期日，取引単位等の要件が規格化されています。国債先物を例にとれば，現実に取引される国債は，金利・満期日等についてさまざまな条件のものがありますが，わが国の10年物国債の長期債券先物（開始時は東京証券取引所，現在は大阪取引所）の場合，クーポン６％，残存期間10年という架空の国債（これを標準物といいます）が取引対象とされています。このような標準物を取引対象とする理由は，主に取引価額の継続性が保たれるという点と銘柄格差がなくなるという点の二点にあります。

ｃ．差金決済

　先物取引では，通常は約定価格と決済時の価格の差額が決済（これを反対売買による差金決済という）され，実際に国債等の売買と受渡しが行われることはほとんどありません。

ｄ．証拠金の差入れとレバレッジ効果

　先物取引では，契約履行の保証として証拠金（現金の場合と有価証券の場合があります）の差入れが要求されます。この証拠金の金額は，その後の先物価格の変動によって変わりますが，取引金額に比べて極めて少額であり，少額の資金で多額の取引を行うことができます（これを，レバレッジ効果といいます）。

　わが国の金融先物取引は，1985年10月の東京証券取引所の10年物国債の先物取引により開始されました。その後，1998年５月の証券取引法（現金融商品取引法）の改正と金融先物取引法の制定により，より多様な金融先物商品を上場する道が開かれました。国内での金融先物取引の代表的なものには，次のようなものがあります。

大阪取引所…国債先物取引，日経平均225先物取引，TOPIX（東証株価指数）先物取引

東京金融取引所…ユーロ円３か月金利先物，ユーロ円LIBOR６か月金利先物

　表４－１は，毎日公表されている，金融先物取引の取引価格の例です。

表4−1　金融先物取引の取引価格例

```
債券先物                        （大取，円・％・億円，始値は前日夜間取引を含む）
▽10年物（6％国債）
  年／月     始値      当日始値      高値       安値       終値       前日比
  15／ 6    147.24    147.42      147.51    147.22    147.40    ＋0.13
  15／ 9    146.98    147.16      147.19    146.98    147.16    ＋0.16
             利回り    売買高       建玉                 利回り    売買高     建玉
  15／ 6    0.854    30788      101404    15／ 9    0.872    1240     2369

株価指数先物・配当指数先物・VI先物                        （円・ポイント・枚）
〈日経平均先物・大阪取引所（大取）〉
  年／月    始値    当日始値    高値     安値     終値    前日比    売買高    建玉
  15／ 6   19770   19750    19910   19690   19890   ＋130    54122   361251
  15／ 9   19770   19750    19894   19690   19880   ＋130     1246     8079
  15／12   19690   19660    19770   19600   19740   ＋100       26    48062

金融先物                                          （東京金融取引所，ポイント・枚）
▽円金利3カ月（TIBOR）
  年／月    始値     高値     安値     公式終値   清算値    前日比    売買高    建玉
  15／ 6   99.835  99.835  99.830   99.835   99.835  ＋0.005     81   93793
  15／ 9   99.840  99.845  99.840   99.840   99.845  ＋0.005    836   57270
  15／12   99.850  99.855  99.850   99.850   99.855  ＋0.010   3280   58736
  16／ 3   99.855  99.855  99.855   99.850   99.855  ＋0.010    823   45936
  16／ 6   99.855  99.860  99.850   99.850   99.855  ＋0.005   2484   26996
  16／ 9   99.855  99.855  99.850   99.850   99.855  ＋0.010    469   12778
  16／12   99.850  99.850  99.850   99.845   99.850  ＋0.010    100    4249
              合　計                                           8477  308154
```

　最上段にあるのは，大阪取引所で取引されている10年物国債先物の取引価格例です。例えば，2015年6月に受渡期限の来る国債（10年満期，額面1億円，利率6％）の，この日の始値が額面の100円に対して147.24円であることを示しています。このような国債先物を147.24円で購入（これを買建てといいます）し，その後，国債先物の価格が149.24円になったとします。つまり額面100円について2円上昇したことになり，これによって額面1億円に対して200万円の利益を上げることができるわけです。最下段にあるのは，東京金融先物取引所のユーロ円3か月金利先物の取引価格例です。価格の表示は，100から年利率（％，90／360日ベース）を差し引いた数値で示されます。例えば，2015年6月に受渡期限の来るユーロ円3か月金利先物の始値99.835は，金利0.165％を意味します。

また，国債先物取引をヘッジ取引として行うことも可能です。実際に国債を保有しており，金利上昇の価格リスクがあるとします。市場金利が上昇すると国債の価格は下落します。この場合，一定数量の債券先物を売却（これを売建てといいます）します。この場合，後で金利上昇によって国債の価格が値下がりしたとしても，この債券先物を決済する場合に，例えば147.24円よりも低い金額で買い，最初に行った売り取引を決済することによって利益を上げることができます。この利益によって国債の値下がりに伴う損失を相殺する（ヘッジする）わけです。

(3) 先渡取引の仕組み

ある商品，有価証券又はある指標（通貨，金利等）を特定の数量，将来の一定の日に，現在定める価格で売買する契約を先渡取引といいます。この点では，先渡取引と(2)で説明した先物取引とは同じです。しかし，先渡取引は商品の種類，数量，受渡しの時期，売買の場所等の条件を，すべて売買の当事者間で任意に定める相対の取引です。一方，先物取引は諸条件がすべて標準化，定型化され，金融商品の取引所で行われる取引です。先渡取引では，期限日に現物を渡すことが原則です。また，先物取引では証拠金制度により，取引の履行を確保していますが，先渡取引では，委託証拠金を取りません。委託証拠金を取らないため，取引が履行（実行）されるかどうかが確実ではなく，信用リスクが高い取引であることを意味しており，このことは金融商品取引における開示事項とも関係してきます。

先渡取引の代表的なものに，先物為替予約と金利先渡契約とがあります。

先物為替予約は，将来の一定の時期に特定の通貨とその対価の授受を約する取引です。一般企業の場合には，通常，金融機関との間で行われます。先物為替予約は，例えばドル建ての個々の取引ごとに為替予約を行う個別予約と週，月などの一定期間ごとのドル建て取引の決済予定額の全部又は一部について為替予約を行う包括予約とがあります。為替の先物相場と直物相場については，3か月後の授受とすれば，次のような関係（つまり，3か月後の円の元利合計とド

ルの元利合計が等しくなる）が成り立ちます。

　直物相場×（1＋円3か月金利）＝先物相場×（1＋ドル3か月金利）

これを変形すると，

$$先物相場 = 直物相場 \times \frac{1 + 円3か月金利}{1 + ドル3か月金利}$$

となり，ドル金利＞円金利の場合には，先物相場は直物相場より低くなります。表4－2は，日々公表されている，円とドルの先物相場を示したものです。

表4－2　円とドルの先物相場

◇対顧客米ドル先物相場

（三菱東京UFJ銀，円）

	売り	買い
5月度	120.64	118.62
6月度	120.64	118.56
7月度	120.61	118.49
8月度	120.56	118.44
9月度	120.52	118.39
10月度	120.48	118.31

◇円相場

（銀行間直物，1ドル＝円，売買高は前日，終値は17時，寄付は9時時点，日銀）

		前日
終値	119.75－119.77	119.45－119.47
寄付	119.35－119.37	119.21－119.22
高値	119.34	119.16
安値	119.77	119.58
中心	119.64	119.38

　金利先渡契約（Forward Rate Agreement, FRA）は，当事者が取引所外で，特定の金利として定める数値と，将来の一定の時期における実際の数値（決済利率）との差に，あらかじめ元本として定めた金額及び日数を乗じた額を，現在価値に割り引いた額の金銭で授受する取引です。例えば，6か月後から9か月後の期間について元本額（契約金額）10億円，契約利率2％といった契約になります。6か月後の実際利率（決済利率）により，差額の決済が割引計算後の金額で行われます。

算式で示すと決済額は，次のようになります。

$$決済額 = 契約金額 \times (決済利率 - 契約利率) \times \frac{契約日数}{360} \times \frac{1}{1 + 決済利率 \times \frac{契約日数}{360}}$$

この決済額をどちらが支払うかは，当事者が金利先渡契約の買手（買いヘッジ）なのか売手（売りヘッジ）なのかと，決済利率と契約利率の大小によって決まります。

(4) オプション取引の仕組み

オプション取引とは，一定数量の金融商品（例えば通貨，債券，株式）等を将来の一定期間又は一定日に，一定の価格で購入又は売却する権利を譲渡する契約のことをいいます。

オプションという名称から明らかなように，このデリバティブ取引は選択権であることに特徴があります。すなわち，取得したオプションは権利ではあっても義務ではありません。オプションの保有者は，自分にとって権利行使を行うことが有利な場合にのみ権利行使を行うことができ，不利な場合には権利行使をする必要はありません。この点がすでに述べた先物取引や先渡取引とは大きく異なります。先物取引では必ず，反対売買又は現物の受渡しにより決済することが必要です。また，逆にオプションを売却した側では，常に自分にとって不利な場合だけ義務の履行を求められることになります。

オプション取引ではさまざまな専門用語が用いられますが，これらのうち，オプション取引を理解するのに必要な基礎用語には次のようなものがあります。

a．コールとプット

コールオプションは，オプション保有者（購入者）に対して購入する権利を与えるものをいい，プットオプションは，オプション保有者（購入者）に対して売却する権利を与えるものをいいます。

b．行使価格

　オプションの対象となる金融商品等を購入（又は売却）できる価格をいいます。

c．行使期限

　オプションの保有者が権利行使を行うことができる期限をいい，行使期限を過ぎるとオプションによる権利（義務）は消滅します。また，オプションには，権利行使期間中であればいつでも権利行使ができるもの（アメリカンオプションとよばれます）と，権利行使が権利行使期間の最終日に限定されているもの（ヨーロピアンオプションとよばれます）の二つのタイプがあります。

d．オプション料

　オプションの買手がオプションの売手に対して支払う権利の対価のことをいいます。ただし，いくつかのオプションを組み合わせて作ったオプション組合せ商品のような場合には，オプション料の支払が行われない場合もあります。

e．本源的価値と時間的価値

　オプション料の構成は，一般に，本源的価値と時間的価値との二つに分けられます。本源的価値は，オプションの行使価格と対象となる金融商品等の価格との差（ただし，マイナスになる場合を除きます）です。時間的価値はオプションの有効期間内にオプションを行使できる利益の価値であり，オプション料のうち本源的価値を除いた部分をいいます。例えば，コールオプションであった場合，権利行使価格が100のオプション料のプレミアムが5で，オプション対象商品の時価が103であったとします。この場合，本源的価値は3（100で購入し，時価の103で売却することにより3の利益が得られます）であり，時間的価値は2（5－3）となります。

f．イン・ザ・マネー

　プットオプションの場合にはオプション対象商品の時価が行使価格より低い場合，あるいはコールオプションの場合には対象商品の時価が行使価格より高い場合（すなわち，プットの場合であってもコールの場合であっても，オプションの行使により利益が得られる場合）をイン・ザ・マネーの状態にあるといいます。イン・ザ・マネーの状態にある場合には，そのオプションは必ず本源的価値を有

第4章　デリバティブとヘッジ会計

しています。また，権利行使をしても損失が出る状態をアウト・オブ・ザ・マネーといい，利益も損失も生じない状態をアット・ザ・マネーといいます。

オプションには上場オプションと店頭オプションの二つがあります。上場オプションの代表的なものには，次のようなものがあります。

大阪取引所…債券先物オプション取引，日経平均225オプション取引
東京金融取引所…ユーロ円3か月金利先物オプション取引

表4－3は，店頭オプションである通貨オプションと，上場オプションである債券先物オプションの取引価格を示したものです。

表4－3　オプションの取引価格

◇通貨オプション		
▽円・ドル　ボラティリティー（％）		
	中心	前日
1か月	17.8	17.9
3か月	18.1	18.1
▽プレミアム		
（1ドル＝円，ヨーロピアンスタイル，行使価格＝119円55銭）		
円コール・ドルプット		
	買い	売り
1か月	2.43	3.11
3か月	4.71	5.47
円コール・ドルプット		
1か月	2.02	2.66
3か月	3.34	4.01

債券先物オプション					
（6月物，大取，円・枚）					
	行使価格	終値	前日比	売買高	建玉
コール	147.0	0.58	＋0.08	28	870
	147.5	0.27	＋0.05	284	2205
	148.0	0.08	＋0.01	323	2168
	148.5	0.02	0	139	1065
	149.0	0.02	＋0.01	1	989
プット	145.0	0.02	－0.01	888	4914
	145.5	0.02	－0.03	133	3585
	146.0	0.04	－0.04	243	4531
	146.5	0.08	－0.05	424	3248
	147.0	0.17	－0.08	117	1866
		コール			プット
売買高計		782			1838
建玉計		8066			24982
HV(年率)		6月			3.1

例えば，表4－3の左の表で，円コール・ドルプットの1か月の売りに示される3.11円は，1ドルを119.55円で売却する権利を1ドル当たり3.11円で購入することができることを示しています。この場合，取引時の為替相場が1ドル

119.55円のドル建て売掛金100万ドル（期限1か月後）を有する企業が3,110千円のオプションプレミアム（オプション料）を支払うことによって，円高によりドル建ての売掛金の価値が下落しても，この売掛金のドルによる回収額を119.55円で売却することにより為替差損の発生を避けることができます。

オプション取引の場合，例えば1ドルが125円になったとします。この場合，119.55円で売却するよりも125円でドルを売却したほうが企業にとって有利なわけですから，このオプションは行使されません。

表4－3の上の表は，債券についての先物オプションを示したものです。コールとプットの別にそれぞれの行使価格に対応したオプション料が示されています。額面100円について行使価格が147円のコールオプションは，終値でみるとオプション料が0.58円であることを示しています。この場合の取引単位も1億円です。

(5) スワップ取引の仕組み

スワップ取引とは，2当事者が一定期間の支払の流れを交換することを合意する金融取引のことを意味しています。スワップ取引の典型的なものには，通貨スワップ取引と金利スワップ取引の二つがあります。通貨スワップの取引図は図4－1に示されています。

通貨スワップ取引とは，2当事者が最初に一定額の異なる通貨（例えばドルと円）を交換し，それらの2通貨間の金利差を反映させるようにあらかじめ定められたルールに従って，一定期間にわたり定期的支払を行うことを合意した取引です。通貨スワップ取引の利用例として最も一般的なものは，一般事業会社が外貨建て社債を発行し，これに通貨スワップを付して実質円建て社債にする取引です。

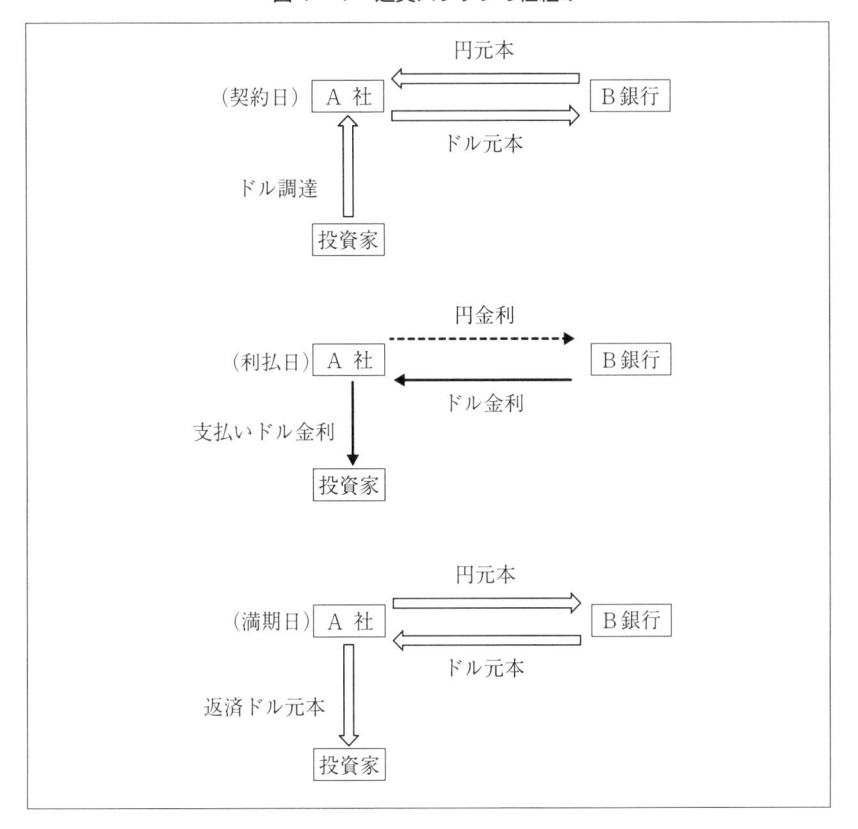

第4章　デリバティブとヘッジ会計

図4-1　通貨スワップの仕組み

（契約日）A社 ←円元本― B銀行
　　　　　　 ―ドル元本→
　　↑ドル調達
　　投資家

（利払日）A社 ←‐‐円金利‐‐ B銀行
　　　　　　 ←ドル金利―
　　↓支払いドル金利
　　投資家

（満期日）A社 ―円元本→ B銀行
　　　　　　 ←ドル元本―
　　↓返済ドル元本
　　投資家

　典型的な通貨スワップ取引には，次のような三つの基本的なステップが含まれます。
① 当初に異なる通貨による等価額（例えば，100万ドルと1億2,000万円）が交換される。
② スワップの期間中（例えば5年間）利息の支払が定期的に交換される。
③ 元本額はスワップ契約の満期日に，あらかじめ決められた為替レートで再交換される。

211

これに対して、金利スワップ取引では、図4-2に示したように、契約開始時及び満期時における元本の交換を含んでいませんが、あらかじめ定められているルールに従って、契約の基礎となる名目元本額（例えば1億円）に基づいて発生する利子の金利の支払（例えば固定金利とLIBORのような変動金利）の流れを定期的に交換することが契約内容となっています。図4-2の全体をみると、借入金の固定金利が実質的に変動金利に変換されているのが、わかります。金利スワップ取引は、先物為替予約と並んで、一般企業で最もよく利用されているデリバティブ取引です。表4-4は、円金利スワップレートを示したものです。

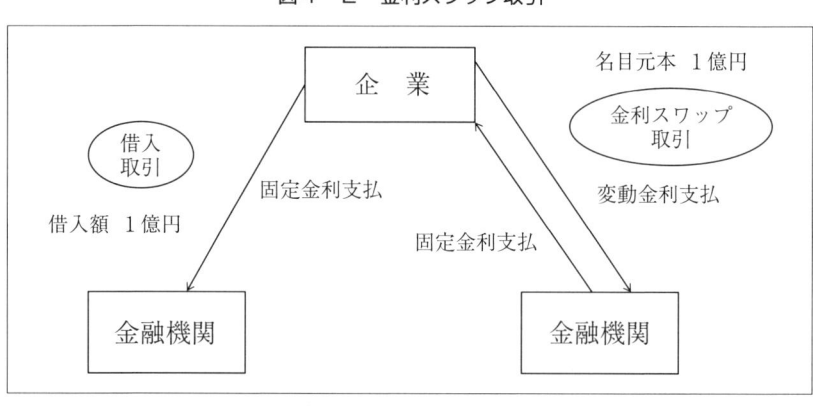

図4-2 金利スワップ取引

表4-4 円金利スワップレート

◇円金利スワップレート（QUICK、仲値、％）					
	対LIBOR	対TIBOR			
1年	0.136	0.240	7年	0.386	0.444
2年	0.145	0.226	10年	0.581	0.650
3年	0.166	0.233	15年	0.924	
4年	0.205	0.260	20年	1.186	
5年	0.259	0.310	30年	1.415	
(注) 固定金利、変動金利ともに半年利払い					

金利スワップ取引は「金利交換取引」ともよばれます。借入取引と同様に，運用資産についてもスワップ取引が利用されることがあります。例えば外貨建ての債券を購入し，これに外貨建社債の場合と逆のキャッシュ・フローの通貨スワップを組み合わせることにより，実質的に円建債券に対する投資に変えることができます。同様に，固定金利付きの債券に金利スワップ（固定金利の支払い，変動金利の受取り）を組み合わせることにより，投資した債券を実質的に変動金利付債券に変えることもできます。このような取引は「アセットスワップ」ともよばれます。

　また，一定時点でスワップ契約を契約したり解除したりするオプション契約もあります。このようなオプション契約は「スワップション」とよばれています。

　最初に説明した先物取引，先渡取引，オプション取引については，このデリバティブ取引のある時点の価値（時価）が，取引価格例に示した当初の取引価格と評価時点の取引価格との差になるのは理解できると思われます。ところがスワップ取引の場合には，直接には計算できないため，簡単に説明しておきます。スワップ取引の場合には，受取キャッシュ・フローの現在価値と支払キャッシュ・フローの現在価値との差額が，価値（時価）となります。例えば，固定金利と変動金利の交換の金利スワップ取引の場合，固定金利のキャッシュ・フローの額（名目元本×固定金利）の合計と，変動金利のキャッシュ・フローの額（名目元本×フォワード・レート）の合計のそれぞれの現在価値（期間に対応したゼロクーポン・レートで割引）の差額が，時価評価額となります。

❷　会計基準上のデリバティブの定義

　実務指針では，デリバティブとは次のような特徴を有する金融商品であるとしています。

(1)　その権利義務の価値が，特定の金利，有価証券価格，現物商品価格，外国為替相場，各種の価格・率の指数，信用格付け・信用指数又は類似する変数（これらは基礎数値とよばれる）の変化に反応して変化する。①基礎数

値を有し，かつ，②想定元本が固定もしくは決定可能な決済金額のいずれか又は想定元本と決済金額の両方を有する契約である。
(2) 当初純投資が不要であるか又は市況の変動に類似の反応を示すその他の契約と比べほとんど必要としない。
(3) その契約条項により純額（差金）を要求又は容認し，契約外の手段で純額決済が容易にでき，又は資産の引渡しを定めていてもその受取人を純額決済と実質的に異ならない状態に置く。

IAS第39号（1998年12月）の第10項では，デリバティブとは，以下の金融商品をいうとしていました。
(1) その価値が，特定された金利，証券価格，コモディティ価格，外国為替レート，価格又はレートの指数，信用格付け又は信用指数もしくは類似の変数（ときとして「基礎数値」とよばれる）の変動に応じて変動するもの
(2) 当初の純資産をまったく要せず，もしくは市場の状況の変動に類似の反応をする他の種類の契約に比較してほとんど当初の純投資を要しないもの，及び
(3) 将来のある日に決済されるもの

1❶で説明した主要なデリバティブ取引の仕組みと比べてみると，より具体的に定義の意味が理解できると思われます。このような，わが国のデリバティブの特徴のとらえ方は，FASB基準書第133号とほぼ同じですが，IAS第39号に示されているデリバティブの定義とは違いがみられます。違いは，わが国の実務指針の定義（当時の米国基準にならったものと考えられます）では，純額決済を要件にしているのに対し，IAS第39号では，将来のある日に決済されるものとしており，純額決済は要件とされていません。このIAS第39号の定義は，その後「次の三つの要件をすべて有するものをいう。」という文言が付け加えられていますが，内容は変更されず，2014年7月に公表されたIFRS第9号に引き継がれています。デリバティブは公正価値評価されることになるため，わが国の実務指針とIAS第39号では，対象が異なり，財務諸表に影響がある場合が出てくる可能性があります。

また，実務指針では，現物商品に係るデリバティブ取引（コモディティ・デリバティブ取引）についても規定しています。現物商品に係るデリバティブ取引のうち，通常差金決済により取引されるものとは，商品先物市場，ロンドン金属取引所（LME）における取引のほか，コモディティ・スワップ，原油取引におけるブック・アウト（BOOK‒OUT）取引等，当事者間で通常，差金（差額）決済取引が予定されているものをいい，金融商品会計基準のデリバティブ取引に該当するものとして取り扱うとされています。

ただし，トレーディング目的の棚卸資産以外の将来予測される仕入，売上又は消費を目的として行われる取引で，当初から現物を受け渡すことが明らかなものは，金融商品会計基準の対象外であるとされています。

IAS第39号でも，現金又は他の金融商品での純額決済又は金融商品との交換により決済できる非金融商品の売買契約については，IAS第39号が適用されるとしており，また，企業自身の購入，売却又は自己使用のために保有するものについては，適用対象外（デリバティブとして会計処理されない）とされており，これについて大きな差異はないと考えられます。

❸ デリバティブ取引の時価評価

(1) 時価評価しないことの弊害

わが国での金融商品会計基準の導入後15年が経過し，デリバティブの時価評価は完全に定着しています。ところが，制定前までは，デリバティブ取引は，トレーディング勘定について時価評価を導入していた銀行・証券会社等を除けば，その損益の認識は決済基準，つまり決済をした時点で初めて損益を計上する方法が採用されていました。これについての問題点の例には次のようなものがあり，過去のことですがその後の基準の内容に関係してくる点もあるため，最初に確認しておきます。

① 決済基準で損益を認識する会計処理では，例えば先物取引の場合，先物取引の売建てと買建てを同額で行い片方だけ決裁を行う等により，決算対策の利益調整手段として用いられる可能性があった。

② 会社内部の採算管理面の数値（トレーダー部門が把握している時価評価的な数値）と外部報告数値（外部及び会社の経営管理部門が把握している財務諸表上の数値）が乖離していた。

③ 当時の低価法を採用している資産を先物取引でヘッジすると、低価法の適用による資産の評価損のみが先行計上されてしまう場合があった。

④ オプション取引については、オプション料が支払時には前渡金、受取時には前受金という科目が採用されており、これがオプション料の期間償却や期末評価という会計処理の考え方になじまなかった。

⑤ オプションを用いた組合せ商品に含まれるオプション料を分離した会計処理が行われていなかった（ただし、この点は、後の第5章で述べる複合金融商品の問題と関係しています）。

⑥ 決算調整に使うため、長期の金利スワップ取引の解約による益出しや損出し取引が行われる事例があった。

(2) 国際的な基準の状況

すでに米国では、基準書第52号や基準書第80号があり、先物為替予約や先物契約については、時価評価（Mark to Market）することは行われていました。1995年5月に改訂された「外貨建取引等会計処理基準」においても、最も一般的なデリバティブといえる先物為替予約や通貨オプション、通貨スワップ等の会計処理が検討されました。しかし、この改訂基準では、いわゆるデリバティブ取引自体の会計基準も将来の検討に委ねるという立場から、振当処理（これについては後で述べます）で対応できる範囲内で先物為替予約その他のデリバティブ取引の処理基準を示すにとどめたとされています。

1998年6月に公表されたFASB基準書第133号「デリバティブ金融商品及びヘッジ活動の会計処理」においても、デリバティブは貸借対照表上、資産又は負債として計上され、公正価値で評価されることとされていました。この基準書第133号は、その後に基準書第138号（2000年6月）、基準書第149号（2003年4月）により一部が修正され、現在に至っています（現在は、基準コード化により

Topic 815となっています）。

また，公正価値の決定に関しては，FASB基準書第107号に示された指針が適用されることになっていました。

1998年12月に公表されたIAS第39号でも，デリバティブは契約当事者となった時点で金融資産又は金融負債に計上され，その後，公正価値で測定されることになっていました。

このような，会計基準の国際的動向は，デリバティブは時価評価という自然な流れにつながっていきました。また，第3章で述べた当時の商法との調整でも，金銭債権として時価評価が可能という考え方が出てきたことも後押しになったと考えられます。

(3) 会計基準のデリバティブ評価規定

会計基準の第25項では，デリバティブ取引の評価について次のように定めています。

> デリバティブ取引により生ずる正味の債権及び債務は，時価をもって貸借対照表価額とし，評価差額は，原則として，当期の損益として処理する。

金融商品の会計基準では，デリバティブ取引は，取引により生ずる正味の債権又は債務の時価の変動により保有者が利益を得又は損失を被るものであり，投資者及び企業双方にとって意義を有する価値はその正味の債権又は債務の時価に求められる，という考え方がとられています。したがって，デリバティブ取引により生ずる正味の債権及び債務については，時価をもって貸借対照表価額とすることとされています。

また，デリバティブ取引により生ずる正味の債権及び債務の時価の変動は，企業にとって財務活動の成果であると考えられることから，その評価差額はヘッジに係るものを除き，当期の損益として処理することとされています。

なお，デリバティブ取引については，一般に市場価格又はこれに基づく合理

的な価格により時価が求められますが、例外的に、デリバティブ「取引の対象となる金融商品に市場価格がないこと等により公正な評価額を算定することが困難と認められる場合には、取得価額をもって貸借対照表価額とすることができるとされています。

第2章で述べたように、金融資産の契約上の権利又は金融負債の契約上の義務を生じさせる契約を締結した時点で、原則として金融資産又は金融負債の発生を認識することとされています。その後、デリバティブ取引については、その金融資産又は金融負債が時価で評価されるわけです。デリバティブの計上と時価評価の概要については図4－3に示されています。

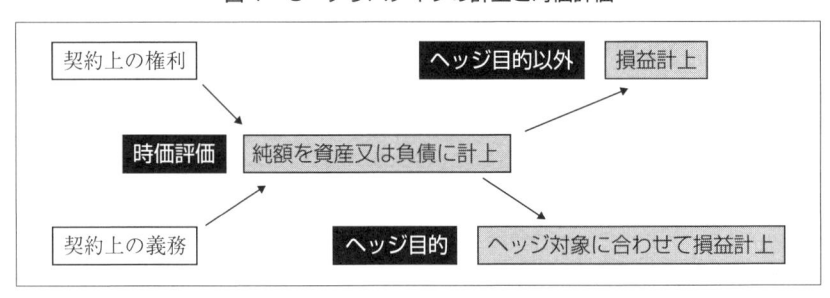

図4－3　デリバティブの計上と時価評価

また、実務指針では、デリバティブの時価についての指針も示しています。上場デリバティブ取引の場合には、取引所の最終価格（付随費用は加味しないもの）が用いられますが、非上場デリバティブ取引については、次のような方法により合理的に算定された価額によるものとされています。

① インターバンク市場、ディーラー間市場、電子売買取引等の随時決済・換金ができる取引システムでの気配値による方法
② 割引現在価値による方法（将来キャッシュ・フローを見積もり、それを適切な市場利子率で割り引いた現在価値）
③ オプション価格モデルによる方法（ブラック・ショールズ・モデル等）このような時価は原則として自ら算定すべきとされていますが、取引相手の金融機関やブローカー等から入手した価格を自らの責任で使用することが

できるとされています。

2 ヘッジ会計

❶ ヘッジ会計とは

　デリバティブ取引に参加する者の取引目的には，業として行う投機，リスク管理，ヘッジといったものがあります。以下ではヘッジを目的とした取引について，特別な会計処理をするべきかという問題（すなわち，ヘッジ会計の問題）について述べます。

　企業のヘッジ活動は，通常，二つの構成要素からなっています。一方は企業にエクスポージャーを生じさせているヘッジ対象であり，他方は，このエクスポージャーを軽減するヘッジ手段です。ヘッジとは，ヘッジ対象から生ずる損益がヘッジ手段から生ずる損益により，その全部又は一部が相殺されると期待して行われる企業行動と解釈できます。ヘッジ手段として用いられるのは，多くの場合，デリバティブ取引です。図4-4は，ヘッジ取引を示した図です。左側がヘッジ対象であり，右側がヘッジ手段です。

図4-4　ヘッジ取引

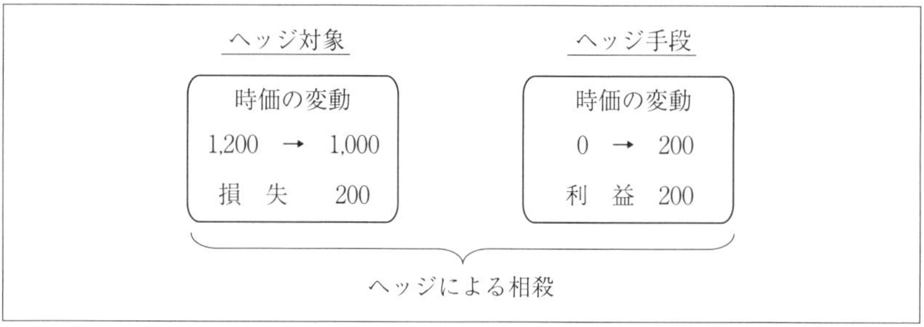

```
       ヘッジ対象            ヘッジ手段
    ┌─────────┐      ┌─────────┐
    │ 時価の変動      │      │ 時価の変動      │
    │ 1,200 → 1,000  │      │  0  →  200     │
    │ 損　失　　200  │      │ 利　益　　200  │
    └─────────┘      └─────────┘
              └──────ヘッジによる相殺──────┘
```

　ヘッジ対象の時価が1,200から1,000に下落し，損失が200発生しているとします。これをデリバティブ取引（ヘッジ手段）でヘッジする取引を行っていたとしますと，例えば，その時価が0から200になり，利益が200生じていま

す。このように，損失と利益を相殺することを目的として行うのがヘッジ取引です（デリバティブ取引は，1❸で述べたように正味の債権債務を時価で評価するため，ヘッジ対象と比べると数値が小さくなっています。また，デリバティブ取引の開始時の時価は，通常は，ゼロです）。

　ヘッジを行った場合に，ヘッジの構成要素であるヘッジ対象とヘッジ手段の評価基準と損益の認識方法の違いによって，財務諸表で認識されるヘッジ対象とヘッジ手段の損益が期間的に対応しない場合（ミスマッチ）が生ずることがあります。このような場合，ヘッジ活動に関する損益認識のミスマッチを解消し，ヘッジ対象とヘッジ手段の損益を同一期間に認識するための会計手法が必要となります。このような会計手法あるいは特別な会計上の取扱いがヘッジ会計です。ヘッジ会計は，ヘッジ対象の損益とヘッジ手段に係る損益とを同一期間に認識するため，原則的な損益認識基準から例外的に離れることを認める会計手法ということができます。

　企業活動において企業がさらされているリスクにはさまざまなものがあります。これらには，価格リスク，金利リスク又は為替リスク以外に，信用リスク，流動性リスク，盗難のリスク，天災によるリスク等があります。これらのリスクのエクスポージャーのそれぞれについて，企業が講じている手段があります。

　これまで，ヘッジ会計では一般に，価格リスク，金利リスク及び為替リスクのみを対象としてきました。これらの三つのリスクは，いずれも「市場リスク」という用語で総称することもできます。市場リスクとは，企業の資産の価額の低下又は負債の価額の上昇から生ずる損失（つまり，公正価値の変動）の可能性の存在を意味しています。また，企業のキャッシュ・フローの変動自体が，ヘッジの対象となる場合もあります。

　どのようなリスクが，会計上のヘッジの対象となり得るかは，会計基準により規定ぶりが少し異なります。例えば，米国の基準では，「金利リスク，信用リスク，為替リスク，及び公正価値又はキャッシュ・フローの全体のいずれか」とされており，IAS第39号では，「識別可能かつ測定可能で，公正価値又はキャッシュ・フローの変動に関連したリスク」とされていました。

❷ ヘッジ会計の変遷

(1) 繰延ヘッジ会計と時価ヘッジ会計

　ヘッジ会計の方法には，繰延ヘッジ会計と時価ヘッジ会計とがあります。繰延ヘッジ会計は，ヘッジ手段とヘッジ対象のどちらかの損益を後の期間まで繰り延べる方法です。この方法には，①ヘッジ手段の損益をその発生時（変動時）に認識しないで，ヘッジ対象の終了の時点まで繰り延べるパターンと，②ヘッジ対象の損益をその発生時に認識しないで，ヘッジ手段の損益の認識の時点まで繰り延べるパターンの二つがあります。通常は，ヘッジ手段のデリバティブ取引が時価評価されており，先に評価損益が発生するため，このうち①の方法が一般的な繰延ヘッジの方法となります。

　図4-5は，最も簡単な繰延ヘッジ会計の例を示しています。

図4-5　繰延ヘッジ会計の例

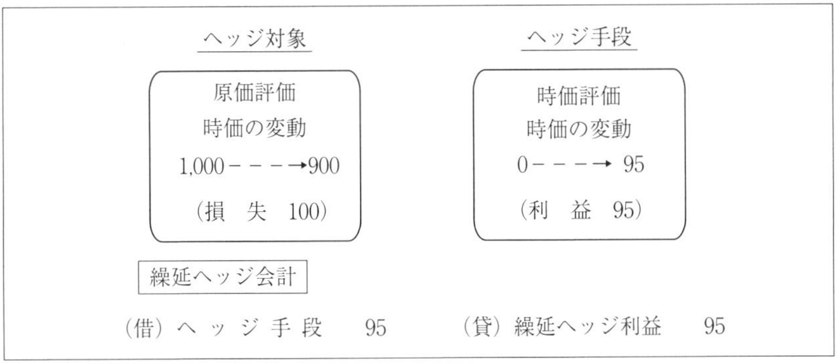

```
       ヘッジ対象                ヘッジ手段
    ┌──────────┐         ┌──────────┐
    │  原価評価  │         │  時価評価  │
    │  時価の変動  │         │  時価の変動  │
    │ 1,000 ---→900 │       │  0 ---→ 95  │
    │ （損　失　100） │       │ （利　益　95） │
    └──────────┘         └──────────┘
  ┌────────┐
  │ 繰延ヘッジ会計 │
  └────────┘
   （借）ヘッジ手段　　95　　（貸）繰延ヘッジ利益　　95
```

　左側のヘッジ対象は原価で評価され，右側のヘッジ手段のデリバティブは時価評価されているとします。ヘッジ対象について，時価の変動により価額が1,000から900に下落し，損失が100発生しているとします。また，ヘッジ手段のほうでは，時価の変動により，価額が0から95に上昇し，利益が95出ているとします。繰延ヘッジ会計では，時価評価により発生したヘッジ手段の損益をヘッジ対象の損益が認識されるまで繰り延べることになります。この結果，図4-5に示されるような仕訳が行われます。

この後で説明する，金融商品の会計基準設定当時までの海外の会計実務におけるヘッジ会計は，このようなパターンのヘッジ会計でした。繰延ヘッジ会計は，制度会計による基本的な評価基準が原価法である場合には，それと整合することや，予定取引（例えば，将来発生する見込みの取引の価格リスクをヘッジするための取引）についても適用できる等の長所があります。しかし，ヘッジ手段が原価法で評価され，かつ，ヘッジ対象について，先に損益が認識された場合には，これを繰り延べることになるため，単に実現利益の繰延べにすぎないのではないかという見方もあります。

　時価ヘッジ会計は，ヘッジ手段とヘッジ対象の双方の損益を時価の変動に応じて，それらの発生したときに認識する方法です。この方法には，①ヘッジ手段の損益が時価評価により，その変動時に認識されるのに対応させるため，ヘッジ対象の損益を時価評価で認識するパターンと，②ヘッジ対象の損益が時価により，その変動時に認識されるのに対応させるため，ヘッジ手段の損益を時価評価で認識するパターンの二つがあります。時価ヘッジ会計の場合も，デリバティブは一般に時価で評価されますので，やはりこのうち①が一般的な時価ヘッジ会計の方法となります。

　図4-6は，最も簡単な時価ヘッジ会計の例を示しています。

図4-6　時価ヘッジ会計の例

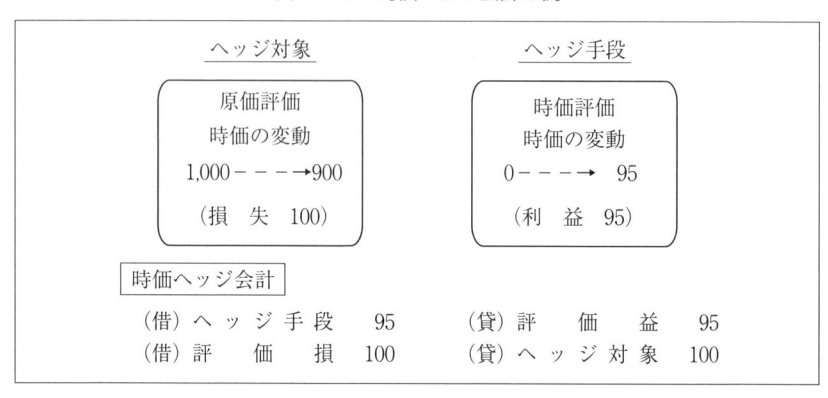

```
    ヘッジ対象              ヘッジ手段
  ┌──────────┐        ┌──────────┐
  │  原価評価  │        │  時価評価  │
  │ 時価の変動 │        │ 時価の変動 │
  │1,000 ---→900│        │ 0 ---→ 95 │
  │ （損失 100）│        │ （利益 95）│
  └──────────┘        └──────────┘
 ┌────────┐
 │時価ヘッジ会計│
 └────────┘
    （借）ヘッジ手段   95      （貸）評　価　益   95
    （借）評　価　損  100      （貸）ヘッジ対象  100
```

図4-6の左側のヘッジ対象は原価評価され，右側のヘッジ手段は時価評価されているとします。ヘッジ対象からは100の損失が生じ，ヘッジ手段からは95の益が生じているのは，図4-5同じです。この場合，時価ヘッジ会計を適用すると，ヘッジ手段の損益認識に合わせてヘッジ対象も時価評価することになります。その結果，図4-6に示されているような仕訳が行われることになります。

　時価ヘッジ会計は，ヘッジの有効性が直ちにそのまま損益に計上されるという意味で，ヘッジの経済実態をより適切に反映できることや，具体的な適用が容易であること等の長所があります。しかし，ヘッジ開始時のヘッジ対象の帳簿価額と時価との差額が合わせて損益認識されてしまうという短所があります。例えば，簿価が100の資産について，その資産の時価が120のときにヘッジを開始したとすると，本来，ヘッジの対象になるのは120の時点以降の価格変動になるわけです。ところが，ヘッジ対象すべてを時価評価すると，100と120の差額（評価益）が含まれて計上されてしまうことになります。また，予定取引のヘッジについては，先にヘッジ手段から損益が生ずると，ヘッジ対象の予定取引について損益を認識しなければならないことになってしまい，これは取引の認識（どの時点で財務諸表に計上するかという意味です）の通常の会計慣行と大きく相違してしまうという問題もあります。

(2) 米国の基準書の変遷

　次に，金融商品の会計基準や実務指針が作成されるまでの，米国基準の変遷について概要をみてみることにします。これは，会計基準や実務指針が作成される過程で米国の基準の考え方が多く取り入れられており，現行の日本基準を理解するためにも有用と考えられるためです。

　米国において，デリバティブに関係した会計基準としては，FASB基準書第52号と第80号があります。その後，FASBにおけるヘッジのプロジェクトを経て，1998年6月にFASB基準書第133号が公表されています。

a．FASB基準書第52号

FASB基準書第52号「外貨換算」(1981年12月)では，先物為替予約(通貨先物とスワップ等の同様な契約を含みます)の会計処理について規定しています。FASB基準書第52号に定められている先物為替予約の処理の要点は，次のとおりでした。

① 先物為替予約は，それ自体が独立した外貨建取引として会計処理を行う。

② ヘッジ目的の先物為替予約の場合には，為替予約のプレミアム又はディスカウント(契約日の直物レートと予約レートとの差額に予約した外貨を乗じた金額)は，予約期間にわたって償却し，また，契約日の直物レートと期末直物レートとの差額に，予約した外貨金額を乗じて計算した額を先物差損益として認識する(ただし，④と⑤の場合を除きます)。

③ 投機目的の先物為替予約の場合には，期末に契約している為替予約の予約レートと，決済期限が同じ為替予約の期末日の予約レートとの差額を，予約した外貨金額に乗じて計算した額を為替差損益として認識する。

④ 海外事業の純投資等のヘッジとなっている場合には，為替差損益は資本の部の為替換算調整勘定に含める。

⑤ 先物為替予約が外貨建ての確定契約のヘッジのために行われている場合には，為替予約に係る損益は繰り延べて，その取引(確定契約)に係る損益の計算に含める。

先物為替予約をヘッジ目的で用いた場合の会計処理は，表4－5に示されています。

表4－5 為替予約の会計処理

会社は2月1日に，7月31日実行の為替買予約を行った。予約金額は1,000,000ドル，予約レートは122円／ドル，その日の直物レートは125円／ドルであった。会社の決算日は3月31日であり，3月31日の為替レートは次のとおりであった。
　　直物レート　　　　　　　　128円／ドル
　　先物レート(7月31日実行)　126円／ドル
　会社は，2月1日に発生し7月31日に決済の1,000,000ドルの外貨建買掛金(商品

購入代金)を有しており,そのヘッジのために為替予約を行っている。

〔2月1日〕
(1) (借)商　　　　品　　125,000　　(貸)買　掛　金　　125,000
　　買掛金の発生を計上
(2) (借)先物予約債権　　125,000　　(貸)先物予約債務　　122,000
　　　　　　　　　　　　　　　　　　　　繰 延 利 息　　　3,000
　　為替予約取引の計上(先物予約債務の金額は確定している)

〔3月31日〕(決算日)
(1) (借)為 替 差 損　　　3,000　　(貸)買　掛　金　　　3,000
　　買掛金を決算日レートで換算替え
　　　1,000,000ドル×(128－125)＝3,000千円
(2) (借)先物予約債権　　　3,000　　(貸)為 替 差 損　　　3,000
　　先物予約債権を決算日レートで換算替え
　　　1,000,000ドル×(128－125)＝3,000千円
(3) (借)繰 延 利 息　　　1,000　　(貸)受 取 利 息　　　1,000
　　繰延利息を予約期間で償却
　　　$3,000千円 \times \frac{2}{6} = 1,000千円$

〔7月31日〕
(1) (借)先物予約債務　　122,000　　(貸)預　　　　金　　122,000
　　　　買　掛　金　　128,000　　　　先物予約債権　　128,000
　　買掛金の決済と買予約の実行
(2) (借)繰 延 利 息　　　2,000　　(貸)受 取 利 息　　　2,000
　　繰延利息の償却
　　　$3,000千円 \times \frac{4}{6} = 2,000千円$

　ここでは,仕訳をわかりやすくするため,先物予約債権と先物予約債務を総額で両建表示しているが,貸借対照表では相殺して表示される。

　わが国の会計実務では,後述するように,外貨建ての債権債務や取引を先物為替予約レートで換算することが一般的ですが,先物為替予約を独立処理すれば,このようになります。

　このFASB基準書第52号の諸規定のうち,外貨デリバティブに関する部分は,

後に基準書第133号に組み入れられました。

b．FASB基準書第80号

FASB基準書第80号「先物契約の会計」（1984年8月）では，為替を除く先物契約の会計処理について規定していました。FASB基準書第80号の会計処理の要点は，次のようなものでした。

① 先物契約の時価の変動差額は，ヘッジ要件を満たす場合を除き，変動のあった期の損益として認識する。

② ヘッジ基準を満たす先物契約の時価の変動差額は，ヘッジ対象の価額又は金利の変動が認識されたときに損益として認識する。これは具体的には次のようになります。

  (a) ヘッジ対象（例えば資産，負債，確定契約）が時価評価されている場合には，先物契約に係る損益もそのまま損益として認識する。

  (b) 資産・負債及び確定契約のヘッジについては，先物に係る損益は対象項目の帳簿価額の修正として扱う。

  (c) 予定取引のヘッジの場合には，先物に係る損益はその対象取引の金額の測定に含める（ただし，時価評価されるものが対象の場合を除く）。

ヘッジ取引の場合には，債券先物取引を例にとれば，所有国債の価額の下落をヘッジするため，債券先物を98円で売り約定したとします。その後，国債の値下がりに伴い，先物価額も下落して96円になり，この先物契約を反対売買で決済したとします。この場合，先物契約に係る損益2円は所有国債の帳簿価額の修正として取り扱われます。つまり，帳簿価額が99円であったとすれば，修正後の帳簿価額は97円になります。この帳簿価額に基づいて，その後の会計処理を行うわけです。

投機取引の場合には，先物契約の評価損益がそのまま損益として計上されることになります。

ヘッジ目的の先物取引の会計処理の例は，表4－6に示されています。

第4章 デリバティブとヘッジ会計

表4－6 ヘッジ目的の先物取引の会計処理

　C社（決算日：各年9月30日）は，3か月後に変動金利（ユーロ円ベース：LIBOR＋0.5％）による50億円の借入れ（期間3か月）を予定している。この借入れに係る金利変動リスクを回避するため，199×年3月1日に日本円短期金利先物（50契約）を売り建て，借入実行日の6月1日に買い戻し，9,625千円の利益を得た。C社は，先物に係る損益の認識基準として値洗基準（時価評価）を採用している。

　この場合のヘッジ会計の処理は，次のとおりである。

(1) 金利先物の約定時から決済時まで

　　金利先物の約定残高は貸借対照表に計上しないので，約定時には会計処理は行わない。一方，約定時から決済時までの間に先物の相場変動について，次の会計処理が行われる。

　　（借）先物取引差金　　　9,625　　（貸）繰延先物利益　　　9,625

(2) 借入実行時（金利先物の決済時）

　　先物に係る利益は，予定した借入れが実行され，当該借入れに係る支払利息が計上されるまでは，繰延先物利益として処理される。

　　借入実行時（金利先物の決済時）の処理は，次のとおりである。

　　（借）預　　　　金　　　9,625　　（貸）先物取引差金　　　9,625
　　　　預　　　　金　5,000,000　　　　借　入　金　　5,000,000

(3) 借入金の支払利息計上時

　　繰延先物利益は，当該借入金に係る支払利息の計上に合わせて期間配分され，借入期間（3か月）を通して利益に振り替えられる。本設例でC社が月次で支払利息を計上するとした場合，6月30日の処理を示せば，次のようになる。

　　（借）支　払　利　息　　32,813　　（貸）未　払　利　息　　32,813
　　　　繰延先物利益　　　3,208　　　　先　物　利　益　　　3,208

（注1）　$32,813 = 5,000,000 \times (7.375\% + 0.5\%) \times \dfrac{1}{12}$

（注2）　$3,208 = 9,625 \times \dfrac{1}{3}$

　　　　7月末及び8月末においても同様に，繰延先物利益の期間配分処理を行う。

　上記に示した仕訳は，わが国の現在の会計実務で繰延ヘッジ会計を採用した場合とほとんど同じです。なお，わが国では純資産の部の表示に関する会計基準適用後は，繰延先物利益は，繰延ヘッジ損益として貸借対照表の純資産の部

に表示することとされました。なお、基準書第80号は、次の基準書第133号の公表により、廃止されています。

　c．FASBのプロジェクトとFASB基準書第133号

　すでに述べたように、アメリカにおいて当初採用されていたヘッジ会計の方法は、繰延ヘッジ会計の一つでした。これに関連して、公表されている会計基準相互間で整合性がない、すべてのデリバティブを網羅した基準がない、ヘッジの有効性の判定に多大なコストが係る、といった問題点が指摘されていました。

　FASBは、デリバティブとヘッジ会計の問題についてのプロジェクトを進め、1993年6月に「ヘッジ及びリスク修正活動に関連する一定事項についての暫定的結論を含む審議に関する報告書」と題するスタッフレポートを公表しました。その後、さらに検討を重ね、1996年6月にFASBは基準書の公開草案を公表し、1998年6月に「デリバティブ商品とヘッジ活動に関する会計」が公表されました。

　このFASB基準書第133号では、デリバティブを資産・負債として認識し、その時価評価を求めています。さらに、ヘッジについては、公正価値ヘッジ、キャッシュ・フロー・ヘッジ、外貨ヘッジの三つに分け、それぞれについてヘッジ会計の要件と適用の方法について規定していました。

　d．わが国の諸基準

　日本公認会計士協会は、1985年10月に「債券先物取引の会計処理」を公表しています。この指針は、当時の東京証券取引所における債券先物取引の開始に伴い急いで作られた、という性格を有していましたが、この中で、ヘッジ取引の会計処理についても検討されたことが述べられています。すなわち、この指針では、「期間損益計算の適正化の観点から、現行の商法の規定及び企業会計原則の規定の下でもヘッジ取引の機能を反映した会計処理の選択の余地があるとされたが、税務上の取扱いを含めた現行諸規定の下でのヘッジ取引のすべてについて一元的な会計処理の指針を示すことは、現段階では難しいため、本文で取り上げることはしなかった。」とされていました。

1990年5月に企業会計審議会から公表された「先物オプション取引等の会計基準に関する意見書等について」においても，ヘッジ会計の検討がなされたことが示されています。

　この意見書では，ヘッジ会計の導入については，ヘッジ会計の有無の判定方法，先物損益の配分及び繰延方法等，なお多くの問題が残されているため，これを確定基準とすることは見送られましたが，今後，確定基準を定める際の検討材料として，先物取引に係るヘッジ会計の基本的考え方と会計処理方法が意見書の「第二部先物取引に係る会計処理に関する中間報告」に示されていました。

　ヘッジ会計の採用は，やはりデリバティブ自体が時価評価されることを前提としないと，具体的な議論が難しくなります。1❸でも述べたように，当時は商法上の問題で，金融資産の時価評価ができないことが，ヘッジ会計の制約となっていました。

(3) 公正価値ヘッジとキャッシュ・フロー・ヘッジ

a．FASB基準書第133号のアプローチ

　FASB基準書第133号の付録C「背景と結論の基礎」では，基準書第133号が②Cで述べたヘッジ会計のアプローチをとるに至った根拠とプロセスが述べられています。このヘッジ会計のプロジェクトでは，さまざまなアプローチが検討されたとされています。

　すでに述べた時価ヘッジ会計（純粋な時価ヘッジ会計）については，それを採用しなかった理由が次のように述べられています。

① 予定取引に対するヘッジ会計に使えないこと
② ヘッジ対象を時価で評価することによって，ヘッジを開始する以前に生じた時価の変動分が認識されてしまうこと
③ ヘッジ対象全体を時価評価することによって，ヘッジの対象としたリスク以外のリスク（例えば信用リスク）の変動分まで損益に含まれてしまうこと

また，繰延ヘッジ（純粋な繰延ヘッジ会計）を採用しなかった理由として，次のような点が述べられています。
　①　繰延ヘッジ会計の結果繰り延べられた項目が資産又は負債の定義を満たさないこと
　②　将来的にはすべての金融商品を時価評価するという長期目標と適合しないこと
　③　ヘッジ対象の時価変動分と相殺されないヘッジ対象の時価変動分まで繰り延べられてしまうこと

　繰延ヘッジについてさらに説明を付け加えると，FASBの概念基準書では「資産の概念」「負債の概念」という点について規定しています。例えば，資産は「発生の可能性の高い将来の経済的価値」とされており，負債は「発生の可能性の高い将来の経済的価値の犠牲」とされていました。このような定義から考えると，デリバティブ取引によって生じた繰延損益は，過去に発生した取引の結果であり，このような資産・負債の定義に適合しないというわけです。

　③の問題は，時価変動分の相殺の範囲の問題です。ヘッジ取引を行ったとしても，ヘッジ対象から生ずる時価変動分とヘッジ手段から生ずる時価変動分が金額的に一致しないことが通常です。このような場合，相殺されないヘッジ手段の時価変動分まで繰り延べられていいのかという問題が出てくるためです。

　また，FASB基準書第133号の作成過程において検討されたが採用されなかったその他のアプローチには，次のようなものがあったとされています。
　①　すべての金融商品を時価で評価するというアプローチ
　②　デリバティブをトレーディングとリスク管理の二つに分類し，トレーディングについては時価の変動を損益に計上し，リスク管理については決済により実現するまでは資本の部に直接計上するというアプローチ
　③　ヘッジ対象とデリバティブを合成した別の金融商品が作り出されたとして，その金融商品の会計処理を考えるアプローチ

b．公正価値ヘッジとキャッシュ・フロー・ヘッジ
　FASBでは，基準書の作成に当たり，二つのエクスポージャーを考えたとさ

れています。一つは公正価値のエクスポージャーであり，これは特定の資産・負債（確定契約を含みます）の公正価値の変動の可能性を意味しています。例えば，固定金利の債券を考えると，購入時点以後の固定金利の変動によって，この債券の公正価値は変動します。もう一つは，キャッシュ・フローのエクスポージャーであり，これは，予想キャッシュ・フローの変動の可能性を意味しています。キャッシュ・フローのエクスポージャーには，購入した資産の販売や利用によるキャッシュ・フローのエクスポージャー，変動金利の債券から得られるキャッシュ・フローのエクスポージャー等が考えられます。

　この二つのエクスポージャーは，実は相互に逆になる場合があります。例えば，変動金利の債券を考えてみます。金利が変動することのエクスポージャーをヘッジするために，金利スワップ契約を締結したとします。つまり，これによって変動金利を固定金利に変えるわけです。このような場合，金利の変動するエクスポージャーは避けたことになりますが，今度は固定金利の債券に実質的に変わるため，公正価値のエクスポージャー（固定金利の上下に伴う価格変動のリスク）が生ずることになるわけです。

　公正価値ヘッジとキャッシュ・フロー・ヘッジの具体的な会計処理は，次のように行われます。

　公正価値ヘッジの場合には，ヘッジ手段とされたデリバティブ自体の公正価値変動部分は，その発生した期の損益として認識されます。また，一方でヘッジの対象となった特定の資産・負債又は確定契約のヘッジ対象となったリスクに起因する価格変動分は，同一期の損益として認識されることになります。この場合，ヘッジ対象の損益認識分は資産及び負債については貸借対照表上の簿価を修正し，確定契約については，その部分を貸借対照表に計上して会計処理することになります。

　例えば，図4－7は公正価値ヘッジの方法を示したものです。

　図4－7の左側のヘッジ対象は原価評価されており，ヘッジ手段のデリバティブは時価評価されているとします。ヘッジ対象については時価の変動により損失が90発生し，ヘッジ手段については時価の変動により利益が95生じてい

図4-7　公正価値ヘッジの方法

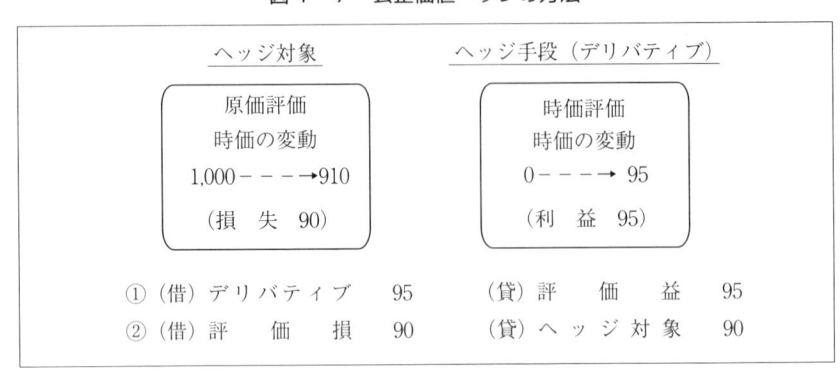

```
         ヘッジ対象              ヘッジ手段（デリバティブ）
    ┌─────────────┐          ┌─────────────┐
    │   原価評価    │          │   時価評価    │
    │  時価の変動   │          │  時価の変動   │
    │ 1,000 - - -→910 │          │  0 - - -→ 95  │
    │  （損　失　90）│          │  （利　益　95）│
    └─────────────┘          └─────────────┘

    ①（借）デリバティブ　　95      （貸）評　価　益　　95
    ②（借）評　価　損　　　90      （貸）ヘッジ対象　　90
```

るとします。デリバティブはすべて時価評価され，その評価益は損益に含まれますので，①の会計処理が行われます。また，公正価値ヘッジによりヘッジ対象についての時価の変動分も損益に計上されることになりますので，②の会計処理が行われるわけです。

　キャッシュ・フロー・ヘッジの場合には，デリバティブ自体の損益（時価変動分）は，貸借対照表の資本の部（わが国の場合には純資産の部）に直接計上されます。その後，当該予定取引等が実際に行われた期に，その損益と合わせて損益計算書で認識されることになります。

　公正価値ヘッジとキャッシュ・フロー・ヘッジの説明から明らかなように，FASB基準書第133号では，予定取引と確定契約について会計処理の方法を変えています。確定契約とは，契約の当事者間で法的に拘束される契約で，重要な条件（数量，価格，取引の時期等）が明示されており，履行することが確実と考えられるほどに不履行の場合の負担のあるものをいいます。予定取引とは，確定契約ではありませんが，行われると予測される取引で，一定の要件を満たすものをいいます。

　確定契約と予定取引とは，その取引の発生する可能性が類似しており，同一の会計処理が適用されるべきである，という見解があったことが付録Cに示されています。また，FASBがこの見解を採用しなかった理由も述べられています。つまり，確定契約は契約価格が法的に取り決められており，したがって，

ヘッジ対象の価格変動分がそのまま当該契約の価値の増減を意味しています。したがって，たとえ取引の全体が貸借対照表上で資産又は負債として通常認識されていなくても，資産又は負債に準じて処理をすべきであると判断されたわけです。ところが，予定取引は契約価格が法的に取り決められているわけではありませんから，両者は区別し，同一の会計処理を適用すべきではないという結論になったとされています。

図4－8は，キャッシュ・フロー・ヘッジの具体例を示しています。左側のヘッジ対象は予定取引であり，右側のヘッジ手段のデリバティブは時価で評価されているとします。予定取引からは損失が90発生していると見込まれ，ヘッジ手段からは利益が95生じているというケースです。

図4－8 キャッシュ・フロー・ヘッジの具体例

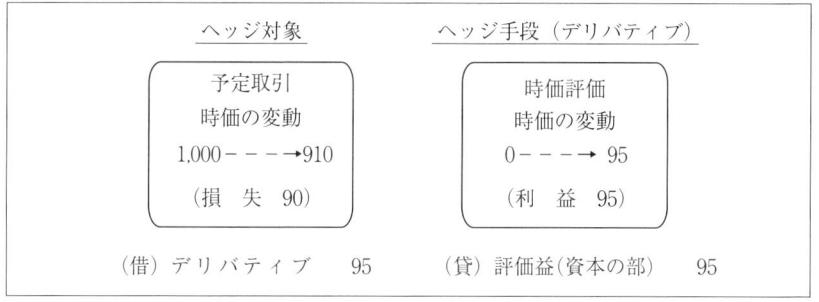

```
         ヘッジ対象              ヘッジ手段（デリバティブ）
    ┌──────────────┐         ┌──────────────┐
    │   予定取引    │         │   時価評価    │
    │  時価の変動   │         │  時価の変動   │
    │ 1,000－－－→910 │         │  0－－－→ 95  │
    │ （損 失 90） │         │ （利 益 95） │
    └──────────────┘         └──────────────┘
   （借）デリバティブ 95    （貸）評価益(資本の部)   95
```

この場合，予定取引についての会計処理は行われず，ヘッジ手段であるデリバティブの評価益95が資本の部（わが国の場合は純資産の部）に直接計上されることになります。この95は，予定取引が実際に行われたときに損益計算書に振り替えられます。つまり，振り替えることによって，予定取引の時価の変動による損失と損益計算書で相殺されることになります。

図4－7や図4－8から明らかなように，通常，ヘッジ対象から生ずる損益と，ヘッジ対象の相場変動から生ずる損益と，ヘッジ手段の相場変動から生ずる損益とは異なります。完全なヘッジ（100％相殺の関係にあるヘッジ）はほとんどないと考えられます。FASB基準書第133号では，このような不一致の部分については，ヘッジ対象となったリスクに起因する相場変動かどうかで区別を

するとしています。FASBの基準書では、不一致部分は、ヘッジの有効性がない部分として損益に計上されることになります。

c．IAS第39号の規定

1998年12月に公表されたIAS第39号においても、ヘッジ会計に関する規定が含まれています。FASB基準書第133号と同様に、ヘッジについて、公正価値ヘッジ、キャッシュ・フロー・ヘッジ、在外事業体の純投資のヘッジの三つがあるとされています。IAS第39号の会計処理は、上に述べたFASB基準書第133号のヘッジ会計と非常に類似していますが、確定契約のヘッジをキャッシュ・フロー・ヘッジとして扱う等の違いもあります。

(4) ヘッジ会計の要件

どのようなヘッジ会計の方法が採用されるにせよ、ヘッジ会計を適用する場合には、通常の会計処理基準（例えば、資産の評価基準）から離れた処理が行われることになります。企業はさまざまなヘッジ活動を行っていますが、そのすべてがヘッジ会計の適用を受けるわけではありません。ヘッジ会計は、一定のヘッジ会計の適用要件を満たしたヘッジ活動について適用される会計手法です。ヘッジ会計の要件には、ヘッジの意思にかかわるものと、ヘッジの有効性にかかわるものがあります。

ヘッジの意思が明確に示されていないとすると、ヘッジ会計が適用できるかどうかを決定するためには、企業のすべての資産・負債間のヘッジ会計の可能性をチェックする必要性が生じてきます。このような作業は実務上極めて繁雑と考えられ、また、ヘッジの意思表明が不要とすると、ある取引の損益と別な取引の損益を後で恣意的に相殺することによる利益操作の余地も生じます。一般的に、あるヘッジ手段についてヘッジの意思が表明された場合には、取引の記録票等の上で、どのヘッジ対象のヘッジ取引であるかを明示するドキュメンテーションが必要であるとされています。

ヘッジ会計を実施する場合には、そのヘッジが有効であるという仮定の下でヘッジ会計が行われます。したがって、一般的に、これらのヘッジの有効性に

について，取引時とその後の期間に定期的にある種の有効性のテストを行う必要があります。この有効性の判断をする場合に，どのような単位で有効性を判定するのか，という派生問題もあります。ヘッジの有効性の確認のアプローチについては，取引単位によるアプローチ，企業単位によるアプローチ，事業単位によるアプローチといったものがあります。

　ヘッジの要件について，1984年8月に公表されたFASB基準書第80号「先物取引の会計処理」では，ヘッジ取引として認定するために二つの要件を定めています。すなわち，①ヘッジ対象がその企業を価格リスクにさらしていることと，②先物契約がそのエクスポージャーを減少させ，かつヘッジを意図していること，の二つです。さらに，予定取引のヘッジについては，この二つの要件に加えて，③予定取引の重要な内容及び条件が確実であることと，④予定取引が行われることが確実に見込まれること，が必要とされています。

　1981年12月に公表されたFASB基準書第52号「外貨換算」では，先物為替予約等を用いたヘッジについて規定しています。しかし，基準書第52号では，外貨建確定契約のヘッジについてはヘッジ会計の要件を定めていますが，資産・負債のヘッジについては，投機取引について「エクスポージャーをヘッジしない取引」としている以外には特別の規定はありません。また，基準書第52号では，予定取引についてヘッジ会計を適用することは認めていません。ヘッジの判定単位についても，基準書第80号と第52号の規定には若干の違いがみられました。

　1990年5月に公表された企業会計審議会の中間報告では，「ヘッジ会計適用の基本的要件は，ヘッジ対象が相場変動リスクにさらされており，かつ，ヘッジ対象の相場変動と先物取引の相場変動との間に密接な相関があって，先物取引がヘッジ対象のリスクを減少させる効果をもつこと」としています。

　さらに，この中間報告では，ヘッジ会計適用の要件を（あくまで［案］でしたが），次のように示していました。
　①　事前テスト
　　　先物取引がヘッジ取引であることについて，次のいずれかが客観的に確

認できること
- (a) ヘッジ取引であることについて，会社の意思が確定していること
- (b) ヘッジ取引を識別する明確な内部規定又は内部統制組織が存在し，かつ，これに従って処理されていること

② 事後テスト

次のいずれかにより，ヘッジの効果が客観的に認められること
- (a) ヘッジ対象物の相場変動と先物取引の相場変動との間に高い相関があったかどうかのテスト
- (b) ヘッジ対象物の損益が先物損益によって相場の相殺が行われたかどうかのテスト

このヘッジ会計の適用の要件は，すでに述べたアメリカのFASB基準書第80号のヘッジ要件とほぼ同様なものです。

1998年6月に公表されたFASB基準書第133号では，説明的な規定を多く含んではいますが，ヘッジの要件について詳細に規定しています。そのヘッジ要件の要点は次のとおりです。まず，公正価値ヘッジの会計処理が認められるためには，次の要件を満たしている必要があります。

① ヘッジ取引の約定時に，ヘッジの内容（ヘッジ対象，ヘッジ手段のデリバティブ，ヘッジの対象となるリスクの内容，デリバティブ等の有効性等）の正式な文書化がなされていること

② ヘッジの約定時及びヘッジ対象期間中，ヘッジ対象となったリスクに起因する公正価値の変動に対し，相当の相殺効果をもち続けていること（これについての数値的なガイドラインは示されていません。また，有効性の有無の評価は，少なくとも3か月ごとに行われるべきものとされています）

③ ヘッジ対象は，特定の資産・負債又は確定契約，又はそれらの一部であるか，又は類似する資産又は負債のポートフォリオであること

キャッシュ・フロー・ヘッジについても，ヘッジ会計の要件は，公正価値ヘッジの場合と実質的にはほとんど同じです。

(5) ヘッジの会計基準の論点

ここまでの説明で，ヘッジの会計基準で規定すべき論点には，多くのものがあることに気付いたと思われます。必ずしも網羅的なものとはいえませんが，例として次のような論点があると考えられます。

(1) ヘッジ対象とヘッジ手段
　① ヘッジ対象となり得る残高や取引はどのようなものか。
　② ヘッジ対象となるリスクにはどのようなものがあるか。
　③ どのような取引がヘッジ手段となり得るか。
　④ デリバティブ以外にヘッジ手段となるものにどのようなものがあるか。
　⑤ 将来の取引もヘッジ対象とすべきか。
　⑥ ネットの資産ポジションやネットの負債ポジションがヘッジ対象となるか。
　⑦ ポートフォリオ全体をヘッジ対象とすることは可能か。
　⑧ 全体の一部期間や一部金額を指定したヘッジは可能か。

(2) ヘッジ会計の手法
　① 時価ヘッジ会計と繰延ヘッジ会計のいずれかに限定すべきか。
　② 時価ヘッジ会計と繰延ヘッジ会計をどのように組み合わせて基準化するか。
　③ 公正価値ヘッジとキャッシュ・フロー・ヘッジで具体的な会計手法がどのように異なるか。
　④ 将来の取引をヘッジ対象とする場合に，具体的な会計手法に違いがあるか。
　⑤ ヘッジ会計の手法は，他の資産負債に関する会計基準と，どの程度の整合性が必要か。
　⑥ 繰延ヘッジの結果生ずる繰延勘定は，貸借対照表上でどのように表示すべきか。
　⑦ グループ内の取引に関するヘッジ取引をどのように会計処理するか。

(3) ヘッジ会計の要件
　① 取引時にどのような要件が必要か。
　② 取引時にヘッジ会計を適用するためにどの程度の文書的な裏付けが必要か。
　③ 取引後のヘッジの有効性の確認をどの程度要求すべきか。
　④ 有効性確認の頻度はどの程度要求すべきか。
　⑤ 有効性確認の手続を簡略化できるような措置が可能か。
　⑥ ヘッジが不完全な部分は，どのように会計処理するのか。
(4) ヘッジ会計の終了・中止
　① 有効性が確認できない場合には，どのような会計処理を要求すべきか。
　② ヘッジ対象が消滅した場合には，どのような会計処理を行うか。
　③ ヘッジ手段がヘッジ対象より先に決済された場合には，どのような会計処理を行うか。
　④ ヘッジ手段の損益をヘッジ対象の帳簿価額の修正とすることは，どのような範囲で行うのか。

　これらの論点について，明確な指針を与えていくと，ヘッジ会計の基準は，事実，膨大なものになります。以下では，現行基準のヘッジ会計のうち，特に重要なものについてみていくことにします。

3　金融商品の会計基準によるヘッジ会計

　金融商品の会計基準によるヘッジ会計は，広い範囲のヘッジ会計の適用が可能なような規定がされています。また，この基準を適用するための詳細については，日本公認会計士協会で作成された実務指針で対応しています。以下では，ヘッジ会計に係る会計基準の規定を掲げ，それにかかわる実務指針を中心にみていきます。

第4章　デリバティブとヘッジ会計

❶　ヘッジ会計とヘッジ取引

　会計基準の第29項では，ヘッジ会計の意義について，次のように定めています。

> 　ヘッジ会計とは，ヘッジ取引のうち一定の要件を充たすものについて，ヘッジ対象に係る損益とヘッジ手段に係る損益を同一の会計期間に認識し，ヘッジの効果を会計に反映させるための特殊な会計処理をいう。

　また，注解11では，ヘッジ取引について，次のように定めています。

> 　ヘッジ取引についてヘッジ会計が適用されるためには，ヘッジ対象が相場変動等による損失の可能性にさらされており，ヘッジ対象とヘッジ手段とのそれぞれに生じる損益が互いに相殺されるか又はヘッジ手段によりヘッジ対象のキャッシュ・フローが固定されその変動が回避される関係になければならない。なお，ヘッジ対象が複数の資産又は負債から構成されている場合は，個々の資産又は負債が共通の相場変動等による損失の可能性にさらされており，かつ，その相場変動等に対して同様に反応することが予想されるものでなければならない。

　このように，注解11では，「ヘッジ対象が複数の資産又は負債から構成されている場合」の規定がされています。ヘッジの対象としては，個別の取引をヘッジする個別ヘッジと，さまざまな資産あるいは負債を一括してヘッジする包括ヘッジとよばれるものがあります。この規定は，包括ヘッジについてもヘッジ会計が適用されることを明らかにしています。
　この問題は，ヘッジ対象が識別できるかという問題と関連しています。実務指針では，ヘッジ対象の識別は，資産又は負債等について取引単位で行うことが原則であるが，リスク（例えば，金利変動リスク）の共通する資産又は負債等をグルーピングした上で，ヘッジ対象を識別する方法（包括ヘッジ）もあるとしています。これは，ヘッジ手段の最低取引単位の大きさ（例えば，億円，百万ドル等）やヘッジコストの軽減等の実務的要請からくるものです。さらに，実

務指針では,金利変動に伴う時価変動が生じることにおいては個々の資産又は負債が共通していても,満期日が著しく相違することなどにより,金利変動に伴う時価変動割合が個々の資産又は負債との間で一様でない場合には,注解11の要件を満たさないため,包括ヘッジの対象として取り扱うことはできないとされています。具体的には,個々の資産又は負債の時価の変動割合又はキャッシュ・フローの変動割合が,ポートフォリオ全体の変動割合に対して,上下10%を目安にその範囲内にある場合には,リスクに対する反応がほぼ一様であるものとして取り扱うとされています。

また,ヘッジ会計では,現物の金融商品(例えば,有価証券や借入金)がヘッジ手段になるかどうかという問題があります。米国のFASB基準書第133号では,外貨建てのヘッジの場合を除き,現物金融商品をヘッジ手段として用いることは認められていません。金融商品の会計基準の前文(書換え後の2006年基準の第95項)では,「ヘッジ対象である資産又は負債の価格変動,金利変動及び為替変動といった相場変動等による損失の可能性を減殺することを目的として,デリバティブ取引をヘッジ手段として用いる取引をいう。」とされており,基本的にはデリバティブ取引がヘッジ手段として想定されていると考えられます。

ただし,実務指針では,デリバティブ取引以外のヘッジ手段としては,次のいずれかのみを認めています。

(1) 次の外貨建取引等の為替変動リスクをヘッジする目的の外貨建金銭債権債務又は外貨建有価証券

　① 予定取引

　② その他有価証券

　③ 在外子会社等に対する投資の持分

(2) 保有するその他有価証券の相場変動をヘッジする目的の信用取引(売付け)又は有価証券の空売り

実務指針では,上の(1)の具体例としては,外貨による固定資産購入に備えて,当該取引を期日とする外貨建社債又は外貨建預金の保有を挙げています。このように実務指針でヘッジ手段を限定したのは,デリバティブ取引以外の現物資

産について，広くヘッジ手段としての適格性を認めるとすると，その評価基準は一様でないため，多くの例外処理を認めることとなり，会計基準としての統一性を欠く結果となるおそれがあるとされています。

　実際のヘッジ取引においては，適当なヘッジ手段がなく，ヘッジ対象と異なる類型のデリバティブ取引をヘッジ手段として用いることもあります。これらは「クロスヘッジ」とよばれますが，クロスヘッジもヘッジ会計の対象となることが基準の前文（書換え後の2006年基準の第102項）で明らかにされています。

　さらに，注解11では「ヘッジ対象のキャッシュ・フローが固定されその変動が回避される関係」もヘッジ取引に含めています。これは，いわゆるキャッシュ・フロー・ヘッジを想定していると考えられますが，この場合の具体的な会計処理の方法については，「❹　ヘッジ会計の方法」で述べます。

❷　ヘッジ対象

　ヘッジの対象の問題の一部については，❶でも少し触れましたが，会計基準の第30項では，ヘッジ対象について次のように定めています。

> 　ヘッジ会計が適用されるヘッジ対象は，相場変動等による損失の可能性がある資産又は負債で，当該資産又は負債に係る相場変動等が評価に反映されていないもの，相場変動等が評価に反映されているが評価差額が損益として処理されないもの若しくは当該資産又は負債に係るキャッシュ・フローが固定されその変動が回避されるものである。なお，ヘッジ対象には，予定取引により発生が見込まれる資産又は負債も含まれる。

　この規定の中で，「当該資産又は負債に係る相場変動等が評価に反映されていないもの」は原価法で評価されている，あるいは償却原価法で会計処理されている資産又は負債を意味しています。実務指針では，具体例として固定金利の借入金・貸付金を挙げています。「相場変動等が評価に反映されているが，評価差額が損益として処理されないもの」は，第3章で述べた「その他有価証

券」を想定していると考えられます。

また，注解12では，予定取引について，次のように定めています。

> 予定取引とは，未履行の確定契約に係る取引及び契約は成立していないが，取引予定時期，取引予定物件，取引予定量，取引予定価格等の主要な取引条件が合理的に予測可能であり，かつ，それが実行される可能性が極めて高い取引をいう。

ヘッジ対象としての予定取引には，会計基準上未履行の確定契約が含まれることが明らかにされています。したがって，わが国の基準は，この部分については，米国のFASB基準書第133号よりもIAS第39号に近い規定の内容といえます。

実務指針では，ヘッジの対象となり得る予定取引について，注解12の要件を満たしているかを判断するに当たり，以下の項目を総合的に吟味する必要があるとしています（なお，未履行の確定契約で契約解除の対価がまったく不要か又は軽微である場合も同様の考え方によるものとされています）。

① 過去に同様な取引が行われた頻度
② 会社が当該予定取引を行う能力を有しているか
③ 当該予定取引を行わないことが会社に不利益をもたらすか
④ 当該予定取引と同等の効果・成果をもたらす他の取引はないか
⑤ 当該取引発生までの期間が妥当か
⑥ 予定取引数量が妥当か

これらの予定取引のヘッジに関する要件は，かなり厳格なものと考えられます。もともと，確定契約ではありませんから，将来取引のヘッジとデリバティブの投機取引は，外観上区別がつきにくく，期間が長くなればなるほど判別は難しくなります。会計処理面からみると，デリバティブの時価の変動を，繰延処理の対象とすることと損益に認識することは大きな違いがあります。実務指針の「結論の背景」には，過去において一度も同様の取引が行われていない場合，当該取引を行わないことが企業に不利益をもたらさない場合，5年後に小

麦を購入する予定取引，予定取引が過去において行った同様の取引の最大量を超過している場合等について，かなり厳しめの判断基準が記述されている点は留意が必要です。

また，満期保有目的の債券のヘッジが認められるかどうかという問題もあります。第3章で述べたように，満期保有目的の債券は，価格リスクがないことを前提にして償却原価法が適用されています。これについてヘッジ取引を行うことは，「価格リスクがない」という前提に反することになります。ただし，ヘッジされるリスクが価格リスクに限定されないことになると，価格リスク以外のリスクについてヘッジ会計を適用する余地も出てきます。米国のFASB基準書第133号はそのような考え方をとっており，IAS第39号も金利リスクについてはヘッジ対象となり得ないとしています。

実務指針でも，満期保有目的の債券は，原則として金利変動リスクに関するヘッジ対象とすることはできないとされています。ただし，債券取得の当初から金利スワップの特例処理の要件（後述❺参照）に該当する場合には，その処理によることができるものとされています。このような処理を適用し，債券の満期前に，スワップを解約した場合には，第3章で述べた満期保有目的債券の売却があった場合と同様な処理が行われることにも注意する必要があります。

❸ ヘッジ会計の要件

会計基準の第31項では，ヘッジ会計の要件について，次のように定めています。

> ヘッジ取引にヘッジ会計が適用されるのは，次の要件がすべて充たされた場合とする。
> 1 ヘッジ取引時の要件
> 　ヘッジ取引が企業のリスク管理方針に従ったものであることが，取引時に，次のいずれかによって客観的に認められること
> 　(1) 当該取引が企業のリスク管理方針に従ったものであることが，文書により確認できること

> (2) 企業のリスク管理方針に関して明確な内部規定及び内部統制組織が存在し，当該取引がこれに従って処理されることが期待されること
> 2 ヘッジ取引時以降の要件
> 　ヘッジ取引時以降において，ヘッジ対象とヘッジ手段の損益が高い程度で相殺される状態又はヘッジ対象のキャッシュ・フローが固定されその変動が回避される状態が引き続き認められることによって，ヘッジ手段の効果が定期的に確認されていること

　この要件は，1990年5月に企業会計審議会から公表された「先物・オプション取引等の会計基準に関する意見書等について」の中間報告に述べられているヘッジの要件とほぼ同様のものです。表現に若干異なる点はあるものの，会計基準の規定の内容はこれを踏まえたものとなっています。

　ヘッジ取引開始時の要件は，ヘッジ取引の文書化に関するものといえます。このうち，(2)の方法は，多数のヘッジ取引を行っている場合を想定したものと考えられます。実務指針では，このように識別したヘッジ対象とヘッジ手段は，ヘッジ取引時にヘッジ指定によって紐付けを行い，有効性評価とヘッジ損益の処理のためヘッジ終了まで区分しておかなければならないものとされています。また，この紐付けは，原則として，ヘッジ対象とヘッジ手段を直接対応させて行うものとされています。

　このヘッジ会計の要件で問題となるのは，「2　ヘッジ取引時以降の要件」の「ヘッジ対象とヘッジ手段の損益が高い程度で相殺される」という点です。米国においては，「高い程度」という部分は，過去，繰延ヘッジ会計の適用において80％程度の相殺という運用がされてきたといわれています。FASB基準書第133号の中でも，このような「高い程度で相殺」の数値的な判断基準は示されていません。IAS第39号では，当初から，実際の結果が80％から125％の範囲内にあるときはヘッジは非常に有効とみなされるとされています。

　実務指針では，有効性評価について，おおむね80％から125％までの範囲内であれば，ヘッジ対象とヘッジ手段との間に高い相関関係があるとしています。

例えば、ヘッジ開始時から有効性判定時点までの期間に、ヘッジ手段の損失額が80でヘッジ対象の利益額が100ならば、相殺は80／100で80％と測定され、また、ヘッジ手段の利益額が100でヘッジ対象の損失額が80ならば、相殺は100／80で125％と測定され、これらのヘッジ手段とヘッジ対象には高い相関関係があり、ヘッジは有効であるということになります。

　もう一つの問題となるのは、「ヘッジ手段の効果が定期的に確認されている。」のその頻度という点です。すでに述べたように、米国のFASB基準書第133号では、少なくとも3か月ごとに確認が必要とされています。IAS第39号では、適用指針で、「少なくとも、企業が年次又は中間財務諸表を作成するときに評価する。」とされています。わが国では、金融商品の会計基準の適用開始当時には四半期報告の制度がなかったためか、実務指針では、少なくとも6か月に1回程度、有効性の評価を行わなければならないとしています。

❹　ヘッジ会計の方法

(1)　繰延ヘッジ会計

　会計基準の第32項では、ヘッジ取引に係る損益認識時点について、次のように定めています。

> 　ヘッジ会計は、原則として、時価評価されているヘッジ手段に係る損益又は評価差額を、ヘッジ対象に係る損益が認識されるまで純資産の部において繰り延べる方法による。
> 　ただし、ヘッジ対象である資産又は負債に係る相場変動等を損益に反映させることにより、その損益とヘッジ手段に係る損益とを同一の会計期間に認識することもできる。
> 　なお、純資産の部に計上されるヘッジ手段に係る損益又は評価差額については、税効果会計を適用しなければならない。

　このように、金融商品の会計基準では、原則として繰延ヘッジ会計が採用されることとされています。ただし、例外として、ただし書きで、時価ヘッジ会

計が採用される余地も残しています。これは，繰延ヘッジのほうがわが国の会計処理としてなじみやすいという点があること，また，時価ヘッジ会計的な考え方では無制限に資産・負債が時価評価されることについて疑義の生じる場合がありうる，ということが考慮されたものと考えられます。

これまで述べたように，キャッシュ・フローの変動を回避することを目的としたヘッジ，つまりキャッシュ・フロー・ヘッジが認められることは確かですが，キャッシュ・フロー・ヘッジの会計処理を具体的にどのように行うかについては，基準の中に示されていません。

「ヘッジ会計の変遷」のところで述べたように，FASB基準書第133号やIAS第39号によるキャッシュ・フロー・ヘッジでは，ヘッジ手段に係る損益は予定取引が行われるまで資本の部に計上されます。わが国では，基準制定当時は，株主の払込みによる場合と損益計算書を経由する場合以外については資本の部に直接計上されることはない，という考え方がとられていました。このため，当初の会計基準では，ヘッジ手段に係る損益又は評価差額を資産又は負債として繰り延べる方法によるとされていました。

会社法の施行時に，「貸借対照表の純資産の表示に関する会計基準」が公表され，繰延ヘッジ損益は純資産の部に表示するように会計基準が変更されました。また，連結財務諸表については，その他の包括利益の考え方が導入されたため，包括利益会計基準に従って，連結包括利益計算書等にも表示されることになります。

(2) ヘッジが有効でない部分の取扱い

原則である繰延ヘッジ会計をとるにせよ，時価ヘッジ会計に準ずる方法をとるにせよ，一つの問題は，ヘッジ手段とヘッジ対象で損益が不一致の場合の取扱いです。ヘッジの有効性確認の基準が80-125％であったことからもわかるように，ヘッジが完全な場合より，ヘッジが不完全な場合のほうが通常と考えられるからです。

図4-9は，ヘッジ対象とヘッジ手段の損益の相殺について示したものです。

第4章　デリバティブとヘッジ会計

ケース(1)は，ヘッジ対象の損失が100，ヘッジ手段の利益が90という場合です。ケース(2)は，ヘッジ対象の損失が90で，ヘッジ手段の利益が100という場合です。ケース(1)ではヘッジ対象の相場変動分のほうが大きく，ケース(2)ではヘッジ手段の相場変動分のほうが大きくなっています。

米国等で行われていた繰延ヘッジ会計では，ヘッジ対象とヘッジ手段の損益の間に高い相関関係が維持されている限り，ヘッジ手段の損益がそのまま繰り延べられる，つまり，ケース(1)では90，ケース(2)では100が繰り延べられる，という考え方がとられてきました。

図4-9　ヘッジ対象とヘッジ手段の損益の相殺

	ヘッジ対象			ヘッジ手段	
ケース(1)	損	失 100	利	益	90
		差額 10?			
ケース(2)	損	失 90	利	益	100
		差額 10?			

1990年5月に公表された「中間報告」でも同じような考え方がとられており，相関関係が認められるヘッジ手段の先物取引の損益はすべて繰り延べられる，という考え方がとられています。しかし，ここで出てくる差額の10は，それぞれヘッジが100％完全でない部分の差額を示したものです。

FASB基準書第133号は，公開草案の段階では，ヘッジ手段から発生した損益の範囲内でヘッジ対象の損益を認識する，という考え方がとられていたようです。つまり，ケース(1)では，ヘッジ対象の損失のうち90だけが損失として計上されます。ケース(2)でも，損失90が全額損失に計上されます。最終の基準書では，これらをヘッジの対象となったリスクに起因する相場変動かどうかで区別することにし，ヘッジの対象となったリスクに起因している場合には，全額をそれぞれ損益に計上することとされました。つまり，同一のリスクに起因している場合には，ヘッジ取引として不完全な部分については損益に計上される

ことになりました。

　当初のIAS第39号で，キャッシュ・フロー・ヘッジの場合，有効なヘッジと認められるヘッジ手段による利得又は損失は資本の部に直接計上し，有効でない部分でヘッジ手段がデリバティブである場合は，直ちに純損益に計上するとされていました。

　実務指針では，ヘッジ全体が有効と判断され，ヘッジ会計の要件が満たされている場合には，ヘッジ手段に生じた損益のうち結果的に非有効となった部分についても，ヘッジ会計の対象として繰延処理することができるとされています。なお，他方で，非有効部分を合理的に区分できる場合には，非有効部分を繰延処理の対象とせずにすべて当期の損益に計上する方針を採用することを妨げないとされています。この二つの処理のうち前者を採用した場合には，非有効部分について，上に述べたFASB基準書第133号やIAS第39号とは異なる結果となります。

(3) 繰延損益の損益への計上

　繰延ヘッジ会計を採用する場合，ヘッジ対象に係る損益が生じたときに，ヘッジ手段に係る損益も認識されます。実務指針では，繰延ヘッジ損益を損益に計上するに当たっては，ヘッジ対象の損益区分と同一区分で表示するものとしています。すなわち，ヘッジ対象が商品であれば売上原価，株式であれば有価証券売却損益，利付資産・負債であれば利息の修正として処理することになります。

　また，会計基準の注解13では，複数の資産又は負債から構成されているヘッジ対象に係るヘッジ会計の方法について，次のように定めています。

> 　複数の資産又は負債から構成されているヘッジ対象をヘッジしている場合には，ヘッジ手段に係る損益又は評価差額は，損益が認識された個々の資産又は負債に合理的な方法により配分する。

1990年5月の「中間報告」では，債券先物取引を使った保有国債のヘッジ取引について，先物取引から生じた損益の配分の例を例示しています。「中間報告」では，「ポートフォリオ配分」と「期間配分」という言葉が用いられています。ポートフォリオ配分は，ヘッジ対象が複数の場合に，ヘッジ取引から生じた繰延先物損益を各対象に合理的に配分することを意味しています。期間配分は，ポートフォリオ配分により配分された繰延先物利益を国債の売買等に対応させて，比例的に期間配分をすることを意味しています。注解13の規定は，これとほぼ同趣旨のものと考えられます。

　実務指針では，このように，ヘッジ対象が複数の資産又は負債から構成されている場合（つまり，包括ヘッジの場合）における，ヘッジ手段に係る損益又は評価差額の配分は，各ヘッジ対象に対するヘッジの効果を反映する配分基準に基づいて行うとされており，具体的な方法として，次のようなものを例示しています。

　　a．ヘッジ開始時又は終了時における各ヘッジ対象の時価を基礎とする方法
　　b．ヘッジ終了時における各ヘッジ対象の帳簿価額を基礎とする方法
　　c．ヘッジ取引開始時からヘッジ取引終了時までの間における各ヘッジ対象の相場変動幅を基礎とする方法

(4) ヘッジの中止と終了

　また，会計基準の第33項では，ヘッジ会計の要件が満たされなくなったときの会計処理について定めています。

> 　ヘッジ会計の要件が充たされなくなったときには，ヘッジ会計の要件が充たされていた間のヘッジ手段に係る損益又は評価差額は，ヘッジ対象に係る損益が認識されるまで引き続き繰り延べる。
> 　ただし，繰り延べられたヘッジ手段に係る損益又は評価差額について，ヘッジ対象に係る含み益が減少することによりヘッジ会計の終了時点で重要な損失が生じるおそれがあるときは，当該損失部分を見積り，当期の損失として処理しなければならない。

このヘッジの中止の規定は，ヘッジ会計の要件が満たされている間のヘッジ手段に係る損益については，その後もヘッジ対象に係る損益と合わせて認識されることを明らかにしています。つまり，ヘッジ会計が満たされていた間のヘッジ手段に係る損益又は評価差額を，ヘッジ対象に係る損益が認識されるまで引き続き繰り延べることになるわけです。例えば，ヘッジ手段が先に決済されたような場合には，その後のヘッジ対象について生じる価格変動等のヘッジはなくなりますが，ヘッジ期間中のヘッジ手段の損益は，ヘッジ対象が存続している限り，引き続き繰り延べられることになります。

ただし，繰り延べられた結果，見合いのヘッジ対象に係る含み益の減少によって，ヘッジ会計の終了時点で重要な損失が生ずるおそれのあるときは，その損失を見積もって当期の損失として処理することになります。なお，ヘッジ会計の要件が満たされなくなった時点以後のヘッジ手段の価格変動による損益等は，繰り延べることはできません。

会計基準の第34項では，ヘッジ会計の終了について，次のように定めています。

> ヘッジ会計は，ヘッジ対象が消滅したときに終了し，繰り延べられているヘッジ手段に係る損益又は評価差額は当期の損益として処理しなければならない。また，ヘッジ対象である予定取引が実行されないことが明らかになったときにおいても同様に処理する。

ヘッジ対象が消滅したときとは，一般的にはヘッジ対象の売却等が考えられます。また，予定取引の場合に，どのような方法でヘッジ会計が行われるかという点については会計基準では明らかではありませんが，実務指針において，ヘッジ手段の評価差額を繰延処理するとされており，ヘッジ対象である予定取引が実行されないことが明らかになった場合には，それまでにヘッジ手段について繰延処理した金額を当期の損益として処理することになります。

(5) 時価ヘッジの採用

　金融商品の会計基準では，原則として繰延ヘッジが採用されていますが，そうすると，時価ヘッジを採用できる場合があるのかどうかという点が問題となります。実務指針では，この方法の対象となるのは，その他有価証券のみであると解釈されるとしています。第3章で述べたように，その他有価証券は時価評価され，その評価差額は，原則として純資産の部に計上されます。実務指針では，その他有価証券をヘッジ対象とするヘッジ取引の会計処理としては，繰延ヘッジと時価ヘッジのいずれかを選択できるとしています。

　繰延ヘッジを採用する場合には，これまで述べたように，ヘッジ手段の損益又は評価差額は純資産の部で繰延処理されます。また，時価ヘッジの会計処理を採用する場合には，その他有価証券について，ヘッジ対象となったリスク要素（金利，為替，信用等）の変動に係る時価の変動額は損益に計上され，その他のリスク要素に係る時価の変動額は純資産の部に計上されます。他方で，ヘッジ手段の損益又は評価差額を発生時に損益に計上すれば，ヘッジ手段から生ずる時価変動額とヘッジ対象（その他有価証券）の中のヘッジ目的とされたリスク要素の時価変動額とが，損益計算書上で相殺されることになります。このような時価ヘッジに関する会計処理は，本章の2❷の表4-6に示したものと同じになります。

　また，このようなヘッジ会計の例から，3❷で述べたように，ヘッジの対象となるリスクは一つだけではなく，どの部分のリスクをヘッジするためのヘッジ手段なのかを明確にする必要があることもわかります。

　このような例外的に時価ヘッジ会計が適用可能な場合を除けば，日本基準では，公正価値ヘッジもキャッシュ・フロー・ヘッジかに関係なく，繰延ヘッジ会計が適用されますが，IAS第39号では，公正価値ヘッジかキャッシュ・フロー・ヘッジかによりヘッジの会計処理が異なります。公正価値ヘッジでは，ヘッジ手段の公正価値の変動は純損益に認識され，ヘッジ対象の公正価値の変動を純損益に認識し，ヘッジ対象（資産・負債）の帳簿価額を修正します。キャッシュ・フロー・ヘッジでは，ヘッジ手段の公正価値の変動のうち，ヘッ

ジとして有効な部分はその他の包括利益，非有効部分を純損益に認識し，ヘッジ対象のキャッシュ・フローが純損益に影響を与えたときに，その他の包括利益から純損益に振り替えます。なお，非金融資産又は非金融負債が当初認識されたときに，その帳簿価額に算入する方法（ベーシス・アジャストメント）もあります。

❺ 金利スワップの取扱い

会計基準の注解14では，金利スワップの特例処理について，次のように定めています。

> 資産又は負債に係る金利の受払条件を変換することを目的として利用されている金利スワップが金利変換の対象となる資産又は負債とヘッジ会計の要件を満たしており，かつ，その想定元本，利息の受払条件（利率，利息の受払日等）及び契約期間が当該資産又は負債とほぼ同一である場合には，金利スワップを時価評価せず，その金銭の受払の純額等を当該資産又は負債に係る利息に加減して処理することができる。

図4−10と図4−11は，金利スワップの利用の簡単な例を示したものです。

図4−10は，企業が固定金利の債券を保有し，これについて金融機関との間で固定金利を支払い変動金利を受け取る，という金利スワップ契約を結んだ場合です。

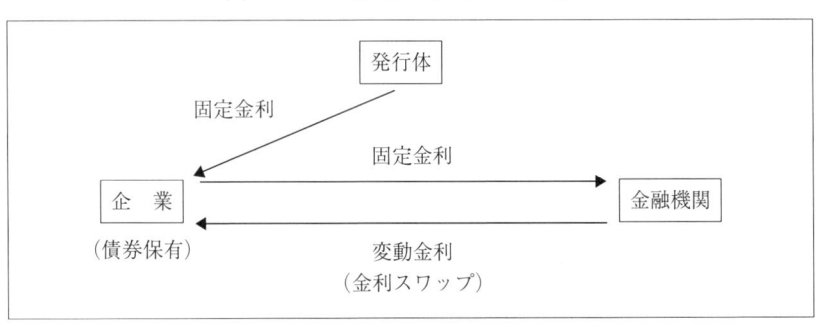

図4−10 金利スワップ（固定→変動）

```
              発行体
         固定金利 ↙
                  固定金利
        企　業 ←――――――――→ 金融機関
      （債券保有）
                  変動金利
                （金利スワップ）
```

企業の保有している債券は固定金利ですので，この債券については価格リスクがあることになりますから，この金利スワップは今までに述べたヘッジのパターンでは公正価値ヘッジに該当するものといえます。

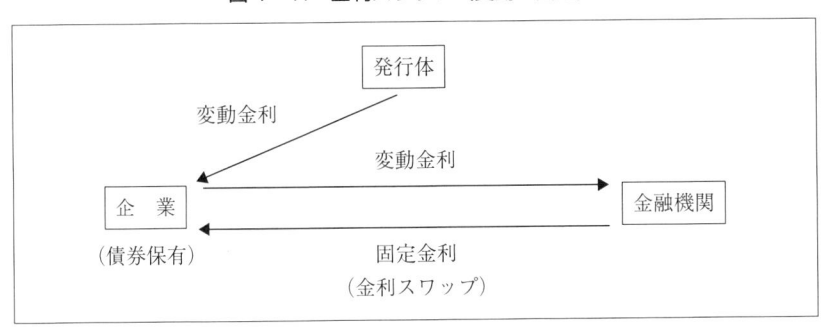

図4－11　金利スワップ（変動→固定）

```
                    発行体
            変動金利／
                    ↙
                        変動金利
        企　業  ───────────────→  金融機関
        （債券保有）  ←───────────
                        固定金利
                    （金利スワップ）
```

図4－11は，変動金利の債券を保有している企業があり，金融機関に変動金利を支払い固定金利を受け取る，という金利スワップ契約を結んだ場合です。この場合，企業がもともと保有している債券は変動金利ですから，市場金利と連動することになり，これについての価格リスクはありません。これに金利スワップを付すことによって，キャッシュ・フローの変動を回避するための取引を行ったことになりますから，これは，いわゆるキャッシュ・フロー・ヘッジの取引になります。ただし，金利スワップ契約締結後の債券は実質固定金利となりますので，価格リスクが生じてくることになります。

これ以外に，金利スワップを利用したヘッジ取引には，例えば，固定利付債務の（例えば，長期借入金）支払利息を変動利息に，あるいは変動利付債務の支払利息を固定利息に，実質的に変換するといったものがあります。

このような資産・負債と金利スワップがヘッジ会計の要件を満たしているのについては，本来は，金利スワップはデリバティブ取引であるため，これを時価評価し，その評価差額を貸借対照表の純資産の部に計上し，ヘッジ対象の損益と同一期間に認識するという処理を行います。ただし，これは毎期金利スワップの時価評価をすることになるため，その処理は非常に繁雑です。このた

め，金利スワップの想定元本，利息の受払条件（利率，利息の受払日等）及び契約期間が金利変換の対象となる資産・負債とほぼ同一である場合には，このような金利スワップの時価評価を行わず，両者を一体として実質的に変換された条件による資産又は負債と考えて処理することもできることとされています。

　例えば，図4-10の場合には変動金利の債券として処理をすることになりますし，図4-11の場合には固定金利の債券として処理をすることになります。つまり，これらの場合，金利スワップの評価差額を，時価評価により評価差額を繰り延べる処理に変えて，スワップに係る金銭の受払いの純額等を資産又は負債に係る利息に加減して処理することになります。

　実務指針では，このような金利スワップの特例処理が認められる要件をより具体的にしています。この特例処理が認められるのは，次のような条件をすべて満たす必要があるとしています。

① 金利スワップの想定元本と貸借対照表上の対象資産又は負債の元本金額がほぼ一致していること

② 金利スワップとヘッジ対象資産又は負債の契約期間及び満期がほぼ一致していること

③ 対象となる資産又は負債の金利が変動金利である場合には，その基礎となっているインデックスが金利スワップで受払変動金利の基礎となっているインデックスがほぼ一致していること

④ 金利スワップの金利改定のインターバル及び金利改定日がヘッジ対象の資産又は負債の金利改定日とほぼ一致していること

⑤ 金利スワップの受払条件がスワップ期間を通して一定であること（同一の固定金利及び変動金利のインデックスがスワップ期間を通して使用されていること）

⑥ 金利スワップに期限前解約オプション，金利のキャップ又はフロアーが存在する場合には，ヘッジ対象の資産又は負債に含まれた同等の条件を相殺するためのものであること

　なお，①の条件については，金利スワップの想定元本と対象となる資産又は

負債の元本については，いずれかの5％以内の差異であれば，ほぼ同一と考えるとされています。また，金利の単なる交換に該当しないような作為的なキャッシュ・フローを創出する金利スワップは，この特例処理の対象とならないとされています。

❻ 特別な業種のヘッジ会計

金融商品の会計基準（1999年）の前文では，次のような記載がありました。

> また，多数の金融資産又は金融負債を保有している金融機関等においては，それぞれの相場変動等によるリスクの減殺効果をヘッジ対象とヘッジ手段に区別して捉えることが困難あるいは適当でない場合がある。このような場合に，リスクの減殺効果をより適切に財務諸表に反映する高度なヘッジ手法を用いていると認められる場合には，本基準の趣旨を踏まえ，当該ヘッジ手法の効果を財務諸表に反映させる処理を行うことができる。

当時から，金融機関等においては，多数の金融資産及び金融負債について，個別にヘッジを行うことは実務上困難であるため，一般的に期限ごとに細分化されたポートフォリオ等によって包括的に管理するマクロヘッジを行っていました。上記の文章は，金融機関等（銀行，保険，証券の各業種が主な対象と考えられます）で，いわゆるマクロヘッジについて，ヘッジ会計が適用されるのかどうかが問題になることを意識したものと思われます。これを受けて，当初の実務指針（2000年）では，「金融機関等が業務として行う金融商品に係る取引のうち特殊なもの及び高度なヘッジ手法を用いて行う取引の具体的な会計処理は，別途取り扱う。」とされ，日本公認会計士協会の業種別監査委員会から，2000年に，銀行業，保険業，証券業，リース業について，金融商品会計基準適用に関する当面の会計上及び監査上の取扱い（リース業以外は，2002年3月までの取扱い）が公表されました。ここでは，これらのうち，銀行業のマクロヘッジについてだけ，以下で内容をみてみます。

この銀行業の取扱いでは，マクロヘッジの特徴は，次のような点にあるとさ

れていました。
　ア　銀行の有する資産・負債を総体で管理している。
　イ　リスク量の多くを構成する貸出金・預金は他動的に日々刻々と変動する。
　ウ　リスク量が変動した結果，それまでに行ったヘッジ超過となる場合があり，このような場合に，さらに逆方向のヘッジを行うことでこのヘッジを解消することがある。

　当時の認識としては，銀行におけるマクロヘッジが，リスクの「減殺効果」を必ずしも「反映」しているとは明確に判断できないため，正式な会計処理として採用することは困難であったとされています。結果として「リスク調整アプローチ」によるリスク管理が行われているものについて，デリバティブ取引に係る損益を，繰延処理し，あらかじめ定められた期間に応じて定額法により償却する（金利スワップの期中の受払額は損益認識する）といった取扱いが行われました。ただし，この取扱いは，暫定的な会計処理にすぎず，「リスク調整アプローチ」によるリスク管理が行われているといえば，結果的にすべて繰延処理の対象となってしまうという問題があったようです。

　2002年の2月に，業種別監査委員会報告第24号「銀行業における金融商品会計基準適用に関する会計上及び監査上の取扱い」が公表され，上記取扱いにおいて経過的に認められていた，いわゆるリスク調整アプローチによるマクロヘッジの取扱いを廃止し，ヘッジ会計の適用においては，ヘッジ対象である金融資産及び金融負債のそれぞれとヘッジ手段との明確な対応を求めることされました。

　銀行業では，リスクの共通する金銭債権又は金銭債務をグルーピングした上で，ヘッジ対象を識別する場合があります（包括ヘッジ）。包括ヘッジについては金融商品会計基準及び実務指針においても認められていますが，銀行業に包括ヘッジを適用する場合の取扱いは，必ずしも十分には規定されていませんでした。この取扱いでは，銀行業において監査上妥当なものとして取り扱われる金利の変動リスクに関するヘッジ会計の適用を，以下のような項目について示しています。

① 相場変動を相殺するヘッジにおける包括ヘッジの要件
② 相場変動を相殺するヘッジにおけるヘッジ有効性の評価方法
③ 相場変動を相殺するヘッジにおける部分的なヘッジ指定
④ ヘッジ会計の終了の認識方法
⑤ キャッシュ・フローを固定するヘッジにおけるヘッジ有効性の評価方法
⑥ キャッシュ・フローを固定するヘッジにおける包括ヘッジの要件
⑦ キャッシュ・フローを固定するヘッジにおける部分的なヘッジ指定
⑧ 予定取引の対象

　内容がやや技術的になるため，詳細については述べませんが，①相場変動を相殺するヘッジについて，ヘッジ対象について1年以内の期間により残存期間のグルーピングを行い，ヘッジ手段についてヘッジ対象の残存期間のグルーピングと同様の期間によるグルーピングを行った上でヘッジ指定を行うといった考え方を示している点や，②キャッシュ・フローを固定するヘッジにおけるヘッジ有効性の評価方法や包括ヘッジとなるかの判断で，回帰分析を利用することができるといった考え方を示している点に特徴があります。

❼　公正価値オプション

　公正価値オプションとは，一定の要件を満たした金融資産，金融負債もしくはその両方を期末に公正価値で評価し，その評価差額を損益計算書に計上する方法を企業が選択できることをいいます。わが国の会計基準には，これに関する規定はありません。

(1)　IAS第39号の公正価値オプション

　公正価値オプションに関する規定は，2005年6月のIAS第39号の改訂時に，付け加えられたものです。IAS第39号では，当初認識時において，純損益を通じて公正価値で測定するものとして企業が指定したもので，指定することによって，次のいずれかの理由で，より目的適合性の高い情報がもたらされる場合にのみ，企業はこの指定を用いることができるとされていました。

a．このような指定を行わない場合に，資産又は負債の測定あるいは資産又は負債に関する利得又は損失の認識を異なったベースで行うことから生じるであろう測定上又は認識上の不整合（「会計上のミスマッチ」とよばれることがある）を，その指定が消去又は大幅に削減する場合

　b．金融資産グループ，金融負債グループ又はその双方のグループが，文書化されたリスク管理戦略ないし投資戦略に従い，公正価値に基づいてその業績が評価され，かつ管理されており，そのようなグループに関する情報が，当該企業の取締役及び最高経営責任者のような企業の経営幹部に対して社内的に当該基準で提供されている場合

2009年11月のIFRS第9号の公表後に，IAS第39号で規定するのは金融負債のみとなりましたが，内容に変更はありません。なお，契約が一つ以上の組込デリバティブを含む場合には，企業はハイブリッド（混合）契約全体を，金融資産又は金融負債として純損益を通じて公正価値で測定するとして指定できます（この場合，区分処理が不要になるというメリットがあります）。この組込デリバティブのケースを除くと，上の要件からもわかるように，指定の理由に会計上のミスマッチの消去又は大幅な削減とあります。その意味では，本章で説明してきたヘッジ会計とよく似ています。ただし，次のような点が異なります。

　a．当初認識時に企業により純損益を通じて公正価値で測定するものとして指定された場合には，いかなる金融商品も純損益を通じて公正価値で測定する区分から他に分類変更してはならないとされており変更ができません。ヘッジ会計では，ヘッジの中止，再指定や終了が起こり得ます。

　b．企業は，いかなる金融商品も，当初認識後に純損益を通じて公正価値で測定する区分に分類変更してはならないとされています（当初認識時にのみ，指定しなければなりません）。ヘッジ会計は，当初認識後の時点でもその対象とすることができます。

　c．ヘッジの文書化や有効性のような要件がありません。

2010年10月に，金融負債について公正価値オプションを採用した場合の自己の信用リスクの変化の影響について，改訂が行われています。改訂前は，金融

負債の公正価値の変化の全額が純損益に計上されていましたが，改訂後は，次のように会計処理されます。

　a．金融負債の公正価値の変動のうち，信用リスクの変動に起因する金額は，その他の包括利益に表示し，変動の残りの金額は，純損益に表示する。

　b．ただし，負債の信用リスクの変動の影響の処理で，純損益における会計上のミスマッチが創出又は拡大される場合を除く。この場合には，全額を純損益に表示する。

2008年以降の金融危機時に，特に金融機関を中心に，公正価値オプションを採用した自社発行社債の価値の下落（信用リスクの悪化）により，巨額の利益が計上される事例が発生しました。このように，自己の信用リスクの変化の影響を損益に計上することに疑念を抱く意見もあり，それに応えた改訂と考えられます。

(2) 米国基準の公正価値オプション

FASBは，2007年2月にFASB基準書第159号「金融資産・負債の公正価値オプション」（基準コード化後は，825-10-25）を公表しています。この基準書は，IAS第39号同様に，複雑な適用要件のあるヘッジ会計を用いずにリスクの軽減を損益に反映できるようにという要請に応えたものといわれています。この基準書では，企業の選択により，以下のようなものを公正価値で測定することを認めています。

　a．金融商品のみを対象とするコミットメント
　b．貸出コミットメント
　c．保険契約，保証契約（これは，IAS第39号では対象外です）
　d．組込デリバティブを分離した後の金融商品である主契約部分
　e．金融資産・負債（連結子会社への投資，変動持分事業体の持分，年金資産等，リースに関する金融資産・負債，要求払い預金負債，転換社債等を除く）

米国基準における公正価値オプションは，企業が金融商品の公正価値の変動を純損益を通じて計上するという取消不能の選択によります。この選択は，金

融商品の当初認識時に，金融商品ごとに行われますが，IAS第39号のような要件はありません。この点について，2014年に，FASBにおける会計基準の見直し審議が行われています。

❽　外貨建会計基準とデリバティブ

(1)　振当処理と独立処理

　1995年5月に改訂された「外貨建取引等会計処理基準」においては，いわゆるデリバティブ取引自体の会計基準を将来の検討に委ねる立場をとっており，為替予約，通貨オプション，通貨スワップといったデリバティブ取引についてのヘッジ会計あるいは時価評価の問題を正面からは取り上げていませんでした。その当時は，商法上の制約が大きいと考えられており，時価評価を直接に会計基準で扱うのは難しかったからです。

　この1995年改訂基準では，「為替予約等には，通貨先物，通貨スワップ及び権利行使が確実に見込まれる買建通貨オプションが含まれる」とされています。この基準では，為替相場の変動による損益を減殺する手段である通貨スワップ及び権利行使が確実に見込まれる買建通貨オプションについては，為替予約と同様な会計処理を行うこととしていました。

　為替予約等の会計処理方法としては，振当処理と独立処理が考えられます。振当処理は，為替予約取引を外貨建取引又は外貨建金銭債権債務に振り当てて，円換算額を算定する方法です。独立処理は，為替予約を外貨建取引又は外貨建金銭債権債務とは別個の取引として会計処理を行う方法です。表4－5に示した米国のFASB基準書第52号による会計処理の設例は，この独立処理による会計処理を示したものです。

　また，この1995年改訂基準では，個別予約等が付された場合に加えて，包括予約等が付された場合の取扱いが示されました。ここでいう包括予約とは，外貨建取引の決済約定の状況に応じ，週又は月等の一定期間ごとの決済見込額の全部又は一部について包括的に為替予約を付すものをいいます。包括予約等を外貨建取引に振り当てることにより，その取引により発生する外貨建金銭債権

債務の決済時における円貨額を確定した外貨建取引については，その円貨額をもって記録することになります。この場合の取引への振当ては，週又は月等の一定期間を基礎として，合理的な方法により個々の外貨建取引に割り当てることになります。

図4-12は，そのような為替予約の利用を示したものです。

図4-12　為替予約と輸出予定

輸出済　　　100百万ドル （売掛金に計上済） 輸出予定　　100百万ドル	←	為替予約　200百万ドル （ドル売） 予約レート 10百万ドル　1ドル＝110円 10百万ドル　1ドル＝115円 10百万ドル　1ドル＝120円 ． ． ．

ヘッジ手段として，200百万ドルのドル売為替予約があるとします。一方，ヘッジ対象としてすでに輸出済みの取引（これらは売掛金に計上されています）が100百万ドルあります。また，輸出予定が100百万ドルあります。このような為替予約の残高200百万ドルを，ヘッジ対象である売掛金あるいは将来計上される売掛金に振り当てることになります。これが包括予約の場合の振当処理です。

金融商品の会計基準の公表により，このような外貨建取引と為替予約のヘッジ取引については，次のような三つの会計処理の方法が考えられました。

① 従来どおり振当処理を行い，為替予約をすでに計上されている売掛金と将来の売上に振り当てる方法

② 米国基準のキャッシュ・フロー・ヘッジと同様な方法により，為替予約

残高は時価で評価し，売掛金に対応する部分については評価差額を損益に計上し，売掛金に対応しない部分（予定取引に係る分）については貸借対照表に評価差額（米国基準では「資本の部」に計上，現在の日本基準では純資産の部）を計上し，実際に輸出が行われた時点でこれを損益に振り替える方法
③　為替予約について時価評価をし，評価差額のうち，売掛金に対応する部分については損益に計上し，将来の輸出部分についてはこれを繰り延べ，輸出が行われた時点でこれを損益に計上する方法

金融商品の会計基準（1999年）の前文では，経過措置として，次のように述べていました。

> 　ヘッジ会計の適用に当たり，決済時における円貨額を確定させることにより為替相場の変動による損失の可能性を減殺するため，為替予約，通貨先物，通貨スワップ及び権利行使が確実に見込まれる買建通貨オプションを外貨建金銭債権債務等のヘッジ手段として利用している場合において，ヘッジ会計の要件が満たされているときは，『外貨建取引等会計処理基準』における振当処理も，ヘッジの効果を財務諸表に反映させる一つの手法と考えられるため，当分の間，振当処理を採用することも認めることとする。

(2)　外貨建会計基準の改訂

　第3章5ですでに述べたように，1999年10月に，「外貨建取引等会計処理基準」の改訂が行われています。この改訂は，金融商品の会計基準の公表を受けたものです。以下では，第3章で触れなかった為替予約等について説明します。

　改訂基準では，外貨建金銭債権債務はすべて決算時の為替相場により円換算されることとされており，また，金融商品に係る会計基準では，デリバティブ取引はすべて時価評価されます。このため，例えば，外貨建金銭債権債務のヘッジ手段として為替予約等を利用した場合には，原則どおりに，為替予約を先物相場により時価評価すれば，結果的に，両者の損益は同時に計上され，ヘッジ効果は損益に適切に反映されることになります。ただし，この場合でも，

予定取引にかかわる部分の評価差額については，それを資産又は負債として繰り延べる，繰延ヘッジにより処理する必要があります。

　改訂基準では，このような処理とは別に，為替予約等によって円貨でのキャッシュ・フローが固定されているときには，その円貨額により金銭債権債務を換算し，直物為替相場との差額を期間配分する方法（すなわち，「振当処理」－上の経過措置に示された方法）が適用できることを明らかにしています。このような考え方の背景は，金融商品の会計基準において，キャッシュ・フローを固定させて満期までの成果を確定する「キャッシュ・フロー・ヘッジ」の概念のもとで，時価評価損益を繰り延べてその成果を期間配分する「繰延ヘッジ」の会計処理が認められているという点にあります。また，ヘッジの要件は，金融商品の会計基準に委ねられているため，個別予約，包括予約といった旧基準の規定は削除されています。

　1995年基準では，通貨スワップの付されている外貨建金銭債権債務について，為替予約と同等のもの，直先フラット型のもの，その他のもの（キャッシュ・フローがいびつなものが含まれる）の三つに区分して会計処理を定めていました。しかし，改訂基準では，為替予約と同等なものと直先フラット型のものに限ってヘッジ会計が認められます。これは，その他のものに該当する通貨スワップが，改訂基準の背景にあるキャッシュ・フローを固定させて満期までの成果を確定するキャッシュ・フロー・ヘッジの概念と合致しないことに基づくものと考えられます（❺で述べた金利スワップの特例処理でも，実務指針の中に，同様な考え方がありました）。

　なお，先物為替予約等のヘッジ対象が外貨建のその他有価証券である場合には，ヘッジ対象の為替換算差損益が損益に計上される場合と純資産の部に計上される場合があります。純資産の部に計上される場合には，ヘッジ手段とヘッジ対象の損益計上時期が一致しない場合が生じます。このような場合のヘッジ会計については，❹(5)で述べたことが，そのまま当てはまります。

(3) 実務指針

　実務指針においても，外貨建取引に係るヘッジについて定めています。例えば，外貨による予定取引についての為替変動リスクのヘッジは，ヘッジ要件を満たす場合にはヘッジ手段に係る損益又は評価差額を資産又は負債として繰り延べるとしています。ただし，将来の外貨建貸付・借入又は外貨建有価証券（その他有価証券及び子会社・関連会社株式を除く）の取得のための為替変動によるキャッシュ・フローを固定する手段に係る損益又は評価差額は，外貨建金銭債権債務又は外貨建有価証券の換算差額と同様の性格を有すると考えられるため，当期の損益に計上するとされている点には，注意する必要があります。

　また，連結財務諸表においては，個別財務諸表におけるヘッジとは別の取扱いをすべき場合もあります。例えば，親会社において海外子会社に対する外貨建売掛金の為替変動をヘッジするために為替予約を行ったような場合です。この場合，個別財務諸表では，これは通常はヘッジ取引と考えられますが，連結財務諸表上は，親会社で計上されている売掛金と海外子会社で計上されている買掛金は相殺消去され，為替予約の残高だけが残ることになります。実務指針では，このような場合には連結上修正を行い，ヘッジ関係がなかったものとみなして当期の損益として処理するものとされています。ただし，連結会社間取引のうち，外貨建の適格な予定取引（❷参照）における為替リスクをヘッジする目的で保有するヘッジ手段については，ヘッジ会計が適用できるものとされています（この場合には，取引実行時まで，ヘッジ手段の損益又は評価差額は繰延処理されることになります）。

　さらに，実務指針では，連結上消去される連結会社間取引が，一方の会社が外部に対して有する特定の資産又は負債リスクを相殺するものである場合（例えば，外部との取引と紐付きになっている場合）には，他方の会社の個別財務諸表において連結会社間取引のヘッジに指定されているヘッジ手段を，連結決算上，外部取引に係るヘッジとしてあらかじめ指定することができるとされています。

第4章　デリバティブとヘッジ会計

❾ IFRSの動向

(1) 一般ヘッジ規定の改訂

　第3章でも触れましたが，IAS第39号の公表後も，ヘッジ会計に関する規定が複雑すぎるという批判がありました。IASBは，2008年3月に，ディスカッション・ペーパー「金融商品の報告における複雑性の低減」を公表していますが，この中で，ヘッジ会計の簡素化について，現行のヘッジ会計規定を削除又は置き換えることと，現行のヘッジ会計規定を維持しながら簡素化する方法とが提案されていました。金融危機後のG20首脳会議等においても，金融商品の会計基準に関する複雑性の低減は引き続き勧告されており，これを受けて，IASBは2009年4月の会議においてIAS第39号の改訂プロジェクトの見直しをすることなり，この結果，2009年6月の会議において，プロジェクトを，①金融商品の分類と測定，②金融資産の減損，③ヘッジ会計の三つの段階（フェーズ）に分け，IAS第39号をIFRS第9号に置き換えるプロジェクトを進めることとされました。

　IAS第39号に対する批判は，ヘッジ会計に関する規定が企業のビジネスやリスク管理活動を反映してないということでしたが，ヘッジ会計は，一般的なヘッジとマクロヘッジとの二つに分割されました。2012年9月のレビュー・ドラフトを経て，2013年11月に一般的なヘッジに関する新たな基準が公表されました。後半のマクロヘッジの部分が完了していないため，IFRS第9号の適用後も，IAS第39号に基づく公正価値ヘッジの会計処理の継続適用も認められており，ヘッジ会計については，当面いくつかの選択肢があります。

　IFRS第9号では，企業のリスク管理活動がもたらす効果を財務諸表に反映させることを，ヘッジ会計の目的とするとしています。項目別にまとめると，改訂点は，次のようなものからなっています。

- 適格なヘッジ手段の拡大
- 適格なヘッジ対象の拡大
- 適用要件の緩和

- バランス再調整(リバランス)とヘッジ会計の中止
- オプションや先渡契約等のヘッジでヘッジ・コストの考え方を導入
- キャッシュ・フロー・ヘッジの際の取得資産負債の帳簿価額の調整の強制
- 公正価値オプションの対象の拡大

これらのうち,本章で扱った内容との関係で重要と考えられものについて,以下で説明します。

まず,適用要件の緩和から説明すると,IFRSにおけるヘッジ会計が,①公正価値ヘッジ,②キャッシュ・フロー・ヘッジ,③純投資ヘッジの3種類からなっている点は同じです。ヘッジ会計は,特定の適格要件が満たされた場合にのみ許容される,特別の会計処理ですが,IAS第39号のもとではヘッジ会計適用のための適格要件が厳格かつ形式的であったために有用な財務報告がなされないといった批判があり,新ヘッジ会計では要件の緩和が行われています。すなわち,非有効部分を測定し当期純利益計上を行うこと(この会計処理は,IAS第39号と同じです)を前提に,適格なヘッジ手段・ヘッジ対象の範囲が拡大とともに,有効性評価に関しても,80-125%の数値基準や過去に遡った有効性評価(いわゆる事後テスト)の要請が廃止されています。

次に,バランス再調整(リバランス)とヘッジ会計の中止についてみてみると,ヘッジ会計の適用を企業がいったん選択した場合には,リスク管理目的に変更がないにもかかわらず会計上の目的においてのみヘッジ会計を中止することは,認められません(IAS第39号では,任意に可能です)。また,経済的なヘッジ関係としてのヘッジ対象とヘッジ手段との関係が当初の設定から変化した場合は,ヘッジ対象又はヘッジ手段を調整して増減させ,適切なヘッジ比率を調整(リバランシング)しなければならないとされています。IAS第39号では,このようなヘッジ手段又はヘッジ対象の変更はヘッジ関係の中止と再指定を必要とし,多くは煩瑣な処理を伴うものとなっていました。IFRS第9号では,リスク管理目的に変更がなければヘッジ会計が全体として中止されることはなく

なります。なお，ヘッジ会計は特別な会計処理であるため，リスク管理方針に基づいてヘッジ取引を行っている場合でも，ヘッジ会計の適用が強制されるわけではありません。

次に，オプションや先渡契約等のヘッジでのヘッジ・コストの考え方の導入について説明します。買建オプションの時間価値は，本源的価値の変動のみをヘッジ手段として指定する場合，時間的価値については，リスク管理の観点からヘッジのコストとして取り扱われます。すなわち，時間的価値の公正価値の変動はその他の包括利益に計上し，ヘッジ対象の種類が「取引に関連したヘッジ対象」か「時間に関連したヘッジ対象」かにより，取引に紐付けて又はヘッジの期間を通じて，その他の包括利益から当期純利益へ振り替えられます。IAS第39号での処理（時間的価値をヘッジの有効性の評価から除外し，トレーディングとみて，その変動のすべてを即時に当期純利益に認識する処理）は禁止されます。なお，時間的価値を分離せず，オプション全体をヘッジ手段として指定する方法は，従来どおり適用可能です。

また，先渡契約（先物為替予約など）をヘッジ手段として直物レート法（直物レートの変動のみをヘッジ手段として指定し，直先差額の変動をヘッジ手段指定から除外する方法）を採用する場合に，ヘッジ取組時点に存在する先渡契約の直先差額を，オプションの時間的価値と同様に，ヘッジのコストとして処理することを認めています。直先差額を分離せず，先渡契約全体をヘッジ手段として指定する「先物レート法」も従来どおり選択できます。

最も重要な会計処理の方法については，IAS第39号と大きな変更はありません。IAS第39号では，公正価値ヘッジかキャッシュ・フロー・ヘッジかによりヘッジの会計処理が異なります。公正価値ヘッジでは，ヘッジ手段の公正価値の変動は純損益に認識され，ヘッジ対象の公正価値の変動を純損益に認識し，ヘッジ対象（資産・負債）の帳簿価額を修正します（ヘッジの非有効部分は，純損益に計上されます）。キャッシュ・フロー・ヘッジでは，ヘッジ手段の公正価値の変動のうち，ヘッジとして有効な部分はその他の包括利益，非有効部分を純損益に認識し，ヘッジ対象のキャッシュ・フローが純損益に影響を与えたとき

に，その他の包括利益から純損益に振り替えます。なお，IAS第39号でも，非金融資産又は非金融負債が当初認識されたときに，その帳簿価額算入する方法（ベーシス・アジャストメント）もありますが，IFRS第9号ではこの方法が強制されています。

　IFRS第9号となっても，わが国の会計基準の取扱いと異なる，①非有効部分の取扱い，②金利スワップの特例，③先物為替予約の振当処理といった差異は解消されていません。

(2) 動的リスク管理の討議資料

　ヘッジ会計の改訂は，個別の資産・負債及びその集合体としてのクローズド・ポートフォリオを対象とする一般ヘッジ（つまり，ヘッジ手段とヘッジ対象との1対1の紐付けがベース）と，金融機関等でみられるような，ポートフォリオ全体のリスクを機動的かつ高度な手法で管理するヘッジ活動（マクロヘッジ）への会計的対応を検討するもので，フェーズが分けられました。(1)で述べたIFRS第9号の改訂は前者への対応を図るものであり，マクロヘッジについては，2014年4月に，討議資料「動的リスク管理の会計処理－マクロヘッジのためのポートフォリオ再評価アプローチ（Portfolio Revaluation Approach, PRA）を公表しました。この討議資料では，金融機関における金利リスク管理を例に説明をしています。動的リスク管理活動は，リスクの識別，リスクの分析，ヘッジを通じての軽減の三つの要素を含む継続的な管理手法とされています。動的リスク管理は，通常，以下の特徴を有するとされています。

　　a．リスク管理は，エクスポージャーが変化するオープン・ポートフォリオのために行われる
　　b．オープン・ポートフォリオのリスク・プロファイルの変化に応じて，リスク管理が適時に更新される

　ヘッジ会計は，もともと動的なリスク管理を対象に開発されてはいません。このようなリスク管理活動の下では，リスク感応度分析等の手法を利用して，管理対象リスクを一定範囲にコントロールするように，リスク管理手段の追

加・削減が行われ，PRAの目的はこのような動的リスク管理を財務諸表に忠実に表現することとされています。

　討議資料では，動的リスク管理に焦点を当てたアプローチと，リスク軽減に焦点を当てたアプローチの二つが検討されているようです。このいずれによるかによって，財務諸表利用者に適用される情報と，作成者の実務上の負担に，大きな違いが出ることが想定されているようです。

　ここでのヘッジの会計処理の仕組みは，次のようなものとされています。
　a．純額のオープン・リスク・ポジションを管理対象のリスクの変化に基づいて算定し，再評価する。
　b．リスク管理手段としてのデリバティブは公正価値で測定され，その変動損益が，リスク管理対象から生じた再評価損益と相殺される。
　c．動的リスク管理の対象となったリスク・エクスポージャー以外の部分については，他の適用される会計基準に準拠した会計処理を行う。

　ポートフォリオ再評価アプローチ（PRA）は，マクロヘッジに対応するアプローチですが，IAS第39号とIFRS第9号におけるヘッジ会計を修正するものとしてではなく，まったく新しいアプローチとして提唱されたものです。このため，一般ヘッジのような公正価値ヘッジ，キャッシュ・フロー・ヘッジという区分はないとされています。

　討議資料へのコメントは2014年10月に締め切られ，その後のステップについてIASB理事会で審議が行われています。

4　金融商品に関する開示

❶　デリバティブ取引のディスクロージャー

　金融商品の会計基準の公表により，有価証券，デリバティブ取引について，広く時価評価が求められることになりました。これまではデリバティブ取引の時価評価については，外国為替相場の変動に関するものを除き，評価益の計上

に関して商法上疑義があるという見方が強かったということができます。このため，金融商品会計基準以前のわが国のデリバティブ取引を中心としたディスクロージャーは，基本的にデリバティブ取引を時価評価しないという前提の下で考えられてきた面がありました。

1990年5月に企業会計審議会から公表された報告書「先物・オプション取引等の会計基準に関する意見書等について」報告書においても，これらの取引に係る損益認識について，確定基準を設定することはしていませんでした。そのため，先物オプション取引についての時価情報の開示を求めるに当たって，「現行実務では先物オプションに係る損益は決済基準により認識されるため，これらの時価及び差損益を財務諸表に対する注記として開示し，財務諸表の有用性を高める。」という理由が示されています。この開示は1991年3月期の有価証券報告書から求められました。

また，1994年4月1日以降開始する年度からは，先物為替予約の状況を開示することが求められました。この改正も，先物為替予約取引の大部分が財務諸表に反映されていないオフバランス取引であり，かつ，開示が義務づけられていないため，投資家にその内容が明らかでなかったことから求められたものとされています。

さらに，1996年7月の財務諸表等規則の改正により，次のような事項についての開示の充実が図られることになりました。

① 開示の範囲がデリバティブ取引全般（先物取引，オプション取引，先渡取引，スワップ取引及びこれらに類似する取引）に拡大。
② 取引の内容，取引に対する取組方針，取引の利用目的，取引に係るリスクの内容，取引に係るリスク管理体制の記述（これらは「定性的情報」とよばれています）を導入。
③ 取引規模を開示するため，契約額，想定元本の開示を充実。
④ 取引所取引に加え（従来の先物取引及びオプション取引の時価情報の開示は取引所取引に限定されていました），店頭取引を含む全取引について時価及び評価の開示。

⑤　トレーディング取引と非トレーディング取引に区別した開示が可能。

　このようなデリバティブに関する開示は，1997年3月期からは想定元本等，さらに1998年3月からデリバティブの時価情報が追加され，わが国のデリバティブに関する開示は急速に充実しました。

　すでに述べたように，金融商品の会計基準では，デリバティブ取引や有価証券の時価評価，ヘッジ会計の導入が要求されました。1998年2月に企業会計審議会から公表された「有価証券報告書等の記載内容の見直しに係る具体的取扱い」では，連結情報を中心とするディスクロージャーへの転換に対応した見直しが行われています。この「具体的取扱い」では，有価証券の時価情報及びデリバティブ取引の状況は，連結財務諸表の注記として記載することとされています。この「具体的取扱い」を受けて，1999年3月に連結財務諸表規則の改正が行われ，連結ベースでの「取引の状況に関する事項」と「取引の時価等に関する事項」の注記がデリバティブ取引について，1999年4月1日以降開始する連結会計年度から求められました。

❷　IFRSの状況

　IASC（当時）は，金融商品の開示と表示の部分のIAS（国際会計基準）第32号「金融商品－開示及び表示」が1995年5月に公表しました。IAS第32号により開示すべき事項の主な内容には，次のようなものがありました。

① 　金融商品の契約条件及び金融商品に関する企業の会計方針及び処理方法
② 　契約上の金利更改日又は満期日のいずれか早いほう，及び実効利率などの金利リスクに関する情報
③ 　最大信用リスク及び信用リスクの著しい集中度合等の信用リスクに関する情報
④ 　公正価値に関する情報
⑤ 　公正価値を超える金額で計上されている金融資産の帳簿価額と公正価値及び評価減を行わない理由
⑥ 　企業が金融商品を予定取引に関するリスクのヘッジとして利用している

場合には，予定取引の内容，ヘッジしている金融商品の内容，繰り延べた損益の額及び損益計上の予想時期

2005年8月に，IASBは，IFRS第7号「金融商品：開示」を公表しました。IASCの時代に，金融機関向けにIAS第30号「銀行及び類似する金融機関の財務諸表における開示」を公表していましたが，IFRS第7号に置き換えられています。IFRS第7号の公表の理由としては，①多くの公的機関及び私的機関の主導により金融商品から生ずるリスクの開示に関するフレームワークの改善が提案されている，②リスクに関する透明性を増すことにより利用者がリスクとリターンに関して十分に知った上で判断できるようになる，③IAS第32号及びIAS第30号における開示を改訂し，充実させる必要があるといった点が挙げられていました。IFRS第7号は，すべての金融商品から生ずるすべてのリスクに適用されます。ただし，要求される開示の範囲は，企業が金融商品を利用している程度やリスク・エクスポージャーの程度に左右されるとしています。開示の対象となる内容には，次のような項目があります。
① 財政状態及び業績に対する金融資産の重要性
　ａ．貸借対照表…金融資産及び金融負債の分類，純損益を通じて公正価値で測定する金融資産及び負債，その他の包括利益を通じて公正価値で測定する金融資産，分類変更，金融資産と金融負債の相殺，担保，貸倒引当金，複数の組込デリバティブを含む複合金融商品，債務不履行及び契約違反
　ｂ．包括利益計算書…収益・費用・利得・損失項目
　ｃ．その他の開示…会計方針，ヘッジ方針，公正価値
② 金融商品から生ずるリスクの性質及び範囲
　ａ．定性的開示
　ｂ．定量的開示…信用リスク，流動性リスク，市場リスク
③ 金融資産の譲渡

a．全体が認識の中止となるわけではない譲渡金融資産
　b．全体が認識の中止となる譲渡金融資産

❸　金融商品の開示の基準

　企業会計基準委員会は，2008年3月に，金融商品に関する会計基準を改訂し，次の項（40-2項）を追加しました。

> 　金融商品に係る次の事項について注記する。ただし，重要性が乏しいものは注記を省略することができる。なお，連結財務諸表において注記している場合には，個別財務諸表において記載することを要しない。
> (1)　金融商品の状況に関する事項
> 　①　金融商品に対する取組方針
> 　②　金融商品の内容及びそのリスク
> 　③　金融商品に係るリスク管理体制
> 　④　金融商品の時価等に関する事項についての補足説明
> (2)　金融商品の時価等に関する事項
> 　なお，時価を把握することが極めて困難と認められるため，時価を注記していない金融商品については，当該金融商品の概要，貸借対照表計上額及びその理由を注記する。

　注記を追加した理由は，「結論の背景」で，金融取引を巡る環境が変化する中で，金融商品の時価情報に対するニーズが拡大していること等を踏まえて，すべての金融商品についてその状況やその時価等に関する事項の開示の充実を図るために改正を行ったものであるとされています。この改訂は，当時進行中であったIFRSとのコンバージェンスの重要項目の一つでした。この際に，企業会計基準適用指針第19号「金融商品の時価等の開示に関する適用指針」が，合わせて公表されました。注記の対象となる項目は，次のとおりです。
　①　金融商品の状況に関する事項
　　a．金融商品に対する取組方針
　　　金融資産であれば資金運用方針，金融負債であれば資金調達方針，主

たる業務である場合には，当該業務の概要
　　b．金融商品の内容及びそのリスク
　　　　取り扱っている主な金融商品の種類，取引相手先の契約不履行に係るリスク（信用リスク）や市場価格の変動に係るリスク（市場リスク），支払期日に支払いを実行できなくなるリスク（資金調達に係る流動性リスク），デリバティブ取引について取引の内容，取引に係るリスクのほか，取引の利用目的（ヘッジ会計を行っている場合には，ヘッジ手段とヘッジ対象，ヘッジ方針及びヘッジの有効性の評価方法等についての説明を含む。）
　　c．金融商品に係るリスク管理体制
　　　　(1)リスク管理方針，リスク管理規程及び管理部署の状況，リスクの減殺方法又は測定手続等，(2)主要な市場リスクに係るリスク変数（金利や為替，株価等）の変動に対する当該金融資産及び金融負債の感応度が重要な企業は，市場リスクに関する定量的分析に基づく定量的情報及びこれに関連する情報
　　d．金融商品の時価等に関する事項についての補足説明
　　　金融商品の時価に関する重要な前提条件など
② 金融商品の時価等に関する事項
　　a．原則として，金融商品に関する貸借対照表の科目ごとに，貸借対照表計上額，貸借対照表日における時価及びその差額並びに当該時価の算定方法を注記
　　b．有価証券については，保有目的ごとの区分に応じ，一定事項（評価差額，貸借対照表価額，時価，売却取引，分類変更等）を注記
　　c．デリバティブ取引については，取引の対象物の種類（通貨，金利，株式，債券及び商品等）ごとに，(1)ヘッジ会計が適用されていないものは，貸借対照表日における契約額又は契約において定められた元本相当額，貸借対照表日における時価及び当該時価の算定方法，貸借対照表日における評価損益，(2)ヘッジ会計が適用されているものは，貸借対照表日における契約額又は契約において定められた元本相当額，貸借対照表日にお

ける時価及び当該時価の算定方法
- d．金銭債権及び満期がある有価証券（ただし，売買目的有価証券を除く。）については，償還予定額の合計額を一定の期間に区分した金額を注記
- e．社債，長期借入金，リース債務及びその他の有利子負債については，返済予定額の合計額を一定の期間に区分した金額を注記
- f．金銭債務については，貸借対照表日における時価の開示（a．参照）に加えて，次の金額のいずれかを開示することができる
  - (1) 約定金利に金利水準の変動のみを反映した利子率（貨幣の時間価値だけを反映した無リスクの利子率の変動のみを加味し，企業自身の信用リスクの変化は反映しない利子率）で割り引いた金銭債務の金額
  - (2) 無リスクの利子率（企業自身の信用リスクは反映しない利子率）で割り引いた金銭債務の金額
- g．時価を把握することが極めて困難と認められるため，時価を注記していない金融商品については，当該金融商品の概要，貸借対照表計上額及びその理由

表4－7は，製造業の場合の金融商品の時価情報の開示例から，その一部を抜粋したものです。

表4-7　金融商品の時価情報の開示例

	連結貸借対照表計上額 （百万円）	時価 （百万円）	差額 （百万円）
(1)　現金及び預金	65,064	65,064	—
(2)　受取手形及び売掛金	353,704		
貸倒引当金（*1）	△3,555		
引取手形及び売掛金（純額）	350,148	350,148	—
(3)　投資有価証券			
①　関係会社株式	94,060	226,134	132,074
②　その他有価証券	125,281	125,281	—
(4)　長期貸付金（*2）	5,600		
貸倒引当金（*3）	△3,092		
長期貸付金（純額）	2,507	2,489	△18
資　産　計	637,062	769,117	132,055
(1)　支払手形及び買掛金	130,402	130,402	—
(2)　短期借入金	173,938	173,938	—
(3)　コマーシャル・ペーパー	76,000	76,000	—
(4)　未払金	73,097	73,097	—
(5)　預り金	18,255	18,255	—
(6)　社債（*4）	133,000	134,308	1,308
(7)　長期借入金（*5）	51,787	52,719	932
(8)　リース債務（*6）	23,296	23,889	592
負　債　計	679,777	682,610	2,833
デリバティブ取引（*7）	57	57	—

（*1）　受取手形及び売掛金に計上している貸倒引当金を控除しております。
（*2）　1年以内回収予定の長期貸付金を含めております。
（*3）　長期貸付金に個別に計上している貸倒引当金を控除しております。
（*4）　1年以内償還予定の社債を含めております。
（*5）　1年以内返済予定の長期借入金を含めております。
（*6）　リース債務（流動負債）を含めております。
（*7）　デリバティブ取引によって生じた正味の債権・債務は純額で表示しております。

(有価証券関係)
1　その他有価証券

①　連結貸借対照表計上額が取得原価を超えるもの	連結貸借対照表計上額（百万円）	取得原価（百万円）	差　額（百万円）
株式	117,166	69,223	47,943
小　　計	117,166	69,223	47,943
②　連結貸借対照表計上額が取得原価を超えないもの	連結貸借対照表計上額（百万円）	取得原価（百万円）	差　額（百万円）
株式	8,115	9,502	△1,387
小　　計	8,115	9,502	△1,387
合　　計	125,281	78,725	46,555

　表中の「取得原価」は減損処理後の帳簿価額であります。なお、当連結会計年度において減損処理を行い、投資有価証券評価損23百万円を計上しております。

(デリバディブ取引関係)
1　ヘッジ会計が適用されていないデリバディブ取引
　(1)　通貨関連

区　分	種　　類	契約額等（百万円）	契約額等のうち1年超（百万円）	時　価（百万円）	評価損益（百万円）
市場取引以外の取引	為替予約取引　　買　建　　　　米ドル　　　　ユーロ　　　　NZドル	7,885　2,811　267	－　－　－	708　79　△12	708　79　△12
	通貨オプション取引　　売　建　　　　プット　　　　　米ドル	17	－	0	0
合　　　計		10,981	－	775	775

(注)　時価の算定方法
　　　取引先金融機関から提示された価格等によっております。

第5章

複合金融商品

1 資本の会計

　本章で扱う複合金融商品には，払込資本を増加させる可能性のある部分を含む複合金融商品と，その他の複合金融商品とがあります。資本の会計は，この払込資本を増加させる複合金融商品に関係してくるため，最初に資本の会計の概要について説明しておきます。

❶ 資本と負債の区分

　わが国の会計基準では，概念基準あるいは概念フレームワークに相当するものがないため，負債と資本の区分はあまり明確ではありません。株式として発行されれば，資本として扱われることになります。一方，IFRSでは，このような証券の発行形態でなく，負債と資本の定義のいずれを満たすかにより，どちらかに分類されることになります。IAS第32号では，金融商品の発行体（企業）は，金融商品の又はその構成部分を，当初認識時において，契約の実質並びに金融負債及び資本性金融商品の定義に従って，金融資産，金融負債又は資本性金融商品に分類しなければならないとしています。

　IAS第32号では，資本性金融商品とは，企業のすべての負債を控除した後の資産に対する残余持分を証する契約をいうとされています。資本性金融商品に分類する要件は，次のようなものです。

　① 現金又はその他の金融資産を引き渡す義務を含んでいないこと

② その金融商品が発行企業の資本性金融商品で決済されるか，又は決済される可能性がある場合には，次のいずれかであること
　a．企業自身の株式の可変数を発行者が引き渡す契約上の義務を含んでいない非デリバティブ
　b．固定額の現金その他の金融資産と，固定数の資本性金融商品の交換であること（企業自身の資本性金融商品の受取り又は引渡しによる決済は含まれない。）

　この部分の規定は，2003年のIAS第32号の改訂によって付け加えられたものですが，やや趣旨がイメージしにくい文言かもしれません。例えば，円建ての転換社債型新株予約権付社債の転換権は，引き渡す社債が固定額で受け取る株式は固定数ですから，資本性金融商品となり，ストック・オプションも固定額の現金と固定数の株式の交換であり，資本性金融商品となります。あるいは，どちらかが可変（可変額又は可変数）であると，資本性金融商品にはならないといった形で理解しておくとよいと思われます。

　なお，わが国の会計基準では，貸借対照表の純資産の部が，株主資本とそれ以外に区分されており，上で述べた資本性金融商品は，通常株主資本には計上されないという点は，留意が必要です。

❷ 自己株式の会計処理

　わが国では，商法の制定以来，一度払い込まれた資本は維持されなければならないという「資本充実維持の原則」等の理由により，自己株式の取得は原則禁止という考え方がとられていました。例外的に認められたケースも，株式の消却，合併又は営業全部の譲り受け，会社の権利実行のため必要な場合，株主等の株式買取請求権といった限られたものでした。1994年と1997年の一部緩和を経て，2001年の改正により，一定の手続と財源規制を条件として，原則容認へと法制度が変更されています。現在の自己株式の取得の財源は，剰余金の分配可能額となっており，剰余金の分配可能額は，剰余金の額に調整項目を加算，減算して計算します。2001年の規制の見直し理由としては，当時，次のような

ものが挙げられていました。
　①　株価対策（株価下落の緩和）
　②　機動的な企業組織再編
　③　敵対的買収への防衛（新株発行に代えて自己株式を割当て）
　④　機動的なストックオプションの実施
　実務指針では，他の企業の株式その他の出資証券を金融資産としており，自己株式は，金融資産の定義を満たしていません。商法の改正時合わせて，企業会計基準委員会は，2002年２月に，企業会計基準第１号「自己株式及び準備金の額の減少等に関する会計基準」を公表しています。この基準による，自己株式の会計処理の要点は，次のとおりです。
ａ．自己株式の取得及び保有
　取得した自己株式は，取得原価をもって純資産の部の株主資本から控除する。期末に保有する自己株式は，純資産の部の株主資本の末尾に自己株式として一括して控除する形式で表示する。
ｂ．自己株式の処分
　自己株式処分差益は，その他資本剰余金に計上する。自己株式処分差損は，その他資本剰余金から減額する。この会計処理の結果，その他資本剰余金の残高が負の値となった場合には，会計期間末において，その他資本剰余金を零とし，当該負の値をその他利益剰余金（繰越利益剰余金）から減額する。
ｃ．自己株式の消却
　自己株式を消却した場合には，消却手続が完了したときに，消却の対象となった自己株式の帳簿価額をその他資本剰余金から減額する。
　同基準の結論の背景では，上記のような会計処理が採用された理由が明らかにされており，その要点は次のとおりです。
　①　自己株式については，資産として扱う考えと資本の控除として扱う考えがあった。本会計基準公表以前においても連結財務諸表では資本の控除とされていた。また，国際的な会計基準においても，一般的に資本の控除とされている。本会計基準では，これらを勘案し，資本の控除とすることが

適切であるとされた。
② 自己株式の処分は株主との間の資本取引と考えられ，自己株式の処分に伴う処分差額は損益計算書には計上せず，純資産の部の株主資本の項目を直接増減することが適切であると考えた。

❸ 新株予約権の会計処理

新株予約権とは，新株予約権を有する者（新株引受権者）が，会社に対して，一定の期間，予め定められた一定の価額で新株の発行を請求できる権利のことをいいます。行使により，会社に新株を発行させるか，又は，会社自身が保有する株式（自己株式）を取得することができます。新株予約権は，分離することが不可能でしたが，この2001年の商法改正により，単独発行が認められるようになり，そのため，新株予約権のみを売買することが，可能となりました。この権利を表した証券が新株予約権証券です。新株予約権の発行手続は，新株発行の手続と同様ですが，発行目的には，例えば，次のようなものがあります。
① ストック・オプションとしての報酬
② 資金調達の手段
③ 負債による資本調達の設計上の工夫
④ 買収防衛策の一手段（いわゆるポイズンピル）

会計処理については，企業会計基準適用指針第17号「払込資本を増加させる可能性のある部分を含む複合金融商品に関する会計処理」と，企業会計基準第8号（ストック・オプション等に関する会計基準）とに示されています。ここではストック・オプションの関する会計処理の説明は，本書のテーマから外れるため省略しますが，発行者側の新株予約権の会計処理は，次のようになります。
① 発行時の会計処理
　新株予約権を発行したときは，その発行に伴う払込金額を，純資産の部に「新株予約権」として計上します。
② 権利行使時の会計処理
　新株予約権が行使された場合の会計処理は次のように行います。

a．新株を発行する場合

　新株予約権が行使され，新株を発行する場合の会計処理は，当該新株予約権の発行に伴う払込金額と新株予約権の行使に伴う払込金額を，資本金又は資本金及び資本準備金に振り替える。

b．自己株式を処分する場合

　新株予約権が行使され，自己株式を処分する場合の自己株式処分差額の会計処理は，自己株式を募集株式の発行等の手続により処分する場合に準じて取り扱う（前述❷の説明を参照）自己株式処分差額を計算する際の自己株式の処分の対価は，当該新株予約権の発行に伴う払込金額と新株予約権の行使に伴う払込金額との合計額とする。

　なお，権利行使時に交付する株式の数に1株に満たない端数がある場合で，当該端数に相当する金銭を交付するときは，当該端数部分についても①又は②の処理を行った後，交付する金銭の額をその他資本剰余金から減額します。

③　失効時の会計処理

　新株予約権が行使されずに権利行使期間が満了し，当該新株予約権が失効したときは，当該失効に対応する額を失効が確定した会計期間の利益（原則として特別利益）として処理します。

④　自己新株予約権

　自己新株予約権の取得は，株主との資本取引ではなく，新株予約権者との損益取引であるが，自己新株予約権の取得時には，その後，当該自己新株予約権を消却するか処分するかが必ずしも明らかではないため，時価に基づき取得価額を算定し，取得時には損益を計上しないこととしたとされています。保有時の会計処理は，次のようになるとされています。

a．自己新株予約権は，取得原価による帳簿価額を，純資産の部の新株予約権から原則として直接控除する。なお，間接控除する場合には，純資産の部において新株予約権の直後に，自己新株予約権の科目をもって表示する。

b．自己新株予約権の帳簿価額が，対応する新株予約権の帳簿価額を超える場合において，当該自己新株予約権の時価が著しく下落し，回復する見込

みがあると認められないときは，時価との差額（ただし，自己新株予約権の時価が対応する新株予約権の帳簿価額を下回るときは，当該自己新株予約権の帳簿価額と当該新株予約権の帳簿価額との差額）を当期の損失として処理する。
c．自己新株予約権が処分されないものと認められるときは，当該自己新株予約権の帳簿価額と対応する新株予約権の帳簿価額との差額を当期の損失として処理する。

2　複合金融商品

会計基準の注解1では，「金融資産及び金融負債の範囲には，複数種類の金融資産又は金融負債が組み合わされている複合金融商品も含まれる。」とされています。この複合金融商品には，払込資本を増加させる可能性のある部分を含む複合金融商品と，その他の複合金融商品があります。

会計基準の制定当時想定した払込資本を増加させる可能性のある部分を含む複合金融商品の典型的なものには，転換社債や新株引受権付社債がありました。この二つの会社法の制定時に，新株予約権付社債として一つの商品にまとめられています。

会計基準の制定当時想定したその他の複合金融商品の例にはゼロコストオプションがありました。ゼロコストオプションは，オプションの買建て（オプション料の支払い）とオプションの売建て（オプション料の受取り）を組み合わせて，オプション料の支払いがちょうどゼロになるようにしたオプション金融商品です。また，オプションと預金，借入金，社債等を組み合わせて，為替相場や株価指数等の変動に応じて，実質的な運用利回りや調達コストが変動するような金融商品もマーケットにはありました。

その後，その他の金融商品については，新たな金融商品や仕組みも出てきたため，2006年に，企業会計基準適用指針第12号「その他の複合金融商品（払込資本を増加させる可能性のある部分を含まない複合金融商品）に関する会計処理」も公表されました。

1995年6月に公表されたIAS第32号「金融商品－開示及び表示」では，発行体による複合金融商品の分類の項で，負債部分と資本部分をもつ金融商品の発行体は，金融負債と資本性金融商品の定義に従い，その構成部分を負債と資本に分類することを求めています。つまり，IASの複合金融商品は，基本的には金融負債と資本性金融商品の組合せ商品を考えていました。わが国のその他の複合金融商品の会計処理は，組込デリバティブの問題として扱われています。わが国の会計基準の建て付けとの違いは，金融商品を定義した方法の違いによるものとも考えられます。IAS第32号では，「一方の企業に金融資産を，他の企業に金融負債又は資本性金融商品を生じさせるもの」が金融商品と定義されています。金融商品の会計基準では，「金融資産，金融負債及びデリバティブ取引に係る契約」を総称して金融商品としています。このため，基準の対象とする複合金融商品の範囲が変わっていたと考えられます。

3　払込資本を増加させる可能性のある部分を含む複合金融商品

❶　新株予約権付社債

　払込資本を増加させる可能性のある部分を含む複合金融商品の典型的なものが新株予約権付社債です。2001年の商法の改正前は，商法上の社債は，社債，転換社債，新株引受権付社債の三つに区分されていました。2001年の商法改正では，1❸で述べたように，新株予約権の制度が創設され，転換社債と新株予約権付社債は同じ「新株予約権付社債」の制度に統合されました。現状では，新株予約権付社債には，以下に挙げる三つの種類（正確にはそのうち最初の二種類が新株予約権付社債です）が該当します。新株予約権付社債の募集は，募集社債の規定は適用されず，新株予約権の発行の手続に準じて行われます。

① 転換社債型新株予約権付社債（旧転換社債）

新株予約権の行使の際に、払込みを必要とせず、代わりに社債の全額が償還されるものをいいます。現行法では、募集要項において、社債と新株予約権がそれぞれ単独で存在し得ないこと及び新株予約権が付された社債を当該新株予約権行使時における出資の目的とすることを予め明確にしている新株予約権付社債が転換社債型になります。

② 転換社債型以外の新株予約権付社債（旧非分離型新株引受権付社債（非分離型ワラント債））

社債券と新株予約権の分離ができないものをいいます。

③ 旧分離型新株引受権付社債（分離型ワラント債）

社債券と新株予約権の分離が可能なものを、以前は分離型新株引受権付株式といいました。現行法においては、この形態は新株予約権付社債の一種ではなく、新株予約権と普通社債の同時発行という形をとります。新株予約権部分のことをワラントともいいます。社債部分と新株予約権部分をそれぞれ別途に売買することができますが、株価が新株予約権の行使価格を下回った場合、新株予約権部分は無価値となります。

元の制度の方が両者の違いが理解しやすいため、以下では、上記の①を転換社債型、②と③をワラント債型として、これらの金融商品の仕組みと相違点について説明します。

(1) 転換社債型の仕組み

転換社債型は、社債権者に一定の期間内に一定の価額で発行会社の株式に転換する権利（株式転換権）を付与した社債です。転換社債型の株式転換権は、社債と一体としてのみ移転され、株式転換権が行使された場合には、社債金額は株式の発行対価（又は発行企業の自己株式の処分価額）に振り替えられて消滅します。

転換社債型の発行会社にとってのメリットは、新株引受権付社債と同様に、株式転換権という甘味剤を付すことにより、低利の資金調達を図ることができ

る点です。

(2) ワラント債型の仕組み

旧新株引受権付社債型（ワラント債型）は，社債権者に一定の期間内に一定の価額で発行会社の株式を発行させて取得する権利（新株引受権）を付与した社債です。旧新株引受権付社債には，分離型と非分離型の二種類がありました（現行法では，上に述べたように分離型は，新株予約権と普通社債の同時発行という形をとります）。社債券と新株予約権証書とを分離して，それぞれ別々に譲渡できるようにしたものであり，非分離型は，社債券と新株予約権証書とを一体の証券とし，別々に譲渡できないようにしたものです。

新株予約権が行使される場合には，原則として，現金を払い込むことによって新株（又は発行企業の自己株式）が取得されます。この場合，新株引受権の行使によって新株引受権は消滅しますが，社債そのものは消滅しません。ワラント債型の発行会社のメリットとされるものには次のような点があります。

① 社債の発行と新株予約権の行使との２回の払込みが行われるため，多額の資金調達が可能であり，新株予約権の行使により自己資本の充実を図ることができる。

② 新株予約権という甘味剤を付すことにより，低コストの資金調達を行うことができる。

(3) 転換社債型とワラント債型の比較

転換社債型とワラント債型の特徴を比較すると，次のようになります。

① 社債の発行価額は，双方とも額面100円につき100円（平価発行）が通常である。

② 双方とも普通社債より低い利率での発行が可能である。

③ 発行会社の新株式（又は自己株式）が権利行使の対象となる。

④ 権利行使時に，転換社債型の場合には社債金額からの振替えにより現金の払込みは行われないが，ワラント債型の場合には，現金の払込みが行わ

れる。
⑤ 権利行使期間は,ともに社債償還期限までの一定期間である。
⑥ 権利の移転は,転換社債型の場合には社債と一体でのみ移転するが,ワラント債型のうち分離型として同時発行する場合には,社債と予約権は独立して移転可能である。

現在の市場で発行されている新株予約権付社債は,ほとんどが転換社債型となっており,これには後述する発行者の会計処理のルールが影響しているものと考えられます。

図5-1 転換社債型とワラント債型

```
                    ┌─ 転換権部分 ──行使──→ 新株・自己株式
        転換社債型 ──┤                         ↑
                    └─ 社 債 部 分 ─転換により削減
                                               │払込
                                               ↓
                    ┌─ 新株予約権部分─行使──→ 新株・自己株式
        ワラント債型─┤
                    └─ 社 債 部 分 ──────→ 満期まで残存
```

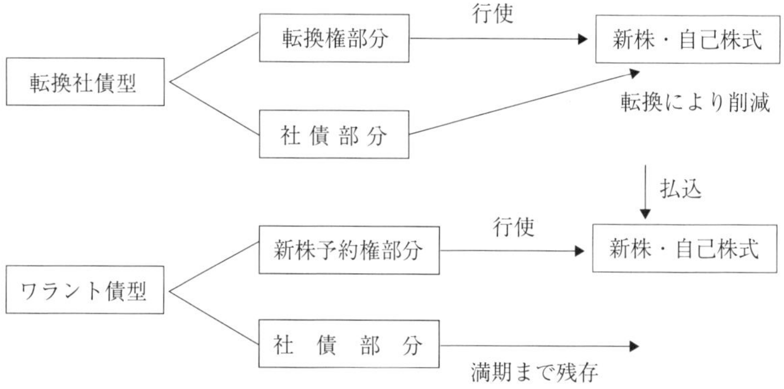

また,転換社債型とワラント債型は,投資家側からみれば,ともにキャピタル・ゲインと確定金利の両面を備えた金融商品ですが,分離型の場合には,特に多様な投資方法を可能となる場合もあります。

図5-1は,転換社債型とワラント債型の仕組みの違いを示したものです。この図に示されていることはすでに述べたことと同じですが,実は,この違いが会計処理を考える場合に大きく影響していきます。

❷ 会計処理の考え方

以下では,過去の転換権やワラントに関する会計処理の考え方をみてみます。

(1) APB意見書の会計処理

米国においては，APB（会計原則審議会）意見書第14号が転換社債型の会計処理について規定していました。同意見書では，社債と転換権との不可分性を重視して，転換権を区分処理しないとしています。

また，ワラント型については，分離型タイプのワラント型の発行手取額のうち，新株予約権（ワラント）部分に割り当てるべき金額は，資本剰余金として会計処理をすることとされています。この場合，社債部分とワラント部分との配分は，発行時の両者の公正価値の比率によって行われます。ただし，ワラントが社債と不可分であり，ワラントを行使するためには社債を交付しなければならない場合には，転換社債型と同一の会計処理を適用する（つまり，新株予約権部分を区分しない）とされています。

例えば，新株予約権付社債の発行手取額が2,000で，社債部分と新株予約権部分との割当額が1,700と300とすれば，次のような処理が行われます。

（借方）預　　　　金　　2,000　　（貸方）社　　　　債　　1,700
　　　　　　　　　　　　　　　　　　　　資本剰余金　　　300

この処理を行うことによって，社債として計上された部分は割引債と同様な性格のものとなります。すなわち，新株予約権という甘味剤を付したことにより低利率となったものが，普通社債の利率に実質的に修正されることになります。この社債の割引発行部分は，社債の償還期間にわたり償却されることになります。

また，新株予約権が行使された場合には，行使に伴う払込額が資本金と資本剰余金とに区分して計上されることになります。

FASBが2009年に行った会計基準のコード化により，Topic 470-20に含まれることになりましたが，この内容に変更はありませんでした。

(2) FASBのディスカッション・メモランダム

第1章でも触れましたが，FASBは1986年5月に，金融商品やオフバランス取引をそのプロジェクトのテーマに加えることを決定しました。このプロジェ

クトで対象としている問題点の一つに,「負債と出資をどのように区分し,発行者は負債と出資の両方の性質を有する金融商品をどのように会計処理すべきか」という問題が挙げられていました。

FASBは,1990年8月に,この問題点に関するディスカッション・メモランダムを公表しています。このディスカッション・メモランダムでは,論点の一つとして,株式購入ワラントや従業員株式オプションのような,企業にその株式を一定又は決定可能な価額で発行する義務を負わせる金融商品は,負債と資本のいずれになるかという問題点が挙げられていました。

このディスカッション・メモランダムでは,新株予約権の権利が区分処理されることを前提として,その会計処理の性格にかかわる諸見解について述べていました。これらの諸見解には,次のようなものがありました。

① 出資とする見解

　この見解は,米国の会計において実際にとられてきた考え方です。新株予約権が行使されると,その企業は現金等の資産を受け取りますが,その条件として,その企業が犠牲にするものは生じません。この結果,企業自身の株式についてのコールオプションの売却(すなわち新株予約権等の発行)は負債の定義には当てはまらない,という見解です。

② 負債とする見解

　この見解は,移転されるべき金融商品がその企業の株式であったとしても,引渡日に時価より低い可能性のある条件で他の企業に金融商品を引き渡す義務は負債である,という見解です。

③ 受け取った対価により区分する見解

　この見解は,新株の発行義務を負うことについて,受け取った対価の内容によって負債又は資本とする見解です。具体的には,現金か,それ以外の資産かによって区分されます。

④ 株価によりその性質が変わるとする見解

　この見解は,当初は負債計上をしておき,株式の時価が十分に行使価格を上回った時点で行使されたと同様な処理を行う,とする見解です。

また，このディスカッション・メモランダムでは，転換社債の性格についての諸見解も示されています。これらの諸見解には次のようなものがあります。
① 支配的特徴による会計処理

これは，発行時の支配的特徴がどちらになるかによって，負債か資本かを決定する考え方です。この支配的特徴を識別する方法としては，次のようなものがあるとされています。

(a) 発行時点の条件が負債と資本のどちらの定義を満たすか（転換社債は負債）。
(b) 発行時の条件と任意又は条件付きの条項のどちらかにより，投資家に対し発行者の資産の移転を要求されることがあるか（転換社債は負債）。
(c) 発行時に，どの構成部分の価値が最も高いか（転換社債は負債）。
(d) 発行時に，どのような結果になる可能性が最も高いか（転換される可能性が高いのであれば転換社債は資本）。

② 構成部分に分ける会計処理

この考え方は，金融商品を構成部分ごとに分けて会計処理をする考え方です。構成部分ごとに分けて会計処理をすることの論拠としては，次のようなものが挙げられています。

(a) 区分しないと，負債を過大表示し，支払利息を過小表示することになる。
(b) 区分しないと，格付けの高い（したがって，金利が低い）普通社債を発行する企業と，格付けの低い転換社債を発行する企業の比較可能性を損なう。
(c) 同様な条件の普通社債と転換社債の価値に対するマーケットの評価は，転換権それ自体に価値があることを示すものである。

(3) IAS第32号の会計処理

IAS第32号（1998年）では，複合金融商品について，要約すれば次のように定めていました。

① 法的形式よりも，実体により負債か資本かを決定する。
② 金融商品が，現金又は他の金融商品をその金融商品の保有者に引き渡す

か，他の金融商品を潜在的に不利な条件で交換するかの契約上の義務を発行体に生じさせない場合は，その金融商品は保有者にとっては資本性金融商品であり，発行体にとっては資本である。
③　貸借対照表の表示上，発行体は金融商品のうち，発行体に金融負債を生じさせる部分と，発行体の資本に転換する権利を保有者に付与する部分とを分離して認識する。

このよう考え方に立って，IAS第32号では，新株予約権も転換権も資本に分類されるとしています。また，この最初に行われた分類は，転換権等の行使の可能性の変化によって，その後に修正されることはないとされています。

また，普通株式に転換可能な社債の発行体は，金融負債の帳簿価額を，関連した資本部分をもたない類似の負債の公正価値により算定し，資本性金融商品の帳簿価額は，複合商品全体から金融負債の帳簿価額を控除することにより算定されるとされています。

なお，当初のIAS第39号では，負債性金融商品に組み込まれた資本性金融商品への転換権は，この転換社債の保有者の観点からは，主契約である負債性金融商品と密接に関係していないため，組込デリバティブを区分して会計処理するものとされていました（負債性金融商品は金利水準の変動により価値が変動するが，転換権の部分は株価水準により価値が変動するため，両者が密接に関係しないということですが，この組込デリバティブについては，次の「4　その他の複合金融商品」で説明します）。

この会計処理は，2009年11月のIFRS第9号の公表により改訂され，混合契約がIFRS第9号の適用範囲内の金融資産（この場合には負債性金融商品）である主契約を含んでいる場合には，この混合契約全体でIFRS第9号の分類による評価（この場合は公正価値の変動を純損益に計上）することとされました。

(4)　わが国の会計基準制定前の会計処理

旧商法第341条ノ7では，転換により発行する株式の発行価額について，商法第222条ノ3の規定を準用していました。このため，転換により発行する株

式の発行価額は，転換社債の発行価額とすることとされていました。

　発行時に転換社債の発行価額を負債に計上し，株式への転換が行われた時点で，これが資本金と資本準備金へ振り替えられます。例えば，転換社債の発行価額が2,000で，これがすべて株式に転換されたとすると，発行時と転換時の会計処理は次のようになります。

発　行　時
　（借方）預　　　　　金　　2,000　　（貸方）転　換　社　債　　2,000
転　換　時
　（借方）転　換　社　債　　2,000　　（貸方）資　　本　　金　　1,000
　　　　　　　　　　　　　　　　　　　　　　資　本　準　備　金　　1,000

　新株引受権付社債（ワラント債型）の処理については，長い間，新株引受権（現行の新株予約権）の価額は財務諸表上に認識されず，発行時に払込額（通常は償還額と等しい）が負債として計上され，新株引受権が行使された場合には，払込額のみが資本金と資本準備金に分けて計上されていました。このような処理方法は新株引受権を分離しない会計処理であり，「一括法」とよばれることもあります。これに対して，新株引受権を分離して処理する方法は「区分法」とよばれることもあります。

　1994年2月に，日本公認会計士協会の会計制度委員会は「新株引受権付社債の発行体における会計処理及び表示」という報告書を公表しました。この報告書により，当時の新株引受権付社債については，新株引受権を分離して会計処理する方法（区分法）が要求されることとなりました。

　この報告書では，それまでに採用されてきた一括法の問題点について，次のように述べていました。

　① 社債と新株引受権はそれぞれ別個の流通市場をもつ有価証券であり，発行体の会計処理においても別個に認識すべきものである。
　② 発行時に社債と新株引受権付社債とが別個に募集（分離募集）され，また，別個に募集価格が付されているにもかかわらず，この事実が会計処理上反映されない。

③ 新株引受権自体に経済的価値があるため新株引受権付社債の表面利率が低くなり，その部分だけ実質的に社債が割引発行となるが，そのように会計処理されないため，社債の調達コストは普通社債と比べて不均衡になる。
④ 分離された後の社債の市場価格は，通常，券面額を相当に下回るので，社債のみを買入消却した場合に多額の利益を生ずる。

(5) オプションとしての性格

保有者にとっては，新株引受権や転換権は一種のオプションであると考えられます。そのように考えると，これらが発行体にとってはどうか，ということが問題になります。これをオプションとみると，これを負債に計上し，時価評価することになります。これについては，当時のIAS第32号に示されている考え方が参考になります。

① 自己株式は金融資産に該当しない。
② 自己の資本性金融商品（つまり，株式）を発行又は引渡しを行うという企業の義務は，その企業が現金又は他の金融商品を引き渡す義務がないので，それ自体は資本性金融商品であり，金融負債ではない。
③ したがって，株式オプションやワラント等は金融負債に該当しない（つまり，デリバティブとして時価評価されない）。

これと比較すると，わが国の場合には，次のような当時の会計制度をめぐる状況の違いがありました。

① 資産と負債の概念を規定し，貸借対照表の貸方側について，負債に該当しないものは資本という考え方がとられていなかった。
② 資本に含まれるものが商法上限定されていた。
③ 資本準備金として計上できるものの範囲が商法上限定されていた。
④ 自己株式の取得事由が制限されており，自己株式は流動資産又は投資等に計上されていた（当時の商法計算書類規則第12条及び第22条の2参照）。

新株引受権や転換権については，株価が上昇すれば，通常，いずれかの時点でそれらの権利は行使されることになります。たしかに，その時点の時価で株

式を発行した場合に比べて，企業にとっての資金調達額は少なくなるはずです。しかし，これは機会損失ですが，会計上認識される損失ではありません。

もし，発行体の側でオプションとして時価評価をする（つまり，機会損失を時価評価する）という考え方を突き詰めていくと，資本の部を株価によって常に時価評価をしていくという結論にもなる余地があったとも思われます。

❸ 金融商品の会計基準による会計処理

(1) ワラント債型の新株予約権付社債の会計処理

会計基準の第38項では，ワラント債型の新株予約権付社債（転換社債型新株予約権付社債以外の新株予約権付社債）の発行者側の会計処理について，次のように規定しています。

転換社債型新株予約権付社債以外の新株予約権付社債
発行者側の会計処理
38. 転換社債型新株予約権付社債以外の新株予約権付社債の発行に伴う払込金額は，社債の対価部分と新株予約権の対価部分とに区分する（注15）。
　(1) 社債の対価部分は，普通社債の発行に準じて処理する。
　(2) 新株予約権の対価部分は，純資産の部に計上し，権利が行使され，新株を発行したときは資本金又は資本金及び資本準備金に振り替え，権利が行使されずに権利行使期間が満了したときは利益として処理する。

このように，金融商品の会計基準では，ワラント債型の新株予約権付社債は払込資本を増加させる可能性のある部分と，それ以外の部分が同時に各々存在し得ることから，その取引の実態を適切に表示するため，それぞれの部分を区分して処理することが必要であるという考え方がとられています。こうした考え方に基づき，ワラント債型の新株予約権付社債については，社債部分と新株予約部分を区分して処理することとなりました。

発行者側の新株予約権部分の対価の取扱いについては，新株予約権が行使された場合，その対価は株式発行の対価としての性格が認められることになるた

め，資本準備金に振り替えることになります。当初の金融商品の会計基準では，権利行使の有無が確定するまでの間は，その性格が確定しないことから，仮勘定として負債の部に計上されることとされていました。

この考え方は，1994年2月に日本公認会計士協会の会計制度委員会から公表された「新株引受権付社債の発行体における会計処理及び表示」と同じです。この報告書に示されている会計処理の要点は次のとおりでした。

① 発行時にその発行価額を社債の対価及び新株引受権の対価に分ける。
② 社債の対価と社債の券面総額との差額は，社債発行差金に計上する。
③ 新株引受権の対価は，流動負債に計上する。
④ 新株引受権が行使された場合には，行使部分に対応する新株引受権を資本準備金に振り替える。
⑤ 新株引受権が行使されなかった場合には，行使期間満了時に新株引受権を原則として特別利益に計上する。

2005年12月に，企業会計基準委員会から企業会計基準第5号「貸借対照表の純資産の部の表示に関する会計基準」が公表され，純資産の部は，株主資本と株主資本以外の各項目（個別財務諸表では，評価・換算差額等と新株予約権）に区分されることになり，新株予約権は純資産の部に表示されることになりました。企業会計基準第5号では，新株予約権は，返済義務のある負債ではなく，負債の部に表示することは適当ではないため，純資産の部に記載することとしたとされています。

表5－1は，この日本公認会計士協会の会計制度委員会報告に示されている計算例の一部を抜粋して示したものであり，新株引受権付社債の発行から行使時までの会計処理が示されています。

表5-1　新株引受権付社債の会計処理

〔設　例〕
・社債の券面総額　金1,000億円
・発　行　価　格　新株引受権付社債100円
　　　　　　　　　社債の発行価格は，額面100円につき金80円，新株引受権証券は割当金額100円につき金20円
・利　　　　　率　年2％
・払　込　期　日　平成×1年4月1日
・償　還　期　限　平成×6年3月31日（5年間）
・決　算　日　　　3月31日
・新株引受権の内容
　a．本社債の社債券1枚につき新株引受権証券1枚を付す。
　b．各社債の金額は金100万円の1種，各新株引受権証券に付与された額は金100万円。
　c．新株引受権の権利行使により発行する株式の1株の発行価額（行使価額）は金1,000円。
　d．新株引受権証券は，単独で譲渡することができる。
　e．新株引受権の行使請求期間は，平成×1年5月16日から平成×6年3月30日まで。
　f．新株引受権の行使により発行する株式の発行価額中，資本に組み入れない額は，行使価額の2分の1。
　g．社債の償還に代えて，その発行価額をもって新株の払込金に充当することはできない。
　h．発行日の翌日以降，未行使の本新株引受権に係る株式の発行価額の総額が，現存する本社債の総額を超えない限り，いつでも買入消却することができる。
・会計処理上の前提条件
　a．平成×1年4月1日
　　新株引受権付社債の発行時の処理。なお，社債発行差金については償還期間で均等償却することとし，償却に係る会計処理は期末に一括して行う。
　b．平成×2年7月31日
　　新株引受権の30％が行使される。

(単位：百万円)

①	発　行　時 （×1.4.1）	現　金　預　金 社債発行差金 現　金　預　金	80,000 20,000 20,000	社　　　　債 新株引受権(流動負債)	100,000 20,000
②	1年後の期末 （×2.3.31）	社　債　利　息 社債発行差金償却 社　債　利　息 社債発行差金償却	2,000 4,000 100,000×2％＝2,000百万円 20,000×1/5＝4,000百万円	現　金　預　金 社債発行差金	2,000 4,000
③	2年目期中 30％権利行使時 （×2.7.31）	現　金　預　金 新　株　引　受　権 権利行使分の新株予約権	30,000 6,000 20,000×30％＝6,000百万円	資　本　金 資本準備金 資本準備金	15,000 15,000 6,000

　表5－1に示されているように，新株引受権の部分20,000百万円と同額が社債発行差金に計上され，償還期限までに期間にわたり償却されます。このことから，それ以前に用いられていた一括法の場合には，このような償却がなく，資金調達コストが極めて低く損益計算書上示されることが理解できます。

　この会計処理は，実務指針にも引き継がれており，新株引受権付社債の新株引受権の区分処理については，「新株引受権付社債の発行体における会計処理及び表示（会計制度委員会　平成6年2月22日）に従って行う。」とされました。ところが，その後の商法の改正，会社法の制定，それに伴う新たな会計基準等のとして次のようなものがあり，それが新株引受権付社債（ワラント債型の新株予約権付社債）に影響を与えることとなりました。

①　2001年の商法の改正により，平成14年4月1日以降に発行決議が行われた新株予約権付社債については，新株予約権の発行価額とその行使に伴う払込金額の合計額をもって株式の発行価額とみなされており，新株予約権の発行価額部分（従来の新株引受権の対価部分又は株式転換権の対価部分に相当）についても，これを資本金に組み入れることが可能となりました。

②　企業会計基準第10号「金融商品に関する会計基準」（2006年）により，社

債を社債金額よりも低い価額又は高い価額で発行した場合など、収入に基づく金額と債務額とが異なる場合には、償却原価法に基づいて算定された価額をもって、貸借対照表価額としなければならないとされ、社債発行差金という科目がなくなりました。

③ 「貸借対照表の純資産の表示に関する会計基準」(2005年)の公表により、新株予約権が、純資産の部に表示されることになりました。

その後、企業会計基準委員会では、企業会計基準適用指針第17号「払込資本を増加させる可能性のある部分を含む複合金融商品に関する会計処理」を公表しています。この適用指針は、新株予約権付社債の会計処理に加えて、前述した新株予約権及び自己新株予約権の会計処理についても取り扱っています。

上記のような改正点を反映した、前掲の設例の会計処理は、表5-2のようになります。

表5-2 ワラント債型の新株予約権付社債の会計処理

(単位:百万円)

① 発行時 (×1.4.1)	現　金　預　金　80,000 現　金　預　金　20,000		社　　　　　債　80,000 新　株　予　約　権　20,000 (純資産の部)	
② 1年後の期末 (×2.3.31)	社　債　利　息　2,000 社　債　利　息　4,000 社債利息　100,000×2％＝2,000百万円 社債の償却原価法の修正　20,000×1/5＝4,000百万円		現　金　預　金　2,000 社　　　　　債　4,000	
③ 2年目期中 30％権利行使時 (×2.7.31)	現　金　預　金　30,000 新　株　予　約　権　6,000 新株を発行したものと仮定します。 権利行使分の新株予約権　20,000×30％＝6,000百万円 資本準備金とする金額　(30,000＋6,000)×1/2＝18,000		資　本　金　18,000 資　本　準　備　金　18,000	

また、会計基準の第39項は、取得者の会計処理についても規定しており、次のように、取得者においても、社債の対価部分と新株引受権の対価部分とを区分処理するとされています。

> **取得者側の会計処理**
> 　転換社債型新株予約権付社債以外の新株予約権付社債の取得価額は，社債の対価部分と新株予約権の対価部分とに区分する。
> (1) 社債の対価部分は，普通社債の取得に準じて処理する。
> (2) 新株予約権の対価部分は，有価証券の取得として処理し，権利を行使したときは株式に振り替え，権利を行使せずに権利行使期間が満了したときは損失として処理する。

　区分された社債部分も新株予約権部分も，いずれも有価証券に計上され，第3章で述べた保有目的による評価基準の適用があります。また，新株予約権社債のうち，新株引受権部分と社債部分を区分する方法について，会計基準の注解15では，次のように定めています。

> **（注15）　新株予約権付社債を区分する方法について**
> 1　発行者側においては，次のいずれかの方法により，新株予約権付社債の発行に伴う払込金額を社債の対価部分と新株予約権の対価部分とに区分する。
> (1) 社債及び新株予約権の払込金額又はそれらの合理的な見積額の比率で配分する方法
> (2) 算定が容易な一方の対価を決定し，これを払込金額から差し引いて他方の対価を算定する方法
> 2　取得者側においては，1の(1)又は(2)のいずれかの方法により，新株予約権付社債の取得価額を社債の対価部分と新株予約権の対価部分とに区分する。ただし，保有社債及び新株予約権に市場価格がある場合には，その比率により区分することもできる。

　この発行者側の区分の考え方は，当時のIAS第32号や日本公認会計士協会の会計制度委員会報告と同様です。表5-3は，これらの区分方法のうち，上記1(2)の方法により区分した場合の計算例を示しています。この計算例は，日本公認会計士協会の報告書に示されているものです。この設例では，新株引受権付社債の構成部分のうち，社債の対価部分を算定し，発行価格との差額で新株引受権の対価部分を算定するという方法が示されています。

表5-3 新株予約権の対価の算定

> （条　件）
> ・新株予約権付社債の発行価格　100米ドル
> ・償還期限は4年
> ・標準的な社債利回り　米国債残存期間4年物流通利回り4.728％（半年複利）
> ・米国債と当該発行体との銘柄格差　27ベイシス・ポイント
> ・新株予約権付社債用利率上乗せ分　30ベイシス・ポイント
>
> ① 社債流通利回りは，4.728％＋0.27％＋0.30％＝5.298％となる。
> ② 上記流通利回りは半年複利であることから，年複利に直すと5.36％となる。
> $$\left[1+\frac{5.298}{100}\times\frac{1}{2}\right]^2 - 1 = 5.36\%$$
> ③ 新株予約権付社債の表面利率を1.250％（C＝1.250）とすると，流通利回りは5.36％（r＝0.0536），年限は4年（n＝4）であるから，社債の対価（エクス・ワラント＝EX）は，次の算式から85.55となる。
> $$EX = \frac{C}{1+r} + \frac{C}{(1+r)^2} + \frac{C}{(1+r)^3} + \frac{C}{(1+r)^4} + \frac{100}{(1+r)^4}$$
> したがって，新株予約権証券の対価は，100－85.55＝14.45ポイントとなる。
> （注）　新株予約権部分の市場価格は，社債の券面金額に対する割合で表示され，一般に，「価格は何％」又は「価格は何ポイント」とよばれる。

(2) 転換社債型の新株予約権付社債の会計処理

会計基準の第36項では，転換社債型の新株予約権付社債の発行者側の会計処理について，次のように規定しています。

> **転換社債型新株予約権付社債**
> **発行者側の会計処理**
> 　転換社債型新株予約権付社債の発行に伴う払込金額は，社債の対価部分と新株予約権の対価部分とに区分せず普通社債の発行に準じて処理する方法，又は転換社債型新株予約権付社債以外の新株予約権付社債に準じて処理する方法のいずれかにより会計処理する。

　転換社債型については，株式転換権が行使されると社債は消滅し，消滅の償

還権と株式転換権が同時に各々存在し得ないことから、それぞれの部分を区分して処理する必要性は乏しいという考え方がとられていました。こうした考え方に基づき、転換社債型については上に述べたワラント型の新株予約権付社債の処理に準じた処理に加え、社債部分と株式転換権（新株予約権）部分を区分せずに、一体とした処理（一括法）を認めたものとされています。

転換権部分を区分した場合の区分方法は、注解15によるものとされています。参考までに、IAS第32号の付属に示されていた転換権の区分の設例が表5－4に示されています。ただし、転換権自体は、IAS第32号では資本とすることとされています。この点がわが国とは違うので、留意する必要があります。

表5－4　転換権の区分

（設例の条件）
　企業が第1年目の年初に転換社債を2,000口発行する。社債は3年の期間を有し、社債1口につき1,000の券面で額面発行され、合計2,000,000の代金をもたらす。利息は年1回後払いで支払われ、名目利率年6％である。各社債は満期までいつでも250株の普通株式に転換できる。社債が発行されるとき、転換オプションなしの類似の社債の実勢利回りは9％である。

（資本部分の評価）
　この方法では、負債部分が最初に評価され、社債発行による手取額と負債の公正価値との差額が資本部分に割り振られる。負債部分の現在価値は、転換権のついていない、類似の社債の市場金利である9％の割引率を用いて計算する。

3年目の終わりに支払われる元本—2,000,000の現在価値	1,544,367
3年間毎年後払いで支払われる利息—120,000の現在価値	303,755
負債部分合計	1,848,122
資本部分（差引）	151,878
社債発行による受取代金	2,000,000

実務指針（2000年）では、転換社債の株式転換権について区分処理する場合には、当時の新株引受権付社債の処理に準じて次のように処理するものとされていました。

①　発行時にその発行価格を社債及び株式転換権の合理的算定額に基づき、

社債の対価及び株式転換権の対価に分ける。
② 社債の対価と社債の券面総額との差額は社債発行差金に計上し，株式転換権の対価は「株式転換権」等の適当な科目名を付して，流動負債に計上する。
③ 株式転換権の行使により株式への転換が行われた場合，転換時に転換した部分に対応する「株式転換権」と社債金額の合計に社債発行差金の未償却残高を加減した額を資本金及び資本準備金に振り替える。
④ 転換請求期間に株式転換権の行使が行われなかった場合には，転換請求期間満了時に「株式転換権」を「株式転換権戻入益」等の適当な科目を付して，原則として特別利益に計上する。

ワラント債型の新株予約権付社債の会計処理で述べたように，その後の法改正等を受けて，適用指針第17号では，転換社債型の新株予約権付社債の会計処理について，権利が行使された際には次のように処理するものとしています。
① 新株を発行する場合
　a．新株予約権が行使され，新株を発行する場合において，発行時に一括法を採用しているときは，当該転換社債型新株予約権付社債の帳簿価額を，資本金又は資本金及び資本準備金に振り替える。
　b．発行時に区分法を採用しているときは，当該転換社債型新株予約権付社債における社債の対価部分（帳簿価額）と新株予約権の対価部分（帳簿価額）の合計額を，資本金又は資本金及び資本準備金に振り替える。
② 自己株式を処分する場合
　新株予約権が行使され，自己株式を処分する場合の自己株式処分差額の会計処理は，自己株式を募集株式の発行等の手続により処分する場合に準じて取り扱う。
　a．自己株式処分差額を計算する際の自己株式の処分の対価については，発行時に一括法を採用している場合は，当該転換社債型新株予約権付社債の帳簿価額とする。

b．発行時に区分法を採用している場合は，当該転換社債型新株予約権付社債における社債の対価部分（帳簿価額）と新株予約権の対価部分（帳簿価額）の合計額とする。

表5－5は，この適用指針第17号の設例から一部を抜粋して示したものであり，転換社債型新株予約権付社債の発行時，発行年度の期末，予約権行使時の会計処理が示されています。

表5－5　転換社債型新株予約権付社債の発行者側の会計処理（一括法）

1．前提条件
(1) 転換社債型新株予約権付社債の発行
　　額面総額：500,000千円
　　払込金額：450,000千円（割引発行）
　　期　　間：X1年4月1日からX11年3月31日（10年間）
　　利　　率：0％
(2) 決算日は3月31日である。
(3) X3年4月1日に，上記転換社債型新株予約権付社債のすべてについて新株予約権の行使の請求があり，新株を発行した。
(4) 新株予約権の行使に際して出資をなすべき1株当たりの金額（転換価格）は50千円とする。新株の発行時に出資された額はすべて資本金とする。
(5) 償却原価法の適用にあたっては，定額法によるものとする。

2．会計処理　　　　　　　　　　　　　　　　　　　　（単位：千円）
(1) 発行時（X1年4月1日）
　　現　金　預　金　　450,000　　　社　　　　　債　　450,000
(2) 最初の決算日（X2年3月31日）
　　社　債　利　息　　　5,000　　　社　　　　　債　　　5,000
　　償却原価法の修正　$50,000 \times \frac{1}{10} = 5,000$
(3) 新株予約権行使時（X3年4月1日）
　　社　　　　　債　　460,000　　　資　　本　　金　　460,000
　（注）権利行使により増加する資本金の額は，新株予約権が行使された転換社債型新株予約権付社債の帳簿価額に基づき算定する。
　　　　$450,000 + 5,000 \times 2 = 460,000$
　　　　会社法上の最低額を資本金とする場合は，資本金と資本準備金が，それぞれ230,000千円となる。

また、会計基準の第37項は、取得者の会計処理について、一括法によることを規定しています。

> **取得者側の会計処理**
> 転換社債型新株予約権付社債の取得価額は、社債の対価部分と新株予約権の対価部分とに区分せず普通社債の取得に準じて処理し、権利を行使したときは株式に振り替える。(一括法)

4　その他の複合金融商品

❶　基準制定時に想定したその他の複合金融商品

以下では、その他の複合金融商品と考えられるものの例のいくつかについて説明します。

(1)　ゼロコストオプション

ゼロコストオプションは、オプションの購入（買建て）と売却（売建て）を組み合わせることによって、オプション料の受払いを相殺し、オプション料の支払いをゼロとした複合金融商品です。

ゼロコストオプションの形態にはさまざまなものがありますが、最終的に一定の範囲内での為替予約と実質的に同じような効果をもつものが一般的です。これらは「レンジ予約」あるいは「ワイダーバンド型為替予約」とよばれることもあります。この複合金融商品は、異なる行使価格の通貨オプションの買建てと売建てを組み合わせることによって、為替レートに幅（レンジ）をもたせた為替予約としての効果を得ようとするものです。

この複合金融商品の例は、表5-6に示されています。表5-6の条件を満たすと、そのオプションの効果は表5-6の下の表のようになります。つまり、為替レートの下限116円と上限122円の間では直物レートでドルの売却が行われ、

116円を下回る場合にはドル売りの為替予約となります。また，122円を超える場合には，122円のドル売りの為替予約という効果をもちます。

このようなタイプの予約は，通常，次のような企業の意図から締結されます。
① 輸出に伴う外貨建の受取代金の為替リスクを回避したい。
② 為替予約によった場合には，予約相場が固定されてしまうため，円安利益を享受できなくなるが，円安のメリットもある範囲内で享受したい。
③ 通常の通貨オプションの買建てを行った場合には，オプション料の支払いが必要であるが，そのような追加コストを抑えたい。

表5－6　ゼロコストオプション

（条　件）
① 現在の直物為替相場　　　　　　US＄1＝120円
② A社のドル建輸出債権の簿価　　1US＄当たり120円
③ 下限レートの設定（ドルプット円コール・オプションの購入）
　　行使期日　　　　　　　　　　6か月後
　　行使価格　　　　　　　　　　US＄1＝116円
　　支払オプション料　　　　　　1US＄当たり　3円
④ 上限レートの設定（ドルコール円プット・オプションの売却）
　　行使期日　　　　　　　　　　6か月後
　　行使価格　　　　　　　　　　US＄1＝122円
　　受取オプション料　　　　　　1US＄当たり　3円

（オプションの効果）

行使日の直物レート(X)	X＜116円	116円≦X＜122円	122円≦X
ドルプット円コール・オプションの購入	行使する	放　棄	放　棄
ドルコール円プット・オプションの売却	放　棄	放　棄	行使される
レンジ予約の効果	116円でのドル売り為替予約の成立（下限の確定）	直物レートでのドル売り	122円でのドル売り為替予約の成立（上限の確定）

このようなタイプのゼロコストオプションについては，1998年4月に日本公認会計士協会から公表された会計制度委員会研究報告第4号「通貨オプション取引の企業側における会計処理と表示」に示されていました。この報告では，「ワイダーバンド型為替予約」とよばれていますが，この会計処理については，対応する外貨建金銭債権債務の換算に際し，決算日の直物相場が当該予約相場の中（つまり，116円と122円の間）にある場合は直物相場を適用し，それ以外の場合は予約幅の上限又は下限（この設例の場合には122円又は116円）のいずれか近い相場を適用するものとされていました。

(2) 通貨オプション付円建ローン

　通貨オプション付円建ローンとは，借手による通貨オプションの売却と通常の円建ローンとを組み合わせて，通貨オプションの売却（売建て）で受け取るオプション料により金利支払の負担を軽減させ，全体として資金調達コストの低減をねらったものです。

　しかし，オプションの売却の場合には，その売り手は自己にとって不利な場合についてだけ行使を受けることになりますから，予想に反して為替レートが変動したような場合には，為替差損が発生するリスクを負っているものといえます。

　表5－7は，通貨オプション付円建ローンの条件の例を示したものです。

　この例では，借入金に加えて，120円を行使価格とするドルコール円プット（ドルを買う権利）を売却しています。このオプションの売建ての効果は上の表に示されています。つまり，為替相場が120円を下回る場合にはこのオプションは放棄され，行使されません。したがって，受け取ったオプション料が借手の利益となります。為替レートが120円を超えて円安となる場合には，買手はこのオプションを行使します。この場合，その時点の実勢の為替レートと120円の差額によって生ずる為替差損が受取オプション料を超過した場合には，その超過した額が借入金の借手の損失となるわけです。

　金融商品の会計基準の制定当時には，このような通貨オプション付円建ロー

表5-7 通貨オプション付円建ローン（借入れ）

（条　件）
① 元　　　　金　　120,000千円（1百万ドル相当）
② 期　　　　間　　3か月（91日）
③ 金　　　　利　　6.00%
④ オプション　　　ドルコール円プットの売却（ヨーロピアン・タイプ）
⑤ 行 使 価 格　　US＄1＝120円

（オプションの効果）

行使日の直物レート(X)	X＜120円	120円≦X
ドルコール円プット・オプションの売却	放　棄	行使される
借手の損益	オプション料の受取り（利益）	為替差損が受取オプション料を超過した分の損失

ン以外に，通貨オプションを定期預金や割引債と組み合わせた金融商品や，社債と日経平均株価指数オプションを組み合わせた「日経平均リンク債」とよばれる金融商品もありました。

　これらの金融商品については，オプション料の受取額が金利の低減あるいは利回りの上昇に影響することは事実ですが，この取引によって受け取っているオプション料自体が明示されていない場合が多いといえます。このような商品では，例えば円建債務と通貨のデリバティブの組合せといったように，両方のリスク内容が異なるものが複合されて一つの複合金融商品となっています。このような複合金融商品について示された会計処理の指針は，金融商品の会計基準以前にはありませんでした。

❷　金融商品の会計基準と実務指針による会計処理

　会計基準の第40項では，その他の複合金融商品の会計処理について，次のように定めています。

> 契約の一方の当事者の払込資本を増加させる可能性のある部分を含まない複合金融商品は，原則として，それを構成する個々の金融資産又は金融負債とに区分せず一体として処理する。

　このような複合金融商品を構成する複数種類の金融資産又は金融負債は，それぞれ独立して存在し得ますが，複合金融商品からもたらされるキャッシュ・フローは正味で発生するという考え方がとられています。このため，資金の運用・調達の実態を財務諸表に適正に反映させる観点から，原則として，複合金融商品を構成する個々の金融資産又は金融負債を区分せず，一体として処理することとされています。

　また，注意すべき点として，金融商品の会計基準の前文（書換え後の2006年会計基準では第117項）では，「通貨オプションが組み合わされた円建借入金のように，現物の金融資産又は金融負債にリスクが及ぶ可能性がある場合に，当該複合金融商品の評価差額が損益に反映されないときには，当該複合金融商品を構成する個々の金融資産又は金融負債を区分して処理することが必要である。」とされています。つまり，現物の金融資産又は金融負債と，リスクの種類が異なるものが組み合わされた場合には，それぞれを区分して処理することが必要な場合があることを示しています。特にデリバティブと現物を組み合わせて，その損失の幅が極めて大きいような複合金融商品の場合には，会計処理に注意する必要があります。

　その後に公表された実務指針では，複合金融商品に組み込まれたデリバティブは，次のすべての要件を満たした場合，組込対象である金融資産又は金融負債とは区別して時価評価し，評価差額を当期損益として処理するとしています。

① 組込デリバティブのリスクが現物の金融資産又は金融負債に及ぶ可能性があること
② 組込デリバティブと同一条件の独立したデリバティブが，デリバティブの特徴を満たすこと（第4章参照）
③ 当該複合金融商品について，時価の変動による評価差額が当期の損益に

反映されないこと

　実務指針では，このような組込デリバティブのリスクが現物の金融資産又は金融負債に及ぶとは，利付金融資産又は金融負債の場合，組込デリバティブのリスクにより現物の金融資産の当初元本が減少又は金融負債の当初元本が増加若しくは当該金融負債の金利が債務者にとって契約当初の２倍以上になる可能性がある場合をいうとされていました。

　マーケットでは，このような仕組みをもつ複合金融商品は多数存在しています。実務指針では，組込デリバティブのリスクが現物の金融資産又は金融負債に及ぶ可能性がある例として，次のようなものを挙げていました。

① 　預金，債券，貸付金，借入金及びこれに類する契約の中に，デリバティブ（その経済的性格及びリスクが，組み込まれた現物の金融資産又は金融負債の経済的性格及びリスクと密接な関係にないもの）とが組み込まれたもの
　　a ．元本又は金利が株式相場又は株価指数に連動するデリバティブ
　　b ．元本又は金利が現物商品相場又は現物商品指数に連動するデリバティブ
　　c ．元本又は金利が外国為替相場に連動するデリバティブ（ただし，逆デュアルカレンシー債等元本償還額が円建てで確定し，金利のみが為替相場に連動しかつマイナスとならないものは除く）
　　d ．クレジット・デリバティブ又はウェザー・デリバティブ
② 　他社株転換社債
③ 　預金，債券，貸付金，借入金及びこれに類する契約の中に，金利に関するデリバティブ（金利に係るデリバティブの経済的性格及びリスクは，組み込まれた現物の金融資産又は金融負債の経済的性格及びリスクと密接な関係にあるため，通常のリスクは現物の金融資産又は金融負債に及ぶ可能性はない）で，フロアーがついていないため受取利息がマイナスとなる可能性があるもの，当該金利が市場金利と著しく乖離するもの，又は，契約額若しくは想定元本が組込対象である預金等の元本を超える売建オプションであるもの等が組み込まれ，当該リスクが現物の金融資産又は金融負債の元本に及ぶ可能性のあ

るもの

④　重要な損失をもたらす行使価格の付いた期限前償還権付債券，貸付金，借入金及びこれに類する契約

　また，実務指針では，「損益を調整する複合金融商品」についても規定しています。すなわち，デリバティブで得た収益を毎期の利払いに含めず，後で一括して授受するスキーム又は複数年に１回しか利払いがないスキーム等損益を調整する複合金融商品については，組込デリバティブのリスクが現物の金融資産又は金融負債に及ぶ可能性がない場合であっても，区分処理するとしています。

　企業会計基準委員会では，2006年３月に，❹で述べる企業会計基準適用指針第12号「その他の複合金融商品（払込資本を増加させる可能性のある部分を含まない複合金融商品）に関する会計処理」を公表しています。ここに述べたことは，同適用指針に引き継がれ，実務指針のその他の複合金融商品に関する諸規定は削除されています。

❸　国際会計基準

　❷で説明した実務指針では，組込デリバティブという用語が出てきます。この考え方は，IAS第39号にもみられ，実務指針の作成時に参照したことがわかります。

　IAS第39号では，組込デリバティブとは，デリバティブでない主契約も含んだ混合金融商品の構成部分であり，その効果として，混合金融商品のキャッシュ・フローの一部が，単独のデリバティブと同様に変動するとしています。組込デリバティブでは，そうでなければ契約で要求されていたキャッシュ・フローの一部又は全部を，特定の金利，金融商品価格，コモディティ価格，外国為替レート，価格若しくはレートの指数，信用格付け若しくは信用インデックス又はその他の変数に応じて修正する結果を生じさせるとしています。

　また，次の要件のすべてを満たす場合には，組込デリバティブは，主契約から分離して，IAS第39号に基づいてデリバティブとして会計処理（つまり，公

正価値評価）しなければならないとしていました。
  (a) 組込デリバティブの経済的特徴及びリスクが，主契約の経済的特徴及びリスクに密接に関連していないこと
  (b) 組込デリバティブと同一条件の独立の金融商品ならば，デリバティブの定義に該当すること
  (c) 混合金融商品が，公正価値で測定して公正価値変動を純損益に認識するものではないこと（すなわち，純損益を通じて公正価値で測定される金融資産又は金融負債に組み込まれているデリバティブは，分離されない）

組込デリバティブが分離される場合，主契約は，金融商品である場合にはIAS第39号により，金融商品でない場合には他の適切な基準に従って，会計処理しなければならないとしていました。

IAS第39号では，「組込デリバティブの経済的特徴及びリスクが，主契約の経済的特徴及びリスクに密接に関連し」という要件が，組込デリバティブの分離処理の判断のポイントになります。IAS第39号の適用指針では，密接に関連しているとみなされないものと，密接に関連しているものとを例示していました。3❷(3)でも説明しましたが，保有者側での転換社債の転換権は，主契約である負債性金融商品と密接に関係していない（金利と株価は密接に関連しない）とされ，わが国での判定（一括法で処理）とは異なりました。もともと，この「組込デリバティブの経済的特徴及びリスク」が，わが国の会計基準の「リスクが現物の金融資産又は金融負債に及ぶ可能性」とは違うため，区分処理の要否の判断結果が両者で異なる場合もあります。

2009年11月に公表されたIFRS第9号でも，組込デリバティブの要件は大きくは変更されていませんが，上に掲げた要件(c)の「<u>すなわち，純損益を通じて公正価値で測定される金融資産又は金融負債に組み込まれているデリバティブ</u>は，分離されない」の部分が，「<u>金融負債に組み込まれているデリバティブ</u>」に変更されています。これは，IFRS第9号では，混合契約がIFRS第9号の<u>適用範囲内の資産である主契約を含んでいる場合には，IFRS第9号の測定基準</u>（この場合，償却原価の要件を満たさずに，公正価値評価になると考えられます）を混

合契約全体に適用しなければならないとされたことによるものと考えられます。

❹ 企業会計基準適用指針第12号

　企業会計基準適用指針第12号では，❷で説明した実務指針の考え方を引き継いでいますが，組込デリバティブのリスクが現物の金融資産又は金融負債に及ぶ可能性がある例として挙げているものについての記述を次のように（下線部が変更部分）追加しています。

(1) 預金，債券，貸付金，借入金及びこれらに類する契約の中に，以下のようなデリバティブ（その経済的性格及びリスクが，組み込まれた現物の金融資産又は金融負債の経済的性格及びリスクと緊密な関係にないもの）が組み込まれたもの

　① 元本又は金利が株式相場又は株価指数に係るデリバティブ

　② 元本又は金利が現物商品相場又は現物商品指数に係るデリバティブ

　③ 元本又は金利が外国為替相場に係るデリバティブ

　④ 元本又は金利が気象条件に関する指標に係るデリバティブ（ウェザー・デリバティブ）

　⑤ 元本又は金利が第三者の信用リスクに係るデリバティブ（クレジット・デリバティブ）

(2) 預金，債券，貸付金，借入金及びこれらに類する契約の中に，以下のようなデリバティブ（その経済的性格及びリスクが，組み込まれた現物の金融資産又は金融負債の経済的性格及びリスクと緊密な関係にあるもの）が組み込まれ，契約上，フロアーが付いていないため受取利息がマイナスとなる可能性があるもの，又は，オプションを売却しているもの等が組み込まれ当初元本を毀損する可能性があるもの

　① 当該契約と同一通貨である金利に係るデリバティブ

　② 当該契約と同一通貨である物価指数に係るデリバティブ

　③ 当該契約と同一通貨である債務者自身の信用リスクに係るデリバティブ

　ただし，上の特に(2)に関連して，それ以前の実務指針では，金融資産又は金融負債にリスクが及ぶことについて，組込デリバティブのリスクが，契約内容

に照らして当初元本に及ぶ可能性の有無を判断することを意味し，可能性の程度を評価するものではないこととしていました。適用指針第12号では，必要以上に区分処理を行う場合がありうるという批判に対応して，組込デリバティブの経済的性格及びリスクと現物の金融資産又は金融負債の経済的性格及びリスクとが緊密な関係にある場合で，過去の実績や合理的な見通しなどから，組込デリバティブのリスクが当初元本に及ぶ可能性が低いといえるものについては，現物の金融資産又は金融負債にリスクが及ぶ可能性はないものとして取り扱うこととしたとされています。

　第一に，契約上，当初元本を毀損する可能性があっても，組込デリバティブのリスクが現物の金融資産又は金融負債の当初元本に及ぶ可能性が低いといえるものについては，組込デリバティブのリスクが現物の金融資産又は金融負債に及ぶ可能性はないものとして取り扱うとされています。

　ここでは，物価連動国債が想定されているようです。物価指数に係るデリバティブについては，一般に，変動金利部分に物価水準の変動も含まれていることから，利付金融資産又は金融負債に物価指数に係るデリバティブが組み込まれている場合，これらの経済的性格及びリスクは緊密な関係にあると考えられるとしています。この場合には，現物の金融資産又は金融負債にリスクが及ぶ可能性があるかどうかについて，組込デリバティブのリスクが当初元本に及ぶ可能性の程度を評価して判断するものとし，この際，政府によって平成16年から発行されている物価連動国債（10年債）は，これまでの消費者物価指数の動向等を踏まえると，一般に，組込デリバティブのリスクが当初元本に及ぶ可能性は低い（つまり，区分処理しない）と考えられるとしています。なお，物価連動国債は，償還金額及び総受取利息金額のいずれも確定していないため，満期保有目的の債券として計上することはできないとされており，通常物価連動国債全体として，時価評価されることになります。

　第二に，第三者の信用リスクに係るデリバティブが組み込まれている複合金融商品が，実質的に参照先である第三者の信用リスクを反映した利付金融資産と考えることができる場合において，当該組込デリバティブのリスクが現物の

金融資産の当初元本に及ぶ可能性が低いといえるものについては，組込デリバティブのリスクが現物の金融資産に及ぶ可能性はないものとして取り扱うとされています。

第三者の信用リスクに係るデリバティブが組み込まれている場合，これらの経済的性格及びリスクは緊密な関係ではありませんが，特別目的会社が高い信用力を有する利付金融資産を裏付けにして当該特別目的会社以外の参照先の信用リスクに係るデリバティブを組み込んだ複合金融商品（例えば，クレジット・リンク債やシンセティック債務担保証券）を発行している場合のように，当該複合金融商品が実質的に当該参照先の信用リスクを反映した利付金融資産と考えることができるときには，債務者自身の信用リスクに係るデリバティブが組み込まれている場合（つまり，経済的性格及びリスクは緊密な関係にある場合）に準じて取り扱うものとしています。この場合，当該複合金融商品全体の信用リスクが高くない場合，組込デリバティブのリスクが現物の金融資産の当初元本に及ぶ可能性は低いと考えられ，このため，当該複合金融商品も区分して処理する必要はないとしています。

もっとも，安易に一体処理することへの歯止めもあります。すなわち，当該複合金融商品を，満期保有目的の債券やその他有価証券として処理した場合において，もはや信用リスクが高くないとはいえなくなったときには，その時点の時価を新たな取得原価として本来の会計処理（通常は，区分処理）を適用するとされています。

索　引

あ行

IAS第30号 …………………………… 272
IAS第39号 ……………………………… 63
IAS第32号 ……………………… 16,17,29,285
IASC …………………………………… 15
IASB（国際会計基準審議会）………… 18
アウト・オブ・ザ・マネー ………… 209
アセットスワップ …………………… 213
アット・ザ・マネー ………………… 209
E 40 …………………………………… 15
E 48 …………………………………… 16
委託者兼当初受益者 ………………… 148
著しい下落 …………………………… 155
一括法 ………………………………… 293
一般債権 ……………………………… 168
IFRS第9号 …………………………… 191
IFRS第10号 …………………………… 96
IFRS第15号 ………………………… 199
IFRS第13号 ……………………… 24,189
IFRS第12号 …………………………… 98
IFRS第7号 …………………………… 272
イン・ザ・マネー …………………… 208
インプット …………………………… 24
インプットのレベル区分 …………… 24
ウェザー・デリバティブ …………… 313
打歩発行 ……………………………… 179
運用目的の金銭の信託 ……………… 140
APB意見書第14号 …………………… 289
SIC解釈指針第12号 …………………… 85
SPE（特別目的事業体）…………… 47,48

FIN 46 R ……………………………… 84
FASB解釈指針（FIN）第39号 ……… 91
FASB解釈指針（FIN）第46号 ……… 84
FASB基準書第52号 ……………… 13,224
FASB基準書第12号 ………………… 131
FASB基準書第77号 ………………… 57
FASB基準書第76号 ………………… 88
FASB基準書第80号 ……………… 13,226
FASB基準書第105号 ………………… 12
FASB基準書第159号 ………………… 259
FASB基準書第157号 ……………… 24,189
FASB基準書第133号 …………… 14,216,228
FASB基準書第119号 ………………… 12
FASB基準書第115号 …………… 13,110,154
FASB基準書第114号 ……………… 15,173
FASB基準書第107号 …………… 12,29,217
FASB基準書第125号 …………… 15,57,83
FASB基準書第140号 ……………… 61,83
FASB基準書第166号 ……………… 62,85
FASBの金融商品プロジェクト ……… 11
FVOCI ………………………………… 192
FVTPL ………………………………… 192
OCIオプション ……………………… 192
振当処理 …………………………… 260,263
オプション価格モデル …………… 162,218
オプション取引 ……………………… 207
オプション料 ………………………… 208

か行

外貨建資産負債 ……………………… 184
外貨建短期金銭債権債務 …………… 184

317

外貨建長期金銭債権債務 …………… 184	金銭以外の信託 ………………… 140,149
外貨建取引等会計処理基準 ………… 216	金銭の信託 ……………………… 140,148
外貨ヘッジ ……………………………… 228	金融安定化フォーラム ………………… 190
会計原則審議会 ………………………… 289	金融安定化理事会 ……………………… 197
会計上のミスマッチ …………………… 258	金融検査マニュアル …………………… 175
会計制度委員会研究報告第4号 …… 307	金融先物取引 …………………………… 203
開示対象特別目的会社 ………………… 82	金融資産 …………………………… 30,33
会社に準ずる事業体 …………………… 48	金融資産の減損 ………………………… 173
回復する見込み ………………………… 155	金融資産の消滅の認識要件 …………… 42
確定契約 …………………………… 226,232	金融負債 …………………………… 30,33
貸倒懸念債権 …………………………… 168	金融負債の時価評価 …………………… 180
株式転換権 ………………………… 286,302	金融負債の消滅の認識要件 …………… 44
為替予約取引 …………………………… 201	金利先物 ………………………………… 204
為替リスク ……………………………… 201	金利先渡契約 …………………………… 205
監査委員会報告第60号 ………………… 81	金利スワップ取引 ……………………… 212
完全なヘッジ …………………………… 233	金利スワップの特例処理 …… 243,252,254
関連会社株式 …………………………… 125	区分法 …………………………………… 293
企業会計基準委員会（ASBJ）………… 33	組込デリバティブ ………… 258,285,309
企業会計基準第1号 …………………… 281	組込デリバティブの経済的特徴 ……… 312
企業会計基準第5号 …………… 128,296	クリーンナップ・コール ……………… 58
企業会計基準第10号 …………………… 101	繰延償却法 ……………………………… 179
企業会計基準第7号 …………………… 150	繰延ヘッジ ……………………………… 263
企業会計基準第25号 …………………… 128	繰延ヘッジ会計 ……………… 222,245,228
企業会計基準第8号 …………………… 282	繰延ヘッジ損益 ………………………… 246
企業会計基準適用指針第19号 ……… 273	クレジット・デリバティブ …………… 313
企業会計基準適用指針第15号 ………… 82	クロス取引 ……………………………… 70
企業会計基準適用指針第17号 … 282,299	景気循環増幅効果 ……………………… 197
企業会計基準適用指針第12号 … 284,313	契約上のキャッシュ・フロー …… 192,194
企業会計基準適用指針第22号 ………… 81	決算時の為替相場 ……………………… 184
期末1か月の市場価格の平均 ………… 127	現金 ……………………………………… 30
キャッシュ・フロー・ヘッジ … 228,232,	原債権者（オリジネーター）………… 47
246,263	原債務者 ………………………………… 47
キャッシュ・フロー見積法 …………… 170	現先取引 ………………………………… 69
業種別監査委員会報告第24号 ……… 256	減損した貸出金 ………………………… 173

索　引

減損の客観的証拠 ……………… 173
現物商品 …………………………… 215
公開草案第48号（E 48）………… 63
公正価値 …………… 19,102,179,188
公正価値オプション …………… 257
公正価値ヒエラルキー ……………24
公正価値ヘッジ …………… 228,231
公正な評価額 ……………… 19,112
構成部分 …………………………… 291
合理的に算定された価額 …… 23,113,218
コールオプション ……………… 207
子会社株式 ……………………… 125
国際会計基準委員会 ………………15
国債先物 ………………………… 204
個別ヘッジ ……………………… 239
個別方式 ………………………… 144
コマーシャル・ペーパー ……… 182
コンバージェンス …………………18

さ行

サービシング ………………………57
債権流動化 …………………………46
財産内容評価法 ………………… 170
財務構成要素アプローチ …………53
債務者区分 ……………………… 175
債務保証 ……………………………32
先物為替予約 …………… 205,224
先物為替予約取引 ……………… 201
先物相場 ………………………… 205
先物取引 ………………………… 202
先渡契約の直先差額 …………… 267
先渡取引 ………………………… 205
差金決済 ………………………… 203
サブプライムローン問題 ……… 189

JWG …………………………… 181,188
時価 ………………………… 23,112
時価ヘッジ ……………………… 251
時価ヘッジ会計 ………………… 222
時価を把握することが極めて困難と
　認められる有価証券 ………… 137
時間的価値 ………………… 208,267
直先フラット型 ………………… 263
直物相場 ………………………… 205
事業信託 ………………………… 152
事業モデル ………………… 192,194
自己株式処分差益 ……………… 281
自己株式処分差損 ……………… 281
自己株式の取得 ………………… 280
自己新株予約権 ………………… 283
自己信託 ………………………… 152
自己の信用リスクの変化 ……… 258
市場価格に基づく価額 …… 23,113
市場リスク ……………………… 220
実質破綻先債権 ………………… 175
実務対応報告第10号 …………… 161
実務対応報告第23号 ……… 147,150
実務対応報告第26号 …………… 159
実務対応報告第8号 …………… 183
支配的特徴 ……………………… 291
支配力基準 …………………………48
資本性金融商品 …………… 30,279
社債発行差金 ………… 178,296,299
修正受渡日基準 ……………………40
受益者集会 ……………………… 151
主契約の経済的特徴 …………… 312
出資証券 ………………………… 137
取得時又は発生時の為替相場 … 184
種類株式 ………………………… 161

純額決済	214	**た行**	
純資産の部	128		
償却原価法	118, 163, 193	高い程度で相殺	244
証拠金	203	通貨オプション付き円建ローン	307
消滅の認識	6, 42	通貨スワップ取引	210
新株引受権	296, 298	DCF法	177
新株引受権付社債	8, 285, 293	低価法	7, 104, 125
新株予約権	32, 282	手形の割引	43
新株予約権付社債	285	適格SPE	56, 83, 84
信託	138	出口価値	189
信託行為	138	デット・アサンプション	86
信託財産構成物	146	デット・エクイティ・スワップ	78
信託受益権	147	デリバティブ取引	8, 201
信託受益者	146	デリバティブ取引の評価	217
信託法	140	転換社債	8, 285, 293
信用棄損	198	転換社債型	286, 301
信用損失	198	電子CP	182
信用リスクの変化	180	投機取引	202
ストック・オプション	282	動的リスク管理	268
ストラクチャード・エンティティ	98	特定金銭信託	142
スワップション	213	特定目的会社	81, 79
スワップ取引	210	特別目的事業体	79
税効果会計	133	独立処理	260
正常先債権	175	トレーディング勘定の時価評価	116
ゼロコストオプション	284, 305	トレーディング有価証券	115
1999年改訂基準	185	**な行**	
1995年基準	184		
全部純資産直入法	130	日経平均リンク債	308
想定元本	214	値洗基準	104
その他の包括利益	128	**は行**	
その他有価証券	126		
損益を調整する複合金融商品	311	売却可能金融資産	132
		売却可能有価証券	132
		配当規則	105

索　引

売買目的有価証券 …………………… 114
破産更生債権 ………………………… 168
バスケット方式 ……………………… 144
破綻懸念先債権 ……………………… 175
破綻先債権 …………………………… 175
発生損失アプローチ ………………… 197
発生の認識 ……………………………… 6
バランス再調整 ……………………… 266
非分離型 ……………………………… 287
紐付け ………………………………… 244
非有効部分 ……………………… 248,266
評価・換算差額等 …………………… 128
評価差額 ……………………………… 127
標準物 ………………………………… 203
ファンドトラスト …………………… 143
複合金融商品 …………………… 279,284
物価連動国債 ………………………… 314
プットオプション …………………… 207
部分純資産直入法 …………………… 130
プライシング・モデル ……………… 113
分離型 ………………………………… 287
ベーシス・アジャストメント ……… 268
ヘッジ・コスト ……………………… 267
ヘッジ会計 …………………………… 9,220
ヘッジ会計の簡素化 ………………… 189
ヘッジ会計の終了 …………………… 250
ヘッジ会計の要件 ……………… 234,243
ヘッジ手段 …………………………10,219
ヘッジ対象 ……………………… 10,219,241
ヘッジ取引 …………………………… 202
ヘッジ取引の文書化 ………………… 244
ヘッジの意思 ………………………… 234
ヘッジの中止 ………………………… 250
ヘッジの有効性 ………………… 23,234

ヘッジ比率 …………………………… 266
ヘッジ目的 …………………………… 202
ヘッジ要件 …………………………… 226
変動持分事業体 ……………………… 84
包括ヘッジ ……………………… 239,256
包括予約 ……………………………… 260
法的な保全 …………………………… 66
簿価分離 ……………………………… 143
保有目的区分の変更 …………… 158,190
本源的価値 ……………………… 208,267

ま行

マクロヘッジ …………………… 255,268
満期保有目的の債券 ………………… 118
満期保有目的の変更 ………………… 123
満期まで所有する意図 ……………… 122
ミスマッチ …………………………… 220
名目元本額 …………………………… 212
目的信託 ……………………………… 152
持分法 ………………………………… 125

や行

約定時 ………………………………… 38
約定時基準 …………………………… 38
有価証券の空売り …………………… 42
有価証券の減損処理 ………………… 152
有価証券の信用取引 ………………… 41
有効性評価 ……………………… 244,266
優先劣後構造 ………………………… 71
要管理債権 …………………………… 175
要注意先債権 ………………………… 175
予想信用損失 ………………………… 198
予想信用損失モデル ………………… 197
予定取引 ………………… 226,232,242

321

ら行

リーマンショック …………………… 190
リサイクリング ………………… 131, 193
リスク経済価値アプローチ …………… 53
リスク調整アプローチ ……………… 256
利息法 ………………………………… 120
リバランス …………………………… 266
レバレッジ効果 ……………………… 203
レンジ予約 …………………………… 305
ローン・パーティシペーション ……51, 73

わ行

ワイダーバンド型為替予約 …………… 305
ワラント債型 …………………… 287, 295
割引将来キャッシュ・フロー法 ……… 162
割引発行 ……………………………… 178

著者紹介

小宮山　賢（こみやま　さとし）

早稲田大学商学学術院教授。1976年一橋大学商学部卒業。1979年公認会計士登録。有限責任あずさ監査法人パートナー，日本公認会計士協会理事・常務理事・副会長を歴任し，2011年9月より現職。

企業会計審議会臨時委員，金融審議会専門委員，企業会計基準委員会委員，IASC解釈指針委員会委員等，審議会・研究会での活動多数。

主要著書：「最新オフバランス取引」（金融財政事情研究会），「セキュリタイゼーション」（共著，金融財政事情研究会），「対談・新連結会計入門」（共著，税務経理協会），「金融商品・年金会計入門」（税務経理協会），「戦後企業会計史」（共編著，中央経済社）等

著者との契約により検印省略

平成27年9月1日　初版第1刷発行　　　金融商品会計の基礎

著　者　小　宮　山　　　賢
発行者　大　坪　嘉　春
印刷所　税経印刷株式会社
製本所　株式会社　三森製本所

発行所　〒161-0033 東京都新宿区下落合2丁目5番13号　株式会社 税務経理協会

振　替 00190-2-187408　　電話 (03)3953-3301（編集部）
ＦＡＸ (03)3565-3391　　　　　 (03)3953-3325（営業部）
URL http://www.zeikei.co.jp/
乱丁・落丁の場合は，お取替えいたします。

© 小宮山賢　2015　　　　　　　　　　　　　　　　Printed in Japan

本書の無断複写は著作権法上での例外を除き禁じられています。複写される場合は，そのつど事前に，(社)出版者著作権管理機構（電話 03-3513-6969，FAX 03-3513-6979, e-mail：info@jcopy.or.jp）の許諾を得てください。

JCOPY ＜(社)出版者著作権管理機構 委託出版物＞

ISBN978-4-419-06279-8　C3034